2025

고졸 NCS
수리능력

핵심이론 + 예상문제

타임 NCS 연구소

2025

고졸 NCS 수리능력 핵심이론 + 예상문제

인쇄일 2025년 1월 1일 3판 1쇄 인쇄
발행일 2025년 1월 5일 3판 1쇄 발행
등 록 제17-269호
판 권 시스컴2025

발행처 시스컴 출판사
발행인 송인식
지은이 타임 NCS 연구소

ISBN 979-11-6941-495-1 13320
정 가 17,000원

주소 서울시 금천구 가산디지털1로 225, 514호(가산포휴) | 홈페이지 www.nadoogong.com
E-mail siscombooks@naver.com | 전화 02)866-9311 | Fax 02)866-9312

발간 이후 발견된 정오사항은 나두공(시스컴) 홈페이지 도서정오표에서 알려드립니다(홈페이지 → 자격증 → 도서정오표).

머리말

NCS(국가직무능력표준, 이하 NCS)는 현장에서 직무를 수행하기 위해 요구되는 능력을 국가적 차원에서 표준화한 것으로 2015년부터 공공기관을 중심으로 본격적으로 실시되었습니다. NCS는 산하기관을 포함한 약 600여 개의 공공기관으로 확대 실시되었습니다.

NCS는 기존의 스펙위주의 채용과정을 줄이고자 실제로 직무에 필요한 능력을 위주로 평가하여 인재를 채용하겠다는 국가적 방침입니다. 기존 공공기관의 적성검사는 NCS 취지가 반영된 형태로 변하고 있기 때문에 변화하는 양상에 맞추어 NCS를 준비해야 합니다.

NCS 수리능력은 NCS 영역 중 핵심영역으로 출제되는 영역입니다. 수리능력은 크게 방정식과 확률 등의 문제가 포함된 응용계산형 영역과 자료나 도표(그림, 표, 그래프)를 보고 문제를 푸는 자료해석형 영역으로 구성되어 있습니다. 특히 자료해석 영역은 복잡한 계산이 필요한 경우가 많아 빠르고 정확한 문제풀이 능력을 요구합니다. 그렇기 때문에 취업준비생들은 수리능력의 정확한 출제유형을 알고, 다양한 문제를 학습함으로써 시험에 완벽하게 대비할 수 있도록 해야 합니다.

본서는 NCS 공식 홈페이지의 자료를 연구하여 필요한 지문과 이론을 정리하여 수록하였고, 이에 맞춰 실전문제를 수록하여 시험 대비에 충분한 연습을 할 수 있게 제작되었습니다.

취업준비생들에게 아름다운 합격이 함께하길 시스컴이 기원하겠습니다.

NCS(기초직업능력평가)란 무엇인가?

1. 표준의 개념

국가직무능력표준(NCS, national competency standards)은 산업현장에서 직무를 수행하기 위해 요구되는 지식 · 기술 소양 등의 내용을 국가가 산업부문별 수준별로 체계화한 것으로 산업현장의 직무를 성공적으로 수행하기 위해 필요한 능력(지식, 기술, 태도)을 국가적 차원에서 표준화한 것을 의미함

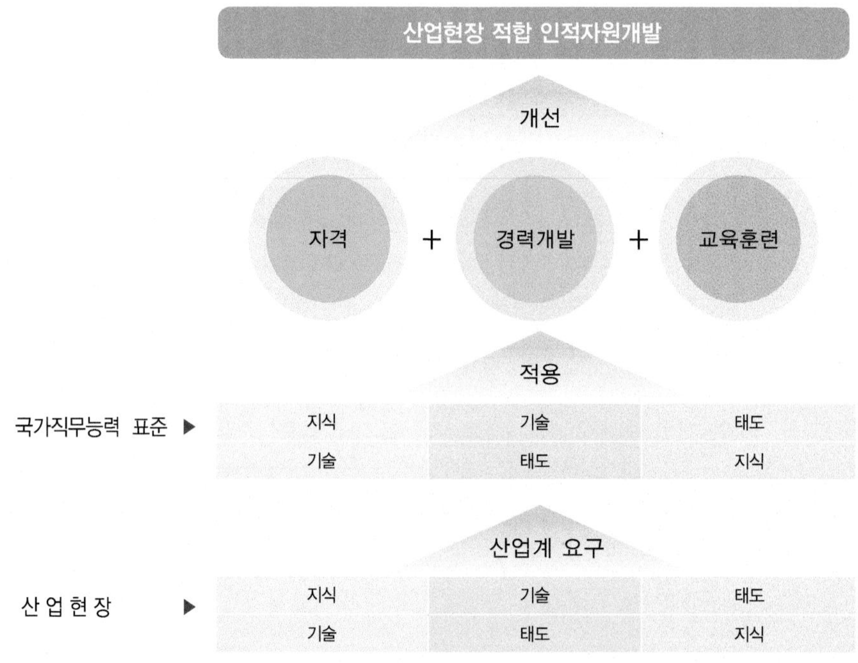

〈국가직무능력표준 개념도〉

2. 표준의 특성

| 한 사람의 근로자가 해당 직업 내에서 소관 업무를 성공적으로 수행하기 위하여 요구되는 실제적인 수행 능력을 의미

- 직무수행능력 평가를 위한 최종 결과의 내용 반영
- 최종 결과는 '무엇을 하여야 한다' 보다는 '무엇을 할 수 있다'는 형식으로 제시

| 해당 직무를 수행하기 위한 모든 종류의 수행능력을 포괄하여 제시

- 직업능력 : 특정업무를 수행하기 위해 요구되는 능력
- 직업관리 능력 : 다양한 다른 직업을 계획하고 조직화하는 능력
- 돌발상황 대처능력 : 일상적인 업무가 마비되거나 예상치 못한 일이 발생했을 때 대처하는 능력
- 미래지향적 능력 : 해당 산업관련 기술적 및 환경적 변화를 예측하여 상황에 대처하는 능력

| 모듈(Module)형태의 구성

- 한 직업 내에서 근로자가 수행하는 개별 역할인 직무능력을 능력단위(unit)화 하여 개발
- 국가직무능력표준은 여러 개의 능력단위 집합으로 구성

| 산업계 단체가 주도적으로 참여하여 개발

- 해당분야 산업별인적자원개발협의체(SC), 관련 단체 등이 참여하여 국가직무능력표준 개발
- 산업현장에서 우수한 성과를 내고 있는 근로자 또는 전문가가 국가직무능력표준 개발 단계마다 참여

3. 표준의 활용 영역

- 국가직무능력표준은 산업현장의 직무수요를 체계적으로 분석하여 제시함으로써 '일-교육 · 훈련-자격'을 연결하는 고리 즉 인적자원개발의 핵심 토대로 기능

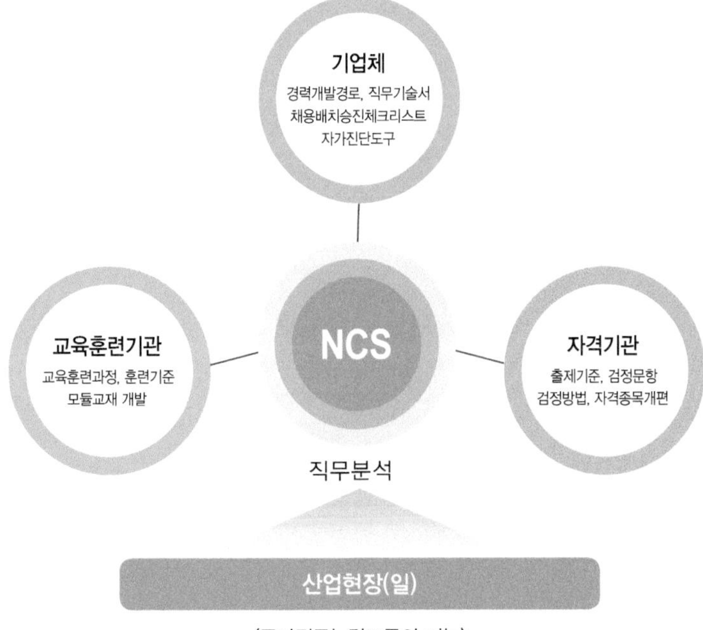

〈국가직무능력표준의 기능〉

- 국가직무능력표준은교육훈련기관의 교육훈련과정, 직업능력개발 훈련기준 및 교재 개발 등에 활용되어 산업수요 맞춤형 인력양성에 기여함. 또한, 근로자를 대상으로 경력개발경로 개발, 직무기술서, 채용 · 배치 · 승진 체크리스트, 자가진단도구로 활용 가능함
- 한국산업인력공단에서는 국가직무능력표준을 활용하여 교육훈련과정, 훈련기준, 자격종목 설계, 출제기준 등제 · 개정시 활용함
- 한국직업능력개발원에서는 국가직무능력표준을 활용하여 전문대학 및 마이스터고 · 특성화고 교과과정을 개편함

구 분		활용콘텐츠
산업현장	근로자	평생경력개발경로, 자가진단도구
	기 업	직무기술서, 채용 · 배치 · 승진 체크리스트
교육훈련기관		교육훈련과정, 훈련기준, 교육훈련교재
자격시험기관		자격종목 설계, 출제기준, 시험문항, 시험방법

NCS 구성

능력단위

- 직무는 국가직무능력표준 분류체계의 세분류를 의미하고, 원칙상 세분류 단위에서 표준이 개발됨
- 능력단위는 국가직무능력표준 분류체계의 하위단위로서 국가직무능력표준의 기본 구성요소에 해당됨

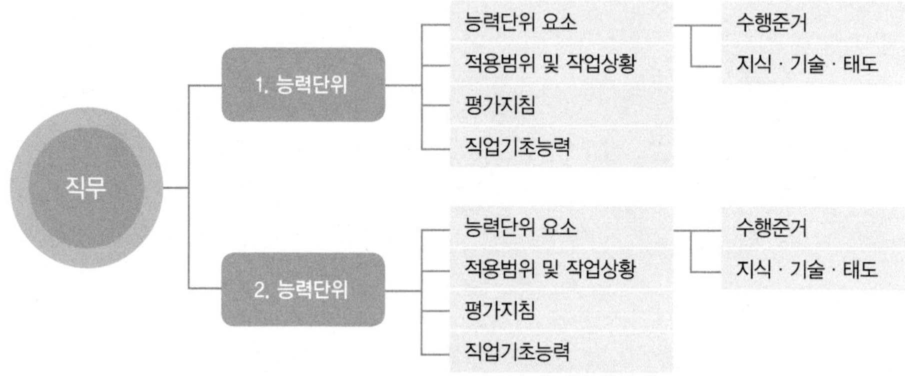

〈 국가직무능력표준 능력단위 구성 〉

NCS 기반 채용 전형절차

NCS 기반 채용 전형절차는 기존의 채용절차와 형식은 같지만 세부 내용은 다른 부분이 많음
이를 전형절차대로 살펴보면 다음과 같음

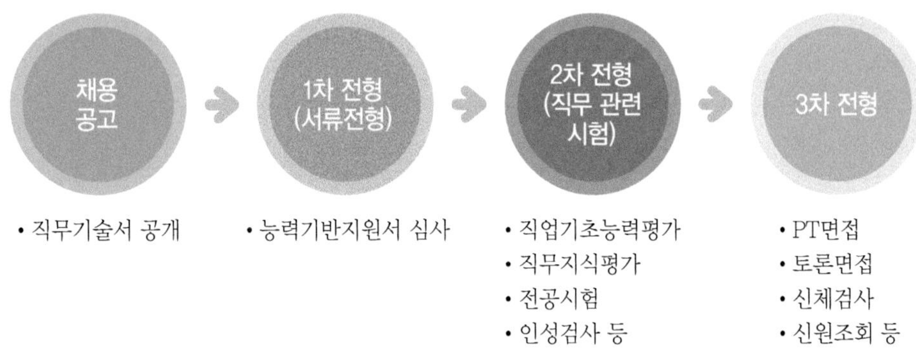

- 직무기술서 공개

- 능력기반지원서 심사

- 직업기초능력평가
- 직무지식평가
- 전공시험
- 인성검사 등

- PT면접
- 토론면접
- 신체검사
- 신원조회 등

1. 채용공고

세부 직무기술서를 사전에 공개하여 어떤 직무 영역의 인재를 선발하는지 구체적으로 알 수 있고, 모집인원 역시 세부적으로 공개하여 지원자가 지원 영역에 대해 예측하고 선별할 수 있도록 함

2. 1차 전형(서류전형)

능력기반지원서는 기존의 인적사항, 학력, 외국어, 자격증 등의 항목 외에 직무관련성이 높은 사항 및 해당 직무에 기본적으로 갖추어야 하는 능력 관련 경험을 기재하도록 되어 있음

3. 2차 전형(직무관련 시험)

직업기초능력평가의 경우 10개의 영역 중 해당 기업체에서 중시하는 능력들을 채택하여 검사를 시행함. 또한 직무지식평가, 전공시험, 인성검사 등 해당 기업체에 따라 시행함

4. 3차 전형

PT면접, 토론면접, 신체검사, 신원조회 등이 시행됨. 1차 전형에서 제출했던 능력기반지원서에 대한 사항을 직무 관련 중심으로 확인하고, 지원자의 직무 영역에 대한 해당 기관의 실제 직무 상황이 주어지고 이에 대한 대처법 등을 답변으로 요구함

●한국전력공사

| 채용절차

– 서류심사 : 입사지원서

– 필기시험

구분	사무	전기	ICT
직무능력검사	의사소통능력, 수리능력, 문제해결능력		
	자원관리능력, 정보능력	자원관리능력, 기술능력	정보능력, 기술능력

– 인성검사 : 태도, 직업윤리, 대인관계능력

– 직무면접/종합면접

직무면접	전공지식 등 직무수행능력
종합면접	인성, 조직적합도

※ 1차 전형은『직무능력전형』,『특성화고 재학생 전형』별도진행,
2차 이후 통합전형

※ 3~4개월 인턴 근무 후 종합평가결과에 따라 일정비율의 인원 정규직 전환

※ 채용분야, 인원, 시기는 변경 가능

한국수력원자력

채용절차

– 서류전형 : 입사지원서

– 필기전형

구분	배점	내용
NCS 직무역량검사	50	• 직업기초능력검사 – 의사소통, 수리, 문제해결, 자원관리, 기술능력 총 50문항 – 해당영역의 근본적인 능력을 평가하는 간단한 문항부터 직무 맥락적인 상황을 포함하는 긴 문항까지 다양한 형태의 문제출제 가능 • 직무수행능력검사 – 선발분야별 기초전공지식 및 기초상식(원자력 · 회사 · 일반) 총 30문항 – 기초전공지식의 경우 직무수행과 관련성이 있는 전공지식 중심의 문항출제
영어	50	• 토익브릿지 단체평가 결과 반영

– 인성검사/심리건강진단

– 면접전형

구분	배점	내용
면접	100	• 직업기초능력면접(40점) – 내용 : 자기소개서 기반 직업기초능력(근로윤리, 자기개발능력 등) – 평가를 위한 질의응답 진행(개인별 약 20분) – 평가등급 : A(40), B(35), C(30), D(25), E(부적격)
		• 직무수행능력면접(30점) – 내용 : 회사 직무상황 관련 주제에 대해서 문제해결 방안 토의, 개인별 질의응답을 통해 직무수행능력(의사소통능력, 문제해결능력 등) 평가(조별 약 60분) – 평가등급: A(30), B(25), C(20), D(15), E(부적격)
		• 관찰면접(30점) – 내용 : 조별과제 수행 관찰평가(의사소통능력, 대인관계능력, 문제해결능력 등)를 통해 지원자의 인재상 부합여부 검증 (조별 약 120분) – 평가등급: A(30), B(25), C(20), D(15), E(부적격)

● 한국토지주택공사

I 채용절차

– 서류심사 : 입사지원서

– 필기전형

구분		문항수	평가기준
직무능력검사	NCS 직업기초능력	50	의사소통능력, 문제해결능력, 수리능력 등 (갑질 · 성희롱 · 직장내 괴롭힘 분야 5% 수준 포함)

※ NCS 배점의 40% 미만 득점자는 과락(불합격) 처리

– 면접전형 : 종합 심층면접(직무면접 + 인성면접)

면접방식	평가항목
온라인 인성검사(면접 참고자료)	태도, 직업윤리 등 인성전반
AI면접(면접 참고자료)	
직무역량 및 인성 검증면접 (자기소개서, 인성검사 결과지 등 활용 인터뷰 형식)	문제해결 및 논리전개 능력 등
	직업관, 가치관, 사회적 책임감 등

※ 코로나19 관련 사회적 거리두기 단계 상향 등 필요시 온라인 면접을 실시할 수 있으며, 면접방식 등 세부내용은 필기시험 합격자 발표 전후 홈페이지 안내 예정

● 한전kps

| 채용절차

– 1차전형 : 자격증, 직무능력기반지원서(적부판정)

– 2차전형

구분	배점	유의사항
응시분야별 직업기초능력(NCS)	100점	• 3배수 또는 5배수 선발 • 필기시험 결과 배점(150점)대비 40%미만 득점자는 합격배수에 상관없이 불합격
전공시험	50점	

– 3차전형

구분	분야	유의사항
실기시험	용접, 중기분야	실기시험 결과 배점(200점)대비 40% 미만 득점자는 합격배수에 상관없이 불합격
개별면접	공통	
체력검정	송전분야	체력검정 부적격자는 합격배수에 상관없이 불합격
인성검사 · 신체검사 · 신원검사	공통	적부판정

※ 영어성적 : 제한 없음

※본서에 수록된 채용 정보는 추후 변경 가능성이 있으므로 반드시 응시 기간에 채용 홈페이지를 참고하시기 바랍니다.

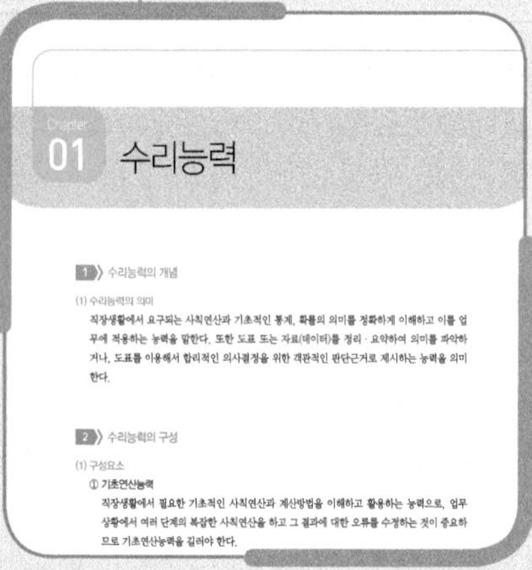

이론편

고졸 NCS 직업기초능력 평가와 직무수행능력평가를 완벽히 준비하기 위해서 수리능력의 이론을 요약 · 정리하여 수록하였습니다. 각 영역의 빈출이론, 핵심 개념을 충분히 공부할 수 있도록 수록하여 수험에 도움이 되도록 하였습니다.

문제편

각 영역의 예상문제들을 통해 실전감각을 익힐 수 있도록 하였습니다.

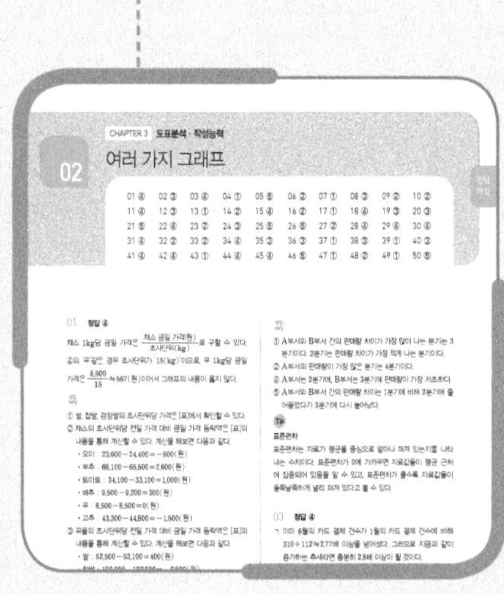

정답 및 해설

정답에 대한 해설뿐만 아니라 오답에 대한 해설도 상세히 설명하여, 학습한 내용을 체크할 수 있도록 하였습니다. 문제의 해설 이외에도 문제와 관련된 이론 내용을 첨부하여 관련 문제를 쉽게 이해하고 풀 수 있도록 하였습니다.

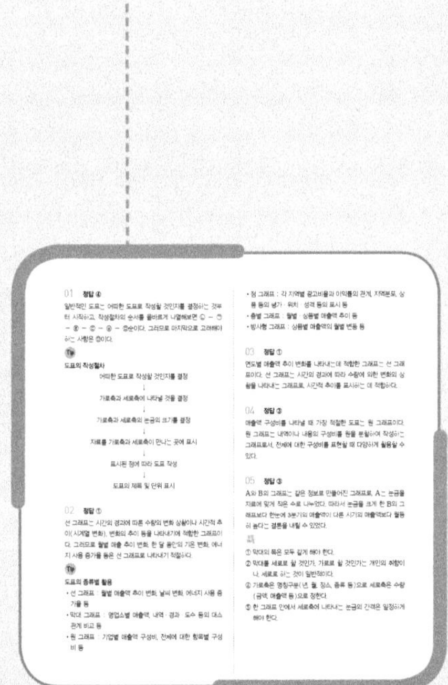

Tip

문제 풀이를 도와주는 공식과 시험에 꼭 출제되는 핵심 암기 이론을 수록하여, 실전에서 당황하지 않고 완벽히 대응할 수 있도록 하였습니다.

학습목표

1 수리능력

업무 상황에서 요구되는 수리능력의 의미와 중요성을 이해한다.

2 기초연산능력

- 업무 상황에 필요한 기초적인 사칙연산과 계산방법을 이해하고 활용한다.
- 효과적으로 연산을 수행하고 연산결과를 확인하는 능력을 기른다.
- 다양한 단위를 읽고 해석한다.

3 기초통계능력

평균, 합계, 빈도 등의 기초적인 통계기법을 활용하여 자료를 파악하고 효과적으로 통계자료를 해석하는 능력을 기른다.

4 도표분석능력

- 도표(그림, 표, 그래프)의 의미를 파악하고 필요한 정보를 해석한다.
- 업무 수행에 필요한 다양한 종류의 도표에 대해 분석하고 특징을 찾아낸다.

5 도표작성능력

- 도표(그림, 표, 그래프)를 이용하여 결과를 효과적으로 제시한다.
- 기본적인 도표를 직접 작성하며 도표작성의 절차와 유의사항을 알아본다.

● 효율적인 시험 계획 작성법

Chapter별로 Page와 오답 수를 쓰고, 오답에 대한 개선점을 기입해 이후에 비슷한 유형의 문제를 접할 때, 같은 실수를 반복하지 않을 수 있다.

D-DAY	Chapter	Page	오답 수	오답노트	Check
DAY-30	기초연산	46 ~ 57	3	할푼리 개념 이해 부족	v

D-DAY	Chapter	Page	오답 수	오답노트	Check
D-30					
D-29					
D-28					
D-27					
D-26					
D-25					
D-24					
D-23					
D-22					
D-21					
D-20					
D-19					
D-18					
D-17					
D-16					
D-15					
D-14					
D-13					
D-12					
D-11					
D-10					
D-9					
D-8					
D-7					
D-6					
D-5					
D-4					
D-3					
D-2					
D-1					

CONTENTS

PART 1 이론편

PART 2 문제편

PART 3 정답 및 해설

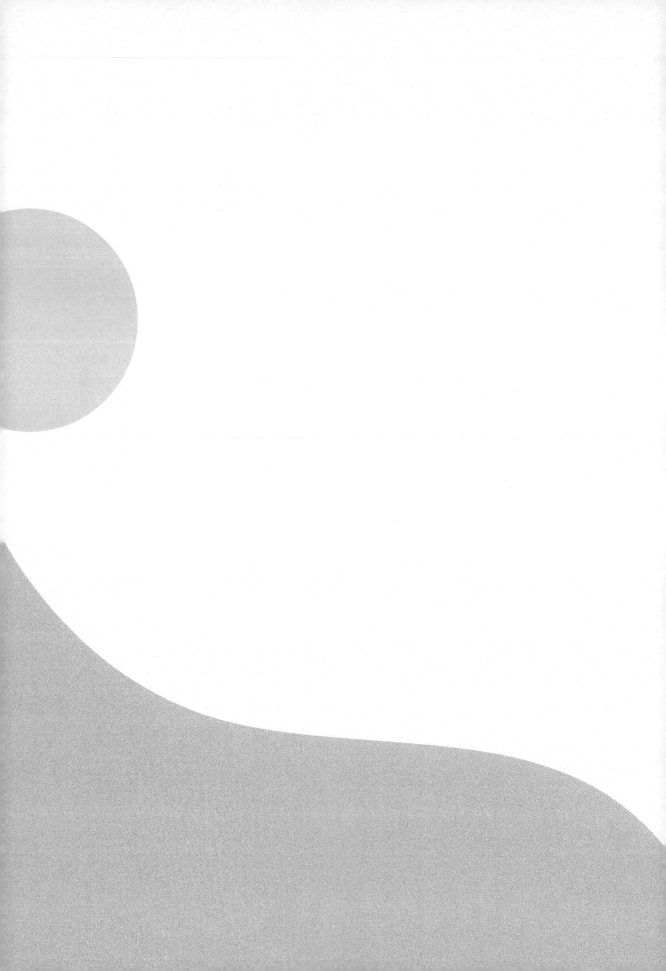

Part 01

이론편

Chapter 01

수리능력

1 수리능력의 개념

(1) 수리능력의 의미

직장생활에서 요구되는 사칙연산과 기초적인 통계, 확률의 의미를 정확하게 이해하고 이를 업무에 적용하는 능력을 말한다. 또한 도표 또는 자료(데이터)를 정리 · 요약하여 의미를 파악하거나, 도표를 이용해서 합리적인 의사결정을 위한 객관적인 판단근거로 제시하는 능력을 의미한다.

2 수리능력의 구성

(1) 구성요소

① **기초연산능력**

직장생활에서 필요한 기초적인 사칙연산과 계산방법을 이해하고 활용하는 능력으로, 업무상황에서 여러 단계의 복잡한 사칙연산을 하고 그 결과에 대한 오류를 수정하는 것이 중요하므로 기초연산능력을 길러야 한다.

㉠ 과제 해결을 위한 연산 방법을 선택한다.

㉡ 연산 방법에 따라 연산을 수행한다.

㉢ 연산 결과와 방법에 대해 평가한다.

② **기초통계능력**

직장생활에서 평균, 합계, 빈도와 같은 기초적인 통계기법을 활용하여 자료를 정리하고 요약하는 능력이다.

㉠ 과제 해결을 위한 통계 기법을 선택한다.

㉡ 통계 기법에 따라 연산을 수행한다.

㉢ 통계 결과와 기법에 대해 평가한다.

③ **도표분석능력**

직장생활에서 도표(그림, 표, 그래프 등)의 의미를 파악하고, 필요한 정보를 해석하여 자료의 특성을 규명하는 능력이다.

㉠ 도표에서 제시된 정보를 인식한다.

㉡ 정보를 적절하게 해석한다.

㉢ 해석한 정보를 업무에 적용한다.

④ **도표작성능력**

직장생활에서 정보를 제시하기 위하여 도표(그림, 표, 그래프 등)를 작성하기 위한 방법으로 자료의 특성을 파악하여 알맞은 제시방법을 정하는 능력이다.

㉠ 도표의 제시방법을 선택한다.

㉡ 도표를 이용한 정보를 제시한다.

㉢ 제시한 결과를 평가한다.

(2) 수리능력 분석

① **기초연산능력**

㉠ 알맞은 연산 방법을 알아본다.

㉡ 꼼꼼히 반복 연습을 한다.

② **기초통계능력**

㉠ 직업인에게 필요한 통계를 알아본다.

㉡ 정확한 통계 분석방법을 익혀 둔다.

③ **도표분석능력**

㉠ 도표분석의 필요성을 알아본다.

㉡ 도표의 정확한 해석을 통해 업무적용 방법을 익혀 둔다.

④ **도표작성능력**

㉠ 도표작성의 필요성을 알아본다.

㉡ 제공 정보의 알맞은 도표 제시방법을 익혀 둔다.

Chapter

02 기초연산능력

1 기초연산능력의 개념

(1) 기초연산의 의미

직업인으로서 효과적인 업무 수행을 위해 알아야하는 기본적인 사칙연산 및 복잡한 연산을 뜻한다. 예산을 수립하는 경우, 영수증을 정산하는 경우, 다른 사람에게 업무 내용을 전달하는 경우 등의 업무 수행 시에 필요한 능력이다.

(2) 기초연산의 활용

① 부서의 연간 예산을 수립하여야 하는 경우
② 영수증을 정리하여 정산을 하여야 하는 경우
③ 업무상 계산을 수행하고 결과를 정리하는 경우
④ 업무비용을 측정하는 경우
⑤ 고객과 소비자의 정보를 조사하고 결과를 종합하는 경우
⑥ 조직의 예산안을 작성하는 경우
⑦ 업무수행 경비를 제시하여야 하는 경우
⑧ 다른 상품과 가격비교를 하는 경우

2 사칙연산의 개념

(1) 사칙연산의 의미

수 또는 식에 관한 덧셈(+), 뺄셈(−), 곱셈(×), 나눗셈(÷) 네 종류의 계산법이다. 보통 사칙연산은 정수나 분수 등에서 계산할 때 활용되며, 여러 부호가 섞여 있을 경우에는 곱셈과 나눗셈을 먼저 계산한다.

예 $3\times5-7+8\div2=15-7+4=12$

(2) 수의 계산

구분	덧셈(+)	곱셈(×)
교환법칙	$a+b=b+a$	$a\times b=b\times a$
결합법칙	$(a+b)+c=a+(b+c)$	$(a\times b)\times c=a\times(b\times c)$
분배법칙	$(a+b)\times c=a\times c+b\times c$	

(3) 괄호연산 계산 순서

소괄호 ( ) → 중괄호 { } → 대괄호 [ ] 순서로 계산한다.

예
$$\begin{aligned}[16+3\times\{20-(8+12)\div4\}]-17&=[16+3\times\{20-20\div4\}]-17\\&=[16+3\times\{20-5\}]-17\\&=[16+3\times15]-17\\&=[16+45]-17\\&=61-17\\&=44\end{aligned}$$

3 검산방법

(1) 역연산

답에서 거꾸로 계산하는 방법으로 덧셈은 뺄셈으로, 뺄셈은 덧셈으로, 곱셈은 나눗셈으로, 나눗셈은 곱셈으로 바꾸어 확인하는 방법이다.

(2) 구거법

어떤 수를 9로 나눈 나머지는 그 수의 각 자리 숫자의 합을 9로 나눈 나머지와 같음을 이용하여 확인하는 방법이다.

예 1234+567=1801에서 1+2+3+4를 9로 나눈 나머지는 1, 5+6+7을 9로 나눈 나머지는 0, 1+8+0+1을 9로 나눈 나머지는 1이므로 1+0=1에서 계산이 제대로 되었음

4 〉 단위환산

(1) 단위의 종류

① **길이** : 물체의 한 끝에서 다른 한 끝까지의 거리 (mm, cm, m, km 등)

② **넓이(면적)** : 평면의 크기를 나타내는 것 (mm^2, cm^2, m^2, km^2 등)

③ **부피** : 입체가 점유하는 공간 부분의 크기 (mm^3, cm^3, m^3, km^3 등)

④ **들이** : 통이나 그릇 따위의 안에 넣을 수 있는 물건 부피의 최댓값 (mL, dL, L, kL 등)

⑤ **무게** : 물체의 무거운 정도 (g, kg, t 등)

⑥ **시간** : 시각과 시각 사이의 간격 또는 그 단위 (초, 분, 시 등)

⑦ **할푼리** : 비율을 소수로 나타내었을 때, 소수점 첫째 자리를 할, 소수점 둘째 자리를 푼, 소수점 셋째 자리를 리로 나타내는 것

(2) 단위환산표

단위	단위환산
길이	1cm=10mm, 1m=100cm, 1km=1,000m=100,000cm
넓이	$1cm^2=100mm^2$, $1m=10{,}000cm^2$, $1km^2=1{,}000{,}000m^2$
부피	$1cm^3=1{,}000mm^3$, $1m^3=1{,}000{,}000cm^3$, $1km^3=1{,}000{,}000{,}000m^3$
들이	$1mL=1cm^3$, $1dL=100cm^3=100mL$, $1L=1{,}000cm^3=10dL$
무게	1kg=1,000g, 1t=1,000kg=1,000,000g
시간	1분=60초, 1시간=60분=3,600초
할푼리	1푼=0.1할, 1리=0.01할, 모=0.001할

5 〉 수와 식

(1) 자연수의 성질

① 약수와 배수

㉠ 어떤 수 a가 어떤 수 b로 나누어떨어질 때 b는 a의 약수이다.

㉡ 어떤 수 a가 어떤 수 b로 나누어떨어질 때 a는 b의 배수이다.

② 소수와 합성수

㉠ 소수 : 1보다 큰 자연수 중 1과 자신만을 약수로 가지는 수를 말하며, 모든 소수의 약수는 2개뿐이다. (예 2, 3, 5, 7, 11, 13, …)

㉡ 합성수 : 1과 자신 이외의 다른 수를 약수로 가지는 수, 즉 약수가 3개 이상인 수를 말한다. (예 4, 6, 8, 9, 12, …)

㉢ 단, 1은 소수도 합성수도 아니다.

③ 소인수분해

어떤 자연수의 약수 중 소수인 것을 소인수라 하는데, 어떤 자연수를 소인수들만의 곱으로 나타내는 것을 소인수분해라 한다.

④ 약수의 개수

자연수 A가 '$\mathrm{A}=a^m\times b^n$(a와 b는 서로 다른 소수, m과 n은 자연수)'으로 소인수분해될 때, A의 약수의 개수는 '$(m+1)\times(n+1)$'이 된다.

예 270을 소인수분해하면 $270=2\times3^3\times5$이므로 약수의 개수는 $(1+1)\times(3+1)\times(1+1)=16$(개)

⑤ 최대공약수와 최소공배수

㉠ 최대공약수 : 2개 이상의 자연수에서 공통인 약수를 공약수라 하는데, 공약수 중에서 가장 큰 수를 최대공약수라 한다.

㉡ 최소공배수 : 2개 이상의 자연수에서 공통인 배수를 공배수라 하는데, 공배수 중에서 가장 작은 수를 최소공배수라 한다.

⑥ 서로소

최대공약수가 1인 둘 이상의 자연수, 즉 1 이외의 공약수가 존재하지 않는 둘 이상의 자연수를 의미한다.

예 7(약수가 1, 7)과 9(약수가 1, 3, 9)

(2) 지수법칙

① 지수법칙

m, n이 자연수일 때

㉠ $a^m \times a^n = a^{m+n}$

㉡ $(a^m)^n = a^{mn}$

㉢ $(ab)^m = a^m b^m$

㉣ $\left(\frac{a}{b}\right)^m = \frac{a^m}{b^m}$(단, $b \neq 0$)

㉤ $a^m \div a^n$

- $m > n$이면 $a^m \div a^n = a^{m-n}$
- $m = n$이면 $a^m \div a^n = a^0 = 1$
- $m < n$이면 $a^m \div a^n = \frac{1}{a^{n-m}}$(단, $a \neq 0$)

㉥ $0^2 = 0$, $a^0 = 1$(단, $a \neq 0$), $a^{\frac{1}{n}} = \sqrt[n]{a}$, $a^{\frac{m}{n}} = a^n\sqrt{a^m}$

② 곱셈공식과 인수분해

곱셈공식	인수분해
$(a+b)^2 = a^2 + 2ab + b^2$	$a^2 + 2ab + b^2 = (a+b)^2$
$(a-b)^2 = a^2 - 2ab + b^2$	$a^2 - 2ab + b^2 = (a-b)^2$
$(a+b)(a-b) = a^2 - b^2$	$a^2 - b^2 = (a+b)(a-b)$
$(x+a)(x+b) = x^2 + (a+b)x + ab$	$x^2 + (a+b)x + ab = (x+a)(x+b)$
$(ax+b)(cx+d) = acx^2 + (ad+bc)x + bd$	$acx^2 + (ad+bc)x + bd = (ax+b)(cx+d)$

(3) 제곱근

① 제곱근 : 어떤 수 x를 제곱하여 a가 될 때($x^2 = a$일 때) x를 a의 제곱근이라 한다.

② 제곱근의 성질

㉠ $(\sqrt{a})^2 = (-\sqrt{a})^2 = a$ (단, $a > 0$)

㉡ $\sqrt{a^2} = \sqrt{(-a)^2} = a$ (단, $a > 0$)

㉢ $a^2 = |a| = \begin{cases} a & (a \geq 0) \\ -a & (a < 0) \end{cases}$

③ 제곱근의 연산

$a>0$, $b>0$, $c>0$이고 m, n은 유리수일 때

㉠ 제곱근의 곱셈

- $\sqrt{a}\times\sqrt{b}=\sqrt{ab}$
- $m\sqrt{a}\times n\sqrt{b}=mn\sqrt{ab}$
- $\sqrt{a^2b}=a\sqrt{b}$

㉡ 제곱근의 나눗셈

- $\sqrt{a}\div\sqrt{b}=\dfrac{\sqrt{a}}{\sqrt{b}}=\sqrt{\dfrac{a}{b}}$
- $m\sqrt{a}\div n\sqrt{b}=\dfrac{m}{n}\sqrt{\dfrac{a}{b}}$(단, $n\neq0$)
- $\sqrt{\dfrac{a}{b^2}}=\dfrac{\sqrt{a}}{b}$

㉢ 제곱근의 덧셈과 뺄셈

근호 안의 숫자를 하나의 문자로 보고 다항식의 동류항과 같이 계산한다.

- $m\sqrt{a}+n\sqrt{a}=(m+n)\sqrt{a}$
- $m\sqrt{a}-n\sqrt{a}=(m-n)\sqrt{a}$

④ 분모의 유리화

분모에 근호를 포함한 분수는 분모를 유리화하여 계산하는데, 곱셈공식 $(a+b)(a-b)=a^2-b^2$을 이용하여 분모를 유리화한다.

$a>0$, $b>0$, $a\neq b$, c가 실수일 때

㉠ $\dfrac{a}{\sqrt{b}}=\dfrac{a\times\sqrt{b}}{\sqrt{b}\times\sqrt{b}}=\dfrac{a\sqrt{b}}{b}$

㉡ $\dfrac{c}{\sqrt{a}+\sqrt{b}}=\dfrac{c(\sqrt{a}-\sqrt{b})}{(\sqrt{a}+\sqrt{b})(\sqrt{a}-\sqrt{b})}=\dfrac{c(\sqrt{a}-\sqrt{b})}{(a-b)}$

㉢ $\dfrac{c}{\sqrt{a}-\sqrt{b}}=\dfrac{c(\sqrt{a}+\sqrt{b})}{(\sqrt{a}-\sqrt{b})(\sqrt{a}+\sqrt{b})}=\dfrac{c(\sqrt{a}+\sqrt{b})}{(a-b)}$

(4) 방정식

① 수

㉠ 두 자리의 자연수는 $10x+y$, 세 자리의 자연수는 $100x+10y+z$로 나타낸다.

㉡ 연속하는 두 정수 : x, $x+1$

㉢ 연속하는 세 정수 : $x-1$, x, $x+1$

㉣ 연속하는 두 짝수(홀수) : x, $x+2$

㉤ 연속하는 세 짝수(홀수) : $x-2$, x, $x+2$

② 거리 · 속력 · 시간

㉠ 거리＝속력×시간

㉡ 속력$=\frac{\text{거리}}{\text{시간}}$

㉢ 시간$=\frac{\text{거리}}{\text{속력}}$

③ 일

전체 작업량을 1로 놓고 단위 시간(분, 시간, 일 등) 동안 한 일의 양을 기준으로 하여 식을 세운다.

예 어떤 일을 하는 데 A는 3일, B는 5일이 걸린다면, A는 하루에 $\frac{1}{3}$만큼의 일을 하고 B는 하루에 $\frac{1}{5}$만큼의 일을 한다고 볼 수 있음

④ 농도

㉠ 소금물의 농도$=\frac{\text{소금의 양}}{\text{소금물의 양}}\times 100$

㉡ 소금의 양＝소금물의 양$\times\frac{\text{소금물의 농도}}{100}$

㉢ 소금물의 양＝소금의 양＋물의 양

⑤ 금액

㉠ 정가＝원가＋이윤

㉡ 판매가＝정가－할인금액

㉢ 원가 x원에 $a\%$의 이윤을 붙이면 $x\times(1+\frac{a}{100})$원

㉣ 원가 x원에 $a\%$의 할인을 하면 $x\times(1-\frac{a}{100})$원

㉤ 단리법과 복리법(원금 : a, 이율 : r, 기간 : n, 원리합계 : S)

단리법	복리법
$S=a(1+r\times n)$	$S=a(1+r)^n$

⑥ 날짜 · 요일 · 시계

㉠ 날짜 : 1일=24시간=1,440(=24×60)분=86,400(=1,440×60)초

㉡ 월별일수

30일	4월, 6월, 9월, 11월
31일	1월, 3월, 5월, 7월, 8월, 10월, 12월
28일 또는 29일	2월

㉢ 시계

- 시침이 1시간 동안 이동하는 각도 : $\frac{360^\circ}{12}=30^\circ$
- 시침이 1분 동안 이동하는 각도 : $\frac{360^\circ}{12\times 60}=0.5^\circ$
- 분침이 1분 동안 이동하는 각도 : $\frac{360^\circ}{60}=6^\circ$

6 〉 경우의 수와 확률

(1) 경우의 수

어떤 일이 일어날 수 있는 모든 경우의 가짓수를 뜻한다.

① **합의 법칙** : 두 사건 A, B가 일어나는 경우의 수가 각각 $n(A)=m$, $n(B)=n$이고 두 사건 A, B가 동시에 일어나지 않을 때, 사건 A 또는 사건 B가 일어나는 경우의 수는 $m+n$이다.

② **곱의 법칙** : 사건 A가 일어나는 경우의 수가 $n(A)=m$이고 그 각각의 경우에 대하여 사건 B가 일어나는 경우의 수가 $n(B)=n$일 때, 두 사건 A, B가 동시에(잇달아) 일어나는 경우의 수는 $m\times n$이다.

(2) 순열과 조합

① 순열

서로 다른 n개에서 $r(r \le n)$개를 택하여 일렬로 나열하는 것을 n개에서 r개를 택하는 순열이라고 하고, 그 순열의 수를 기호로 ${}_n\mathrm{P}_r$과 같이 나타낸다.

㉠ 순열의 수 : ${}_n\mathrm{P}_r = n \times (n-1) \times (n-2) \times \cdots \times (n-r+1) = \dfrac{n!}{(n-r)!}$

㉡ 여러 가지 순열

- ${}_n\mathrm{P}_n = n \times (n-1) \times (n-2) \times \cdots \times 3 \times 2 \times 1 = n!$
- ${}_n\mathrm{P}_0 = 1$
- $0! = 1$

② 조합

서로 다른 n개에서 순서를 생각하지 않고 $r(r \le n)$개를 택하는 것을 n개에서 r개를 택하는 조합이라 하고, 이 조합의 수를 기호로 ${}_n\mathrm{C}_r$과 같이 나타낸다.

㉠ 조합의 수 : ${}_n\mathrm{C}_r = \dfrac{{}_n\mathrm{P}_r}{r!} = \dfrac{n!}{r!(n-r)!}$

㉡ 여러 가지 조합

- ${}_n\mathrm{C}_0 = {}_n\mathrm{C}_n = 1$
- ${}_n\mathrm{C}_1 = n$
- ${}_n\mathrm{C}_r = {}_n\mathrm{C}_{n-r}$

(3) 확률

모든 경우의 수가 B일 때 어떤 사건이 발생할 경우가 A라면 그 사건이 발생할 확률을 $\dfrac{\mathrm{A}}{\mathrm{B}}$라 한다.

① **여사건** : 사건 A가 발생할 확률이 p라면 A가 발생하지 않을 확률은 $1-p$이다.

② **합의 법칙** : 사건 A와 B가 동시에 발생하지 않을 경우, 사건 A 또는 B가 일어날 확률은 각각의 확률을 합한 값이다.

③ **곱의 법칙** : 사건 A와 B가 동시에 발생할 확률은 각각의 확률을 곱한 값이다.

Chapter 03 기초통계능력

1 기초통계능력의 개념

(1) 통계의 의미

집단현상에 대한 구체적인 양적 기술을 반영하는 숫자를 의미한다. 특히 사회집단 또는 자연 집단의 상황을 숫자로 나타낸 것이다.

(2) 기능

① 많은 수량적 자료를 처리가능하고 쉽게 이해할 수 있는 형태로 축소시킨다.
② 표본을 통해 연구대상 집단의 특성을 유추한다.
③ 의사결정의 보조수단이 된다.
④ 관찰 가능한 자료를 통해 논리적으로 어떠한 결론을 추출 · 검증한다.

(3) 통계의 활용

① 고객과 소비자의 정보를 조사하여 자료의 경향성을 제시하는 경우
② 연간 상품 판매실적을 제시하는 경우
③ 업무비용을 다른 조직과 비교해야 하는 경우
④ 업무결과를 제시하는 경우
⑤ 상품판매를 위한 지역 조사를 실시하는 경우
⑥ 판매전략을 수립하고 시장관리를 하여야 하는 경우
⑦ 판매를 예측하여 목표를 수립하여야 하는 경우
⑧ 거래처 관리를 하여야 하는 경우
⑨ 판매활동의 효율화를 도모하여야 하는 경우
⑩ 마케팅 분석을 하여야 하는 경우
⑪ 재무관리와 이익관리를 하여야 하는 경우

(4) 통계의 종류

① **전수조사**

분석대상을 모두 조사하는 방법으로, 분석대상에 대하여 가장 정확한 정보를 얻을 수 있는 방법이다. 그러나 많은 시간과 비용이 들기 때문에 잘 사용하지 않는다.

② **표본조사**

전체(모집단)를 잘 대표하는 일부(표본)를 뽑고 그 표본을 조사 · 분석하여 전체의 특성을 유추하는 방법이다. 대형마트의 시식코너가 이 표본조사의 대표적인 활용 중 하나이다.

2 〉 조사에서의 통계

(1) 통계집단의 구성

① 조사에서의 통계는 통계집단의 구성(단위, 표지, 특정한 시점 또는 시간과 장소, 범위의 규정)에 바탕을 두고 파악되기 때문에 이러한 요소들의 구체적 개념이나 정의를 정하는 것이 매우 중요하다.

② 통계조사는 조사자와 피조사자 사이에서 질문과 응답이 이루어지는 것이므로 상호협조와 이해에 따르는 대항관계가 작용된다.

③ 통계의 조사 목적, 구체적인 조사 대상, 어떻게 통계로 표시할 것인지 등을 세밀히 검토해야 한다.

(2) 통계에 사용되는 자료

① **집중화 경향** : 자료들이 어느 위치에 집중되어 있는가를 나타냄(평균, 중앙값, 최빈값 등)

② **분산도** : 자료들이 어느 정도 흩어져 있는가를 나타냄(범위, 표준편차, 분산 등)

③ **비대칭도** : 자료들이 대칭에서 얼마나 벗어나 있는가를 나타냄(왜도, 첨도 등)

3 〉 다양한 통계치

(1) 통계치

① **빈도** : 어떤 사건이 일어나거나 증상이 나타나는 정도

② **빈도 분포** : 빈도를 표나 그래프로 종합적이면서도 일목요연하게 표시하는 것

③ **평균** : 모든 사례의 수치를 합한 후에 총 사례수로 나눈 값

④ **중앙값** : 크기에 의하여 배열하였을 때 정확하게 중간에 있는 값

⑤ **백분율** : 전체의 수량을 100으로 하여 생각하는 수량이 몇이 되는 가를 가리키는 수(퍼센트)

(2) 통계의 계산

① **범위** : 최고값－최저값

② **평균** : $\frac{\text{전체 사례값들의 합}}{\text{총 사례 수}}$

③ **분산** : $\frac{(\text{관찰값}-\text{평균})^2\text{의 합}}{\text{총 사례 수}}$

④ **표준편차** : $\sqrt{\text{분산}}$

(3) 다섯숫자요약

평균과 표준편차만으로 원자료의 전체적인 형태를 파악하기 어려울 때 최솟값, 중앙값, 최댓값, 하위 25%값, 상위 25%값 등을 활용한다.

① **최솟값** : 원자료 중 가장 작은 값

② **중앙값** : 정확하게 중간에 있는 값으로, 최솟값부터 최댓값까지 크기순으로 배열할 때 순서상 중앙에 위치하는 값을 의미함

③ **최댓값** : 원자료 중 가장 큰 값

④ **하위 25%값 · 상위 25%값** : 원자료를 크기순으로 배열하여 4등분한 값

Chapter 04

도표분석능력

1 도표의 개념

(1) 도표의 의미

선, 그림, 원 등으로 그림을 그려서 내용을 시각적으로 표현하여 다른 사람이 한 눈에 자신의 주장을 알아볼 수 있게 한 것이다.

(2) 도표의 활용

① 조직의 생산가동률 변화표를 분석하는 경우
② 계절에 따른 고객의 요구도가 그래프로 제시된 경우
③ 경쟁업체와의 시장점유율이 그림으로 제시된 경우
④ 업무결과를 도표를 사용하여 제시하는 경우
⑤ 업무의 목적에 맞게 계산결과를 묘사하는 경우
⑥ 업무 중 계산을 수행하고 결과를 정리하는 경우
⑦ 무엇에 소요되는 비용을 시각화해야 하는 경우
⑧ 고객과 소비자의 정보를 조사하고 결과를 설명하는 경우

2 도표의 종류

구분	목적	용도	형상
종류	• 관리(계획 및 통제) • 해설(분석) • 보고	• 경과 그래프 • 내역 그래프 • 비교 그래프 • 분포 그래프 • 상관 그래프 • 계산 그래프 • 기타	• 선(절선) 그래프 • 막대 그래프 • 원 그래프 • 점 그래프 • 층별 그래프 • 레이더 차트 • 기타

3 〉 도표의 종류별 활용

(1) 선(절선) 그래프

① 시간의 경과에 따라 수량에 의한 변화의 상황을 선(절선)의 기울기로 나타내는 그래프

② 시간적 추이(시계별 변화)를 표시하는데 적합

③ 변화의 추이를 염두에 두고 자료를 분석하는 것이 좋음

④ 한 표에 너무 많은 선이 들어가면 알아보기 어려우므로 주의

예 월별 매출액 추이 변화, 날씨 변화, 에너지 사용 증가율

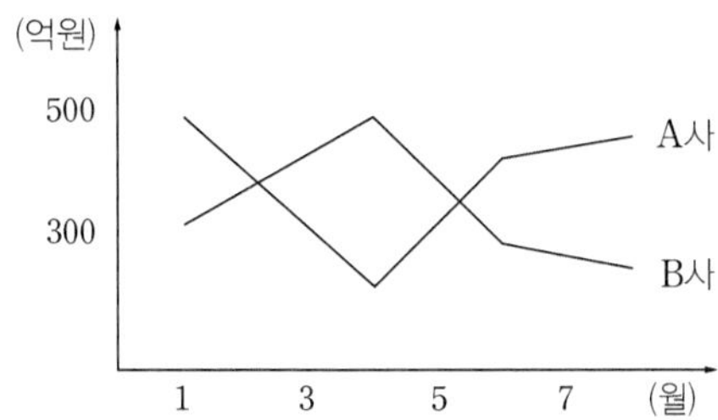

(2) 막대 그래프

① 비교하고자 하는 수량을 막대 길이로 표시하고, 그 길이를 비교하여 각 수량간의 대소 관계를 나타내고자 할 때 가장 기본적으로 활용할 수 있는 그래프

② 내역, 비교, 경과, 도수 등을 표시하는 용도로 활용

③ 크거나 작거나, 많거나 적은 것을 한눈에 비교하여 읽기에 적당하며 이를 발전시켜 누적 막대그래프도 그릴 수 있음

예 영업소별 매출액

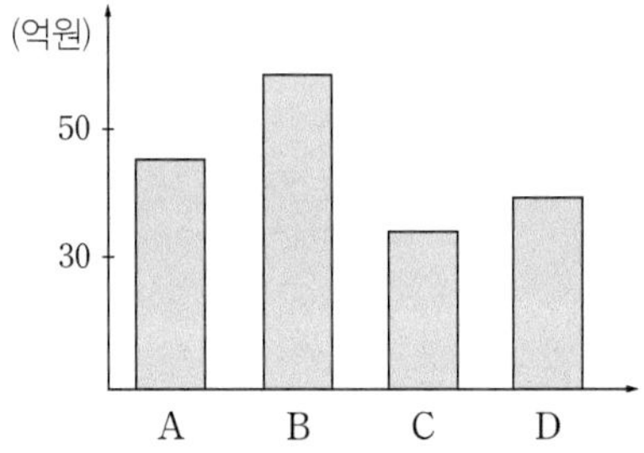

(3) 원 그래프

① 내역이나 내용의 구성비를 원에 분할하여 작성하는 그래프

② 전체에 대한 구성비를 표현할 때 다양하게 활용

③ 먼저 전체가 100%인지를 확인하는 것이 중요

④ 자료항목이 차지하는 중요도(비율)나 우선순위를 파악할 수 있음

⑤ 정교하게 작성하려면 수치를 각도로 환산해야 하므로 까다로움

예 기업별 매출액 구성비 등

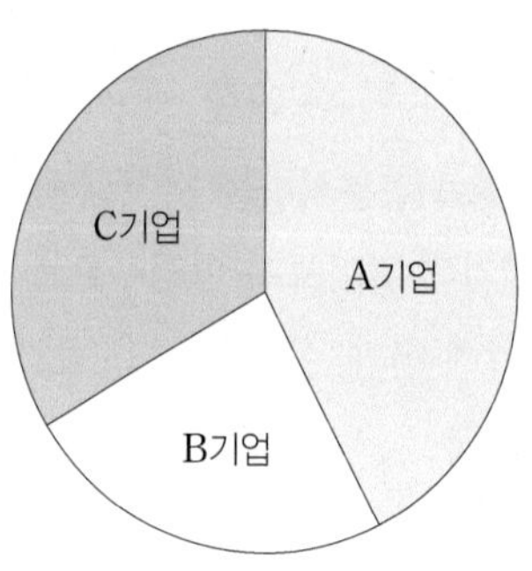

(4) 점 그래프

① 지역분포를 비롯하여 도시, 지방, 기업, 상품 등의 평가나 위치, 성격을 표시하는데 활용할 수 있는 그래프

② 종축과 횡축에 2요소를 두고, 보고자 하는 것이 어떤 위치에 있는가를 알고자 할 때 사용

예 각 지역별 광고비율과 이익률의 관계 등

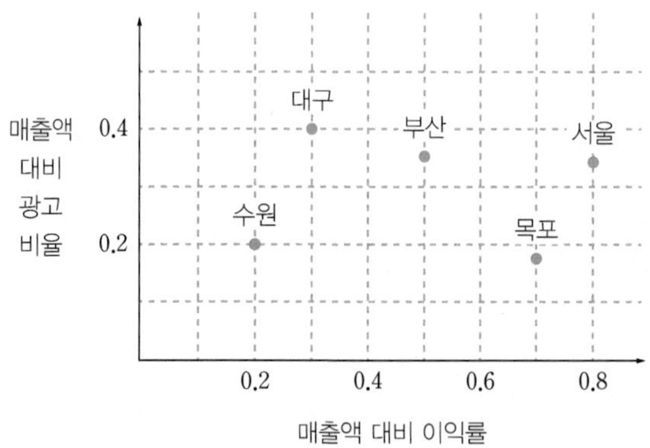

(5) 층별 그래프

① 선의 움직임 보다는 선과 선 사이의 크기로써 데이터 변화를 나타내는 그래프

② 층별 그래프는 합계와 각 부분의 크기를 백분율로 나타내고 시간적 변화를 보고자 할 때 활용

③ 합계와 각 부분의 크기를 실수로 나타내어 시간적 변화를 보고자 할 때 활용

예 월별 · 상품별 매출액 추이 등

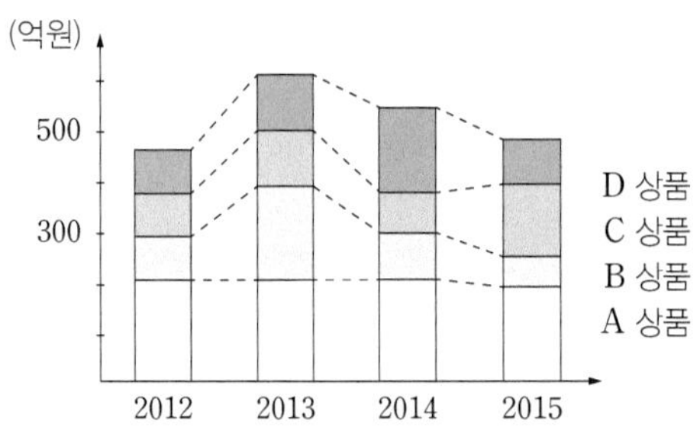

(6) 방사형 그래프(레이더 차트, 거미줄 그래프)

① 비교하는 수량을 직경 또는 반경으로 나누어 원의 중심에서의 거리에 따라 각 수량의 관계를 나타내는 그래프

② 다양한 요소를 비교할 때, 경과를 나타낼 때 활용

예 상품별 매출액의 월별변동 등

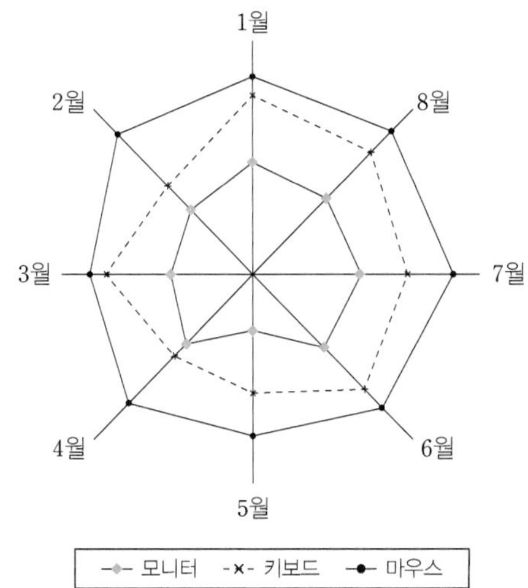

4 〉 도표 해석상의 유의사항

(1) 요구되는 지식의 수준

직업인으로서 자신의 업무와 관련된 기본적인 지식의 습득을 통하여 특별한 지식을 상식화할 필요가 있다.

(2) 도표에 제시된 자료의 의미에 대한 정확한 숙지

주어진 도표를 무심코 해석하다 보면 자료가 지니고 있는 진정한 의미를 확대하여 해석할 수 있으므로 유의해야 한다.

(3) 도표로부터 알 수 있는 것과 알 수 없는 것의 구별

주어진 도표로부터 알 수 있는 것과 알 수 없는 것을 완벽하게 구별할 필요가 있다. 도표를 토대로 자신의 주장을 충분히 추론할 수 있는 보편타당한 근거를 제시해주어야 한다.

(4) 총량의 증가와 비율증가의 구분

비율이 같다고 하더라도 총량에 있어서는 많은 차이가 있을 수 있다. 또한 비율에 차이가 있다고 하더라도 총량이 표시되어 있지 않은 경우 비율차이를 근거로 절대적 양의 크기를 평가할 수 없기 때문에 이에 대한 세심한 검토가 요구된다.

(5) 백분위수와 사분위수의 이해

백분위수는 크기순으로 배열한 자료를 100등분 하는 수의 값을 의미한다.

사분위수란 자료를 4등분한 것으로 제1사분위수＝제25백분위수, 제2사분위수＝제50백분위수(중앙치), 제3사분위수＝제75백분위수에 해당한다.

Chapter 05 도표작성능력

1 〉 도표작성의 개념

(1) 도표의 목적

도표란 선, 그림, 원 등으로 그림을 그려서 내용을 시각적으로 표현하여 다른 사람이 한눈에 자신의 주장을 알아볼 수 있게 한 것을 뜻한다. 따라서 내용을 한눈에 파악할 수 있다는 데에 그 특징이 있다. 특히 매출액의 추이, 가격의 변화 등을 수치로만 나열한 경우와 그래프로 표시한 경우의 차이가 큰데, 지나쳐 버리기 쉬운 복잡한 수치도 그래프를 그려봄으로써 쉽게 파악할 수 있고 전체와 부분의 비교도 간단히 할 수 있다. 따라서 다른 사람에게 자료를 설명할 때 그래프를 이용하면 더욱 설득력이 있다.

(2) 도표 작성의 이점

① 보고 및 설명이 용이함(예 전체의 경향 또는 이상 수치 발견 등)
② 상황분석을 할 수 있음(예 회사의 상품별 매출액 경향, 거래처의 분포 등)
③ 관리목적에 활용할 수 있음(예 진도관리 도표, 회수상황 도표 등)

2 〉 도표의 작성절차

(1) 어떠한 도표로 작성할 것인지를 결정

업무수행 과정에서 도표를 작성할 때에는 우선 주어진 자료를 면밀히 검토하여 어떠한 도표를 활용하여 작성할 것인지를 결정한다.

(2) 가로축과 세로축에 나타낼 것을 결정

주어진 자료를 활용하여 가로축과 세로축에 무엇을 나타낼 것인지를 결정한다. 가로축에는 명칭구분(연, 월, 장소 등)을, 세로축에는 수량(금액, 매출액)을 나타내는 것이 일반적이며 축의 모양은 L자형이 널리 쓰인다.

(3) 가로축과 세로축의 눈금의 크기를 결정

주어진 자료를 가장 잘 표현할 수 있도록 너무 크거나 작지 않게 가로축과 세로축의 눈금의 크기를 결정한다.

(4) 자료를 가로축과 세로축이 만나는 곳에 표시

자료 각각을 결정된 축에 표시하는데 이때 가로축과 세로축이 만나는 곳에 정확히 표시하여야 정확한 그래프를 작성할 수 있다.

(5) 표시된 점에 따라 도표 작성

표시된 점들을 활용하여 실제로 도표 작성한다. 선 그래프는 점들을 선분으로 연결하고, 막대 그래프는 점들을 활용하여 막대를 그린다.

(6) 도표의 제목 및 단위 표시

도표를 작성한 후에는 도표의 상단 혹은 하단에 제목과 함께 단위를 표기한다.

3 도수분포표의 작성

(1) 도수분포표의 의미

자료의 범위가 넓고 연속적인 변수인 경우에 도수분포표를 사용하는데, 이때 각 계급을 중복되지 않는 일정한 구간으로 정하여 그 구간에 속하는 자료의 개수를 정리한다.

(2) 작성지침

① 각 구간의 폭은 같은 것이 바람직하다.

② 계급의 수는 분포의 특성이 나타날 수 있게 6개 이상 15개 미만이 바람직하다.

③ 계급에 속하는 도수가 없거나 너무 적지 않게 구간을 결정한다.

④ 극한값을 반영하기 위하여 제일 아래 계급이나 위 계급을 개방할 수도 있다.

(3) 작성절차

① 자료의 최댓값과 최솟값을 찾아 범위(=최댓값−최솟값)를 구한다.
② 자료의 수와 범위를 고려하여 계급의 수를 잠정적으로 결정한다.
③ 잠정적으로 계급의 폭(=범위/계급의 수)을 올림으로 소수를 정리한 후 계급의 폭을 조정한다.
④ 첫 계급의 하한과 마지막 계급의 상한을 조정한다(계급의 시작은 0, 1, 5, 10으로, 상한은 0, 5, 9, 10으로 정하는 것이 바람직하다).
⑤ 각 계급에 속하는 도수 등을 계산한다.

4 〉 도표작성 시 유의사항

(1) 선(절선) 그래프 작성 시 유의점

① 일반적으로 선(절선)그래프를 작성할 때에는 세로축에 수량(금액, 매출액 등), 가로축에는 명칭구분(연, 월, 장소 등)을 제시한다.
② 축의 모양은 L자형으로 하는 것이 일반적이다.
③ 선의 높이에 따라 수치를 파악하는 경우가 많으므로 세로축의 눈금을 가로축의 눈금보다 크게 하는 것이 효과적이다.
④ 선이 두 종류 이상인 경우에는 반드시 무슨 선인지 그 명칭을 기입하여 주어야 한다.

(2) 막대그래프 작성 시 유의점

① 막대를 세로로 할 것인가 가로로 할 것인가의 선택은 개인의 취향이나, 세로로 하는 것이 보다 일반적이다.
② 축은 L자형이 일반적이나 가로 막대그래프는 사방을 틀로 싸는 것이 좋다.
③ 세로축에 수량(금액, 매출액 등), 가로축에는 명칭구분(연, 월, 장소, 종류 등)을 제시한다.
④ 막대 수가 부득이하게 많을 경우에는 눈금선을 기입하는 것이 알아보기 쉽다.
⑤ 막대의 폭은 모두 같게 하여야 한다.

(3) 원 그래프 작성 시 유의점

① 정각 12시의 선을 시작선으로 오른쪽으로 그리는 것이 일반적이다.
② 분할선은 구성비율이 큰 순서로 그린다.
③ '기타' 항목은 구성비율의 크기에 관계없이 가장 뒤에 그리는 것이 좋다.

④ 각 항목의 명칭은 같은 방향으로 기록하는 것이 일반적이지만, 만일 각도가 적어서 명칭을 기록하기 힘든 경우에는 지시선을 써서 기록한다.

(4) 층별 그래프 작성 시 유의점

① 층별을 세로로 할 것인가 가로로 할 것인가 하는 것은 작성자의 기호나 공간에 따라 판단하지만 구성 비율 그래프는 가로로 작성하는 것이 좋다.

② 눈금은 선 그래프나 막대그래프 보다 적게 하고 눈금선을 넣지 않아야 하며, 층별로 색이나 모양이 모두 완전히 다른 것이어야 한다.

③ 같은 항목은 옆에 있는 층과 선으로 연결하여 보기 쉽도록 한다.

④ 세로 방향일 경우 위에서부터 아래로, 가로 방향일 경우 왼쪽에서 오른쪽으로 나열하면 보기가 쉽다.

5 효과적인 그래프 작성 방법

(1) 그래프에 텍스트 더하기

그래프의 제목, X축, Y축, 범례 등은 그래프를 보조하는 수단으로 활용되므로 그래프에 텍스트로 내용을 작성하여 인사이트를 바로 찾을 수 있게 한다. 예를 들어 특정 시점의 날짜를 그래프 영역 내 시각화 요소의 특정 부분에 텍스트로 표시하면, 그래프를 보는 사람의 시선을 텍스트로 먼저 이동하도록 유도할 수 있다.

(2) 그래프에 선 긋기

그래프에 X축, Y축 외에 추가선을 더해 그래프가 전하는 데이터 인사이트를 강조할 수 있다. 예를 들어 연도별 미세먼지 농도를 나타낸 선 그래프에 환경 기준을 의미하는 참조선을 따로 그리거나 평균선을 파랗게 그어 이 선을 기준으로 측정된 자료값이 기준보다 높은지 낮은지 등을 판단할 수 있다.

(3) 그래프 요소의 색 바꾸기

그래프에 특정 부가 요소를 더하는 것이 아니라 색을 활용하여 의도하는 메시지를 강조할 수 있다. 예를 들어 원하는 구간을 회색 음영 처리 하여 음영 처리된 영역의 크기를 통하여 변화수준을 직관적으로 알게 할 수 있다.

6 》데이터의 시각화

(1) 데이터 시각화의 중요성

기존에는 데이터 활용 역량인 '데이터 분석'과 '시각적 스토리텔링'의 경계가 뚜렷하였으나, 최근 들어 '데이터 시각화'를 통해 두 역량을 아우르는 것에 대한 중요성이 강조되고 있다.

(2) 데이터 시각화의 이유

① 많은 양의 데이터를 한눈에 볼 수 있다.
② 데이터 분석에 대한 전문 지식이 없어도, 누구나 쉽게 데이터 인사이트를 찾을 수 있다.
③ 요약된 통계치보다 정확한 데이터 분석 결과를 도출할 수 있다.
④ 효과적인 데이터 인사이트 공유로 데이터 기반의 의사결정을 할 수 있다.
⑤ 데이터 시각화를 활용할 수 있는 분야와 방법이 무궁무진하다.

Part 02

문제편

Chapter 01

기초연산능력

1 기초연산

| 정답 및 해설 p.240

[01 – 13] 다음 식을 계산하시오.

01

$$12.5\times8-25\times3+7$$

① 28 ② 30
③ 32 ④ 34

02

$$342.2+25.08\times60$$

① 1,554 ② 1,626
③ 1,786 ④ 1,847

03

$$36.8\div20\times100$$

① 1.84 ② 18.4
③ 184 ④ 1840

04

$$45+172\div\{(35-8\times3)+32\}$$

① 28
② 35
③ 42
④ 49

05

$$\frac{3}{20}\times2-\frac{7}{15}\div3$$

① $\frac{13}{90}$
② $\frac{1}{6}$
③ $\frac{17}{90}$
④ $\frac{19}{90}$

06

$$\frac{1}{2}\div\frac{1}{4}\div\frac{1}{8}\div\frac{1}{16}\times\frac{1}{32}\times\frac{1}{64}\times\frac{1}{128}$$

① 1,024
② 512
③ $\frac{1}{512}$
④ $\frac{1}{1,024}$

07

$$(-1)^{35}+(-1)^{62}+(-1)^{14}+(-1)^{32}$$

① -1
② 0
③ 1
④ 2

08

$$(-1)^{101}\times(-1)^{11}-(-1)^{110}\div(-1)^{10}+(-1)^{100}$$

① -2　② -1

③ 0　④ 1

09

$$126^2-117^2$$

① 2,187　② 2,453

③ 2,569　④ 2,787

10

$$(2+1)(2^2+1)(2^4+1)(2^8+1)(2^{16}+1)$$

① $2^{16}-1$　② $2^{16}+1$

③ $2^{32}-1$　④ $2^{32}+1$

11

$$1.19\times30+3.31\times30$$

① 130　② 135

③ 140　④ 145

12

$$25\times(2021+2021+2021+2021)$$

① 2021
② 20210
③ 202100
④ 2021000

13

$$2.2\times2+3.3\times3+4.4\times4+5.5\times5+6.6\times6$$

① 66
② 77
③ 88
④ 99

[14 – 15] 다음 식을 계산한 값과 같은 것을 고르시오.

14

$$43+4\times7$$

① 8^2+3^2-2
② 9^2
③ $273\div3-30$
④ $(6^3-40)\div2$

15

$$1^2+2^2+3^2-11^2-12^2-13^2$$

① $6\times(13+4)-6\times(30\div3)$
② 14^3-15^3
③ $10^2\times2+5-25^2$
④ $514+103-725$

[16 – 17] 다음 식의 빈칸에 들어갈 알맞은 연산 기호를 고르시오.

16

$$3\times25+20-\{(5\square3)\times2\}\div4=91$$

① $+$
② $-$
③ $\times$
④ $\div$

17

$$1.25\times0.4+5.8\square3=3.3$$

① $+$
② $-$
③ $\times$
④ $\div$

[18 – 20] 다음 식의 빈칸에 들어갈 알맞은 수를 고르시오.

18

$$325-\square+51=330$$

① 43
② 44
③ 45
④ 46

19

$$1{,}025-352\times\square+86=55$$

① 2
② 3
③ 4
④ 5

20

$$178-36\times\square\div6=106$$

① 4 ② 8
③ 12 ④ 16

21 다음 중 값이 다른 하나를 고르시오.

① 1.097 ② 10할 9푼 7리
③ 1할 9푼 7리 ④ 109.7%

22 210의 3할 4푼 5리는?

① 0.7245 ② 7.245
③ 72.45 ④ 724.5

23 A회사에는 안경을 낀 사람이 45명, 안경을 끼지 않은 사람이 80명이다. 전체 직원 수에 대한 안경을 낀 사람의 비율을 할푼리로 바르게 나타낸 것은?

① 5할 6푼 2리 ② 56할 2푼 5리
③ 3할 6푼 ④ 3푼 6리

24 다음 중 길이의 단위환산이 바르게 연결되지 <u>않은</u> 것은?

① 10cm=0.1m
② 0.0035km=35000mm
③ 240m=0.24km
④ 1250mm=1.25m

25 가로의 길이가 7m, 세로의 길이가 12m인 직사각형의 넓이로 옳지 않은 것은?

① $84000000mm^2$

② $840000cm^2$

③ $84m^2$

④ $0.00084km^2$

26 다음 중 부피(들이)가 가장 큰 것은?

① $27000m^3$

② $0.00027km^3$

③ 2700000dL

④ 27000L

27 다음 중 무게가 가장 작은 것은?

① 3102g

② 3.2kg

③ 0.00321t

④ 31.2kg

28 다음 중 가장 짧은 시간은?

① 36분

② 360초

③ 0.2시간

④ 1200초

29 필리핀 화폐 1페소가 한국 화폐 22.95원일 때, 30페소는 몇 원인가?

① 688원 ② 688.5원
③ 689원 ④ 689.5원

30 일본 화폐 100엔이 한국 화폐 1,025원일 때, 80엔은 몇 원인가?

① 800원 ② 810원
③ 820원 ④ 840원

[31 – 35] 다음 수들이 일정한 규칙에 의해 나열되어 있을 때, 빈칸에 들어갈 알맞은 수를 고르시오.

31

1	3	7	13	21	( )

① 23 ② 29
③ 31 ④ 37

32

2	5	14	41	( )	365

① 83 ② 122
③ 215 ④ 281

33

3	10	7	14	11	( )	15

① 18 ② 14
③ 10 ④ 8

34

$$\frac{1}{3} \quad \frac{2}{5} \quad \frac{4}{7} \quad \frac{8}{9} \quad (\quad)$$

① $\frac{10}{11}$　　② $\frac{12}{11}$

③ $\frac{14}{11}$　　④ $\frac{16}{11}$

35

1	2	3	4	6	(　)	12	18	36

① 7　　② 8

③ 9　　④ 10

[36 – 37] **다음 알파벳들이 일정한 규칙에 의해 나열되어 있을 때, 빈칸에 들어갈 알맞은 알파벳을 고르시오.**

36

B	F	J	(　)	R	V

① N　　② C

③ K　　④ P

37

D	H	G	F	L	(　)	J	T

① C　　② I

③ K　　④ U

38 다음 중 합성수인 것은?

① 1　　② 2
③ 3　　④ 4

39 두 자연수 a와 b의 최소공배수가 60, 최대공약수가 6일 때 $a+b$의 최솟값은? (단, $a>b$)

① 18　　② 36
③ 42　　④ 66

40 360의 약수의 개수는?

① 24　　② 30
③ 36　　④ 60

41 1부터 100까지의 자연수 중 약수가 3개 이상인 수는 몇 개인가?

① 25　　② 26
③ 74　　④ 75

42 다음 중 서로소 관계가 아닌 것은?

① 7, 9　　② 4, 13
③ 20, 49　　④ 13, 91

[43 – 47] 다음 중 A와 B의 크기를 올바르게 비교한 것을 고르시오.

43

A : $\frac{5}{7}$의 $\frac{3}{4}$ B : $\frac{8}{15}$의 $\frac{3}{5}$

① A>B ② A<B
③ A=B ④ 알 수 없다.

44

A : $\frac{27}{95}$ B : $\frac{19}{50}$

① A>B ② A<B
③ A=B ④ 알 수 없다.

45

A : $(3^{10}\times3^{-6})^2\div3^4$ B : $(3^{-2})^3\times3^{10}$

① A>B ② A<B
③ A=B ④ 알 수 없다.

46

A : $\frac{1}{(0.1)^4}$ B : $\left(\frac{1}{\sqrt{0.001}}\right)^2$

① A>B ② A<B
③ A=B ④ 알 수 없다.

47

A : $2\sqrt{3\sqrt{2}}$	B : $\sqrt{\sqrt{24\sqrt{3}}}$

① A>B　　② A<B
③ A=B　　④ 알 수 없다.

48 $a>0$일 때, 다음 중 값이 다른 하나는?

① $\sqrt{a^2}$　　② $\sqrt{(-a)^2}$
③ $(-\sqrt{a})^2$　　④ $-\sqrt{a^2}$

49 $a<0$일 때, 다음 중 값이 다른 하나는?

① $\sqrt{a^2}$　　② $\sqrt{(-a)^2}$
③ $-\sqrt{a^2}$　　④ $|-\sqrt{a^2}|$

50 $\mathrm{A}=\sqrt{(x-1)^2}+\sqrt{(x+1)^2}$ 일 때 다음 중 옳지 않은 것은?

① $x>1$이면 $\mathrm{A}=2x$이다.
② $-1<x<1$이면 $\mathrm{A}=-2$이다.
③ $x<-1$이면 $\mathrm{A}=-2x$이다.
④ $x=1$ 또는 $x=-1$이면 $\mathrm{A}=2$이다.

2 응용계산

| 정답 및 해설 p.245

01 A는 등산을 가는데 올라갈 때에는 시속 4km의 속력으로 걷고, 내려올 때에는 올라갈 때보다 3km 더 먼 길을 시속 5km로 걸어서 총 4시간 12분이 걸렸다. A가 올라간 거리와 내려온 거리는 모두 몇 km인가?

① 8km
② 15km
③ 17km
④ 19km

02 길이가 50m인 열차가 250m길이의 다리를 완전히 통과하는 데 20초가 걸렸다. 이 열차의 속력은 얼마인가?

① 12.5m/s
② 15m/s
③ 15.5m/s
④ 20m/s

03 A의 집과 B의 집은 서로 36km만큼 떨어져 있다. A는 시속 2km로, B는 시속 4km로 각자의 집에서 서로를 향해 동시에 출발한다면 두 사람은 출발한지 몇 시간 후에 만나는가?

① 6시간
② 9시간
③ 12시간
④ 15시간

04 A와 B가 편의점에서 동시에 출발하여 마트까지 가는 데 각각 분속 60m, 분속 40m의 속력으로 걸었다. A가 B보다 7분 빨리 마트에 도착하였다면, 편의점에서 마트까지의 거리는 얼마인가?

① 420m
② 680m
③ 840m
④ 1060m

05 A자동차는 시속 70km, B자동차는 시속 50km로 같은 출발점에서 출발하였다. 1시간 30분 후 두 자동차 사이의 거리는 얼마인가?

① 10km ② 20km
③ 30km ④ 40km

06 회사에서 집까지 속력 20km인 자전거를 타고 갈 때와 속력 45km인 지하철을 타고 갈 때 걸리는 시간이 35분 차이가 난다. 이때 회사에서 집까지의 거리는 얼마인가?

① 18km ② 19km
③ 20km ④ 21km

07 둘레가 600m인 원 모양의 운동장을 A는 분속 50m로 달리고 B는 분속 30m로 달린다고 한다. 출발점에서 같은 방향으로 동시에 달리기 시작해 A가 먼저 한 바퀴를 돌아 도착했을 때 B가 도착하려면 몇 m를 더 가야 하는가?

① 180m ② 240m
③ 300m ④ 360m

08 둘레가 1.5km인 원 모양의 호수를 A는 분속 20m로 걷고 B는 분속 30m로 걷는다고 한다. 오전 10시에 출발점에서 서로 반대 방향으로 걷기 시작한다면 두 사람이 처음으로 만나게 되는 시각은 몇 시 몇 분인가?

① 10시 10분 ② 10시 20분
③ 10시 30분 ④ 10시 40분

09 길이가 20km인 강을 배를 타고 가려고 한다. 강을 거슬러 올라갈 때에는 2시간, 내려올 때에는 1시간 40분이 걸렸다고 하면 강물의 속력은 얼마인가?

① 1km/시 ② 5km/시
③ 11km/시 ④ 15km/시

10 A가 집에서 1200m 떨어진 회사에 갈 때 처음에는 분속 60m로 걷다가 나중에는 분속 150m로 뛰었더니 16분이 걸렸다. A가 걸어간 거리는 얼마인가?

① 400m ② 600m
③ 800m ④ 1000m

11 소금 60g과 물 240g을 섞었을 때 이 용액의 농도는 얼마인가?

① 20% ② 25%
③ 30% ④ 35%

12 35% 소금물 300g에 물 120g을 더 넣었을 때 이 용액의 농도는 얼마인가?

① 20% ② 25%
③ 30% ④ 35%

13 5% 소금물 100g과 15% 소금물 300g을 섞었을 때 이 용액의 농도는 얼마인가?

① 10% ② 10.5%
③ 12% ④ 12.5%

14 32% 소금물 200g과 58% 소금물 100g을 섞었을 때 이 용액의 농도는 약 얼마인가? (소수 둘째자리에서 반올림한다.)

① 10.7% ② 40.7%
③ 58.6% ④ 61.6%

15 **3% 소금물 300g에서 몇 g의 물을 증발시켜야 9% 소금물을 만들 수 있는가?**

① 50g ② 100g
③ 150g ④ 200g

16 **24% 소금물 500g에서 몇 g의 물을 증발시켜야 32% 소금물을 만들 수 있는가?**

① 125g ② 150g
③ 175g ④ 200g

17 **13% 소금물 600g에 물을 더 넣었더니 10% 소금물이 되었다면 더 넣은 물의 양은 얼마인가?**

① 120g ② 140g
③ 160g ④ 180g

18 **36% 소금물 300g에 물을 더 넣었더니 20% 소금물이 되었다면 더 넣은 물의 양은 얼마인가?**

① 120g ② 180g
③ 240g ④ 360g

19 **8% 소금물과 12% 소금물을 섞어 9%의 소금물 400g을 만들려고 한다면 이때 넣어야 하는 8% 소금물의 양은 얼마인가?**

① 100g ② 200g
③ 300g ④ 400g

20 농도가 서로 다른 두 소금물 A, B가 있다. 소금물 A에서 200g, 소금물 B에서 300g을 섞으면 14% 소금물이 되고, 소금물 A에서 300g, 소금물 B에서 200g을 섞으면 12% 소금물이 된다. 이때 소금물 A와 B의 농도를 바르게 짝지은 것은?

① 6%, 12%
② 12%, 6%
③ 8%, 18%
④ 18%, 8%

21 원가 3만 원짜리 리어카에 20%의 이윤을 붙여 정가로 정하였다가 잘 팔리지 않아 정가의 30%를 깎아서 팔려고 한다면 이 리어카의 가격은 얼마인가?

① 24,800원
② 25,200원
③ 28,000원
④ 36,000원

22 어떤 물건의 원가에 30%의 이윤을 붙여 정가로 정하였다가 잘 팔리지 않아 정가에서 800원을 깎아서 판매하였다. 이때, 개당 1,000원의 이익이 남았다면 이 제품의 원가는 얼마인가?

① 3,000원
② 4,000원
③ 5,000원
④ 6,000원

23 원가 500원짜리 공책을 정가의 40%를 할인해서 팔아도 5%의 이윤을 남게 하기 위해서는 원가에 몇 %의 이윤을 붙여 정가를 정해야 하는가?

① 25%
② 50%
③ 75%
④ 80%

24 A펜션은 홈페이지에서 예약하면 항상 10% 할인해서 판매하고 비성수기에는 할인 가격에서 다시 20%를 추가 할인 해준다. 1박에 150,000원짜리 방을 비성수기에 홈페이지에서 예약을 한다면 얼마를 내야 하는가?

① 135,000원
② 108,000원
③ 105,000원
④ 10,0000원

25 A는 하나에 800원에 판매하던 부자재의 가격을 $a\%$ 인상하였다가 다시 $a\%$를 할인하였더니 처음 판매하던 가격보다 4% 저렴해졌다. 이때 a는 얼마인가?

① 5%
② 10%
③ 15%
④ 20%

26 A는 떡볶이, 순대, 어묵을 사는데 모두 26,000원을 지불하였다. 순대는 어묵보다 1,500원 어치 더 샀으며, 떡볶이는 순대와 어묵을 합친 금액보다 1000원 어치 덜 샀다. 이때 지불한 떡볶이의 금액은 얼마인가?

① 6,000원
② 7,500원
③ 12,500원
④ 14,000원

27 4월 28일이 수요일인 경우 100일 후에는 무슨 요일인가?

① 월요일
② 수요일
③ 금요일
④ 토요일

28 A기계를 가동하면 15일, B기계를 가동하면 9일이 걸리는 일이 있다. 2021년 5월 1일 오전 7시에 A기계와 B기계를 함께 작동시킨다면 일을 전부 마친 시점의 날짜와 시간은 언제인가?

① 2021년 5월 5일 오후 3시
② 2021년 5월 5일 오후 10시
③ 2021년 5월 6일 오후 3시
④ 2021년 5월 6일 오후 10시

29 A와 B가 함께 일을 하면 6일 걸리는 일을 A가 3일 동안 일을 한 후, 나머지를 B가 12일에 걸쳐 끝냈다. 이 일을 B가 혼자서 마치려면 며칠이 걸리겠는가?

① 9일
② 12일
③ 15일
④ 18일

30 A가 하면 14일, B가 하면 35일이 걸리는 일이 있다. A와 B가 함께 일을 시작하다가 A가 도중에 쉬었더니 모든 일을 마치는 데 30일이 걸렸다. A가 일을 한 날은 며칠인가?

① 2일 ② 5일
③ 8일 ④ 11일

31 어떤 일을 하는 데 A는 60시간, B는 90시간이 걸린다고 한다. A와 B가 함께 일을 하면 각자 능력의 20%를 분업효과로 얻을 수 있다면, A와 B가 함께 일을 하여 일을 마치는 데 걸리는 시간은 얼마인가?

① 20시간 ② 30시간
③ 45시간 ④ 75시간

32 기름통에 기름을 채우는 데 A꼭지는 6분, B꼭지는 10분, C꼭지는 15분이 걸린다. 3개의 꼭지를 동시에 열어 기름통을 꽉 채우는 데 걸리는 시간은 몇 분인가?

① 2분 ② 3분
③ 4분 ④ 5분

33 400L짜리 물통에 A관을 이용하여 물을 채우려고 한다. 15분 후 물통의 60%가 찼다면 A관으로 600L짜리 물통을 가득 채우는 데 걸리는 시간은 몇 분인가?

① 25분 ② 27.5분
③ 35분 ④ 37.5분

34 길이가 M인 끈이 있다. A가 끈의 $\frac{1}{3}$을 가져가고 B가 남은 끈의 절반을 가져갔으며 C가 다시 남은 끈의 $\frac{1}{3}$을 가져가고 D가 남은 끈의 절반을 가져갔다. D가 가져가고 남은 끈의 길이가 60cm라면 처음 끈의 길이는 얼마인가?

① 540cm
② 560cm
③ 580cm
④ 600cm

35 나흘 안에 끝내야 할 일의 $\frac{1}{4}$을 첫째 날에 마치고, 남은 일의 $\frac{2}{5}$를 둘째 날에 마치고, 남은 일을 이틀에 걸쳐서 반씩 나누어 하려고 한다. 마지막 날에 해야 할 일의 양은 전체의 몇 %인가?

① 20%
② 22.5%
③ 25%
④ 27.5%

36 어느 회사에서 두 종류의 물건 A, B를 생산하고 있다. 지난달에 생산한 물건의 개수는 모두 합하여 1,500개였는데, 이번 달에 A는 8%, B는 13% 더 생산하여 지난달보다 150개를 더 생산하려고 한다. 지난달에 생산한 물건 A의 개수는 몇 개인가?

① 400개
② 600개
③ 900개
④ 1,200개

37 A회사의 작년 직원 수는 780명이었는데 올해에는 남자 직원이 5% 감소하고, 여자 직원이 7% 증가하여 전체 직원 수가 789명이 되었다. 올해의 여자 직원 수는 몇 명인가?

① 380명
② 361명
③ 400명
④ 428명

38 A, B 두 종류의 제품을 생산하는 공장에서 지난달에 모두 700개의 제품을 생산하였다. 이번 달에는 A제품의 생산량은 20% 증가하고, B제품의 생산량은 12.5% 감소하여 전체적으로 49개를 더 생산하였다고 할 때, 이번 달의 B제품의 생산량은 몇 개인가?

① 200개
② 245개
③ 290개
④ 335개

39 현재 형과 동생의 나이 비는 4 : 3이다. 8년 후 나이 비가 5 : 4가 된다면, 현재 형과 동생의 나이차는 얼마인가?

① 4살
② 6살
③ 8살
④ 10살

40 작년 A회사의 남녀 비율은 8 : 5였다. 올해 여자 직원을 더 뽑았더니 남녀 비율이 4 : 3이 되었고 총 직원 수는 560명이 되었다. 작년의 남자 직원 수와 여자 직원 수는 몇 명인가?

① 남자 240명, 여자 150명
② 남자 304명, 여자 190명
③ 남자 320명, 여자 200명
④ 남자 336명, 여자 210명

41 A회사와 B회사의 작년 매출액의 합계는 90억 원이었다. 올해 A회사는 매출액이 20% 증가하였고, B회사는 10% 감소하였더니 올해 A회사와 B회사의 매출액 비가 16 : 15가 되었다. 작년의 A회사와 B회사의 매출액은 각각 얼마였는가?

① A회사 : 30억 원, B회사 : 60억 원
② A회사 : 40억 원, B회사 : 50억 원
③ A회사 : 50억 원, B회사 : 40억 원
④ A회사 : 60억 원, B회사 : 30억 원

42 다음 표는 어느 렌트카 회사에서 제시하는 요금제이다. 4시간 사용 시 A요금제와 B요금제 중 어느 것을 선택하는 것이 얼마나 더 저렴한가? (단, A와 B요금제는 각각 1시간, 2시간 초과 시 초과 요금을 받는다.)

구분	기본 요금	초과 요금
A요금제	1시간 10,000원	초과 10분당 500원
B요금제	2시간 15,000원	초과 30분당 2,000원

① A요금제, 4,000원
② A요금제, 10,000원
③ B요금제, 4,000원
④ B요금제, 10,000원

43 박물관의 입장료는 1인당 4,500원이고 30명 이상의 단체는 1인당 입장료의 15%를 할인해준다. 30명 미만의 단체가 30명의 단체 입장료를 내고 입장하려 한다면 최소한 몇 명 이상일 때 유리한가?

① 24명
② 25명
③ 26명
④ 27명

44 빨간 펜 80개, 파란 펜 60개, 검은 펜 75개를 최대한 많은 사원들에게 같은 개수로 나누어 주었더니 빨간 펜은 2개, 파란 펜은 6개, 검은 펜은 3개가 남았다면 한 사람이 받은 펜의 개수는 각각 몇 개씩인가?

① 빨간 펜 13개, 파란 펜 9개, 검은 펜 12개
② 빨간 펜 12개, 파란 펜 13개, 검은 펜 9개
③ 빨간 펜 16개, 파란 펜 12개, 검은 펜 15개
④ 빨간 펜 15개, 파란 펜 10개, 검은 펜 12개

45 어느 농장에서 키우는 돼지와 닭이 모두 300마리인데 다리를 세어보니 모두 940개였다. 닭은 모두 몇 마리인가?

① 110마리 ② 130마리
③ 150마리 ④ 170마리

46 A는 160만 원짜리 노트북을 사기 위해 하루에 8시간씩 아르바이트를 하려고 한다. 아르바이트의 시급이 8,800원일 때 A는 최소 며칠 동안 아르바이트를 해야 노트북을 살 수 있는가?

① 21일 ② 22일
③ 23일 ④ 24일

47 A동호회 사람들이 함께 캠핑을 갔다. 캠핑장에는 같은 크기의 텐트가 몇 개 있는데, 한 텐트에 3명씩 들어갔더니 4명이 텐트에 들어가지 못했고, 한 텐트에 4명씩 들어갔더니 마지막 텐트에는 2명만 들어가게 되었다. 이때 캠핑장에 간 A동호회 사람들은 모두 몇 명인가?

① 18명 ② 20명
③ 22명 ④ 24명

48 A는 저번 달에 사내카페에서 아메리카노와 딸기 주스를 합쳐서 300잔을 주문했다. 이번 달은 저번 달보다 아메리카노의 수량을 절반으로 줄이고 딸기 주스의 수량을 세 배로 늘렸다. 이번 달 아메리카노와 딸기 주스를 합쳐서 600잔을 주문했다면, 저번 달에 주문한 딸기 주스는 몇 잔인가?

① 120잔 ② 160잔
③ 180잔 ④ 200잔

49 둘레가 **Am**인 원형 공원 주위에 **Bm** 간격으로 나무를 심는다면 필요한 나무는 모두 몇 그루인가?

① $\frac{A}{B}$
② $\frac{A}{B}+1$
③ $\frac{B}{A}$
④ $\frac{B}{A}+1$

50 서로 **120m** 간격 만큼 떨어진 두 기둥 사이에 **12m** 간격으로 포스터를 붙이려 한다. 두 기둥에도 포스터를 붙인다면 필요한 포스터는 모두 몇 장인가?

① 9개
② 10개
③ 11개
④ 12개

51 한 변의 길이가 **10m**인 정사각형 모양의 땅 테두리에 **2m** 간격으로 깃발을 꽂으려 한다. 각 모서리에는 깃발을 꽂지 않는다면, 필요한 깃발은 모두 몇 개인가?

① 12개
② 16개
③ 20개
④ 24개

52 연속하는 두 자연수가 있다. 큰 수의 제곱에서 작은 수의 제곱을 뺀 값이 **63**이라면 두 자연수 중 큰 수는 무엇인가?

① 30
② 31
③ 32
④ 33

53 연속하는 세 짝수의 합이 **366**, 연속하는 세 홀수의 제곱의 합이 **83**일 때, 세 짝수 중 가장 작은 수와 세 홀수 중 가장 큰 수의 합을 구하면 얼마인가?

① 123
② 127
③ 129
④ 131

54 동호회 회원의 나이 평균은 30살이다. 새로운 회원의 나이가 26살이고, 이 회원으로 인해 동호회 평균 나이가 29살이 되었다면 새로운 회원이 들어오기 전 회원의 수는 몇 명인가?

① 3명
② 5명
③ 8명
④ 10명

55 현재 형의 나이는 동생보다 7살이 많다. 8년 후 형의 나이와 동생 나이의 비가 6 : 5라 할 때, 다음 중 현재 동생의 나이를 고르면?

① 27살
② 28살
③ 29살
④ 30살

56 직원들에게 샤프를 3개씩 나누어 주면 7개가 남고, 4개씩 나누어 주면 14개가 부족하다고 한다. 샤프의 총 개수는 몇 개인가?

① 60개
② 65개
③ 70개
④ 75개

57 마케팅 부서의 회의는 오후 1시 5분에 시작해서 2시간 30분 동안 진행되었다. 회의가 끝난 시각의 시침과 분침 사이의 각도는 얼마인가?

① 90°
② 102.5°
③ 107.5°
④ 120°

58 오전 9시부터 운동을 하던 A는 문득 시계를 보니 시침과 분침이 겹쳐 있었다. A가 시계를 본 시각은 9시 몇 분인가?

① 9시 $\frac{360}{11}$분
② 9시 $\frac{420}{11}$분
③ 9시 $\frac{480}{11}$분
④ 9시 $\frac{540}{11}$분

59 1시간마다 5분씩 빨리 가는 시계가 있다. 시각을 2시에 맞춰놓고 잠시 후에 시계를 보니 시각이 5시였다면 실제 시간은 몇 시 몇 분인가?

① 4시 15분　② 4시 45분
③ 5시 15분　④ 5시 45분

60 한 팀의 사원 중 여름휴가를 미리 사용할 사원이 전체의 $\frac{5}{12}$이고, 그중에 $\frac{2}{5}$가 해외로 갈 예정이다. 해외에 가지 않고 국내에서 여름휴가를 미리 사용할 사원이 12명일 때, 이 팀 전체 사원은 몇 명인가?

① 44명　② 46명
③ 48명　④ 50명

61 한 부서의 직원들이 출퇴근 시 자동차를 이용하는 사람은 전체의 $\frac{3}{8}$, 버스를 이용하는 사람은 $\frac{1}{5}$이었다. 출퇴근 시 자동차나 버스를 모두 이용하지 않는 사람이 17명이라고 할 때, 이 부서 전체 직원의 수는 몇 명인가?

① 35명　② 40명
③ 45명　④ 50명

62 40명의 승진 대상자 중 60%만 1단계 시험을 통과했다. 그중 $\frac{2}{3}$만 2단계에 응시했고, 2단계에 응시한 사원 중 10명이 떨어졌다면, 최종 승진자는 처음 40명의 몇 %인가?

① 10%　② 15%
③ 20%　④ 25%

63 **1차 시험, 2차 시험, 면접 시험의 과정이 있는 A시험이 있다. 200명의 응시자 중 70%가 1차 시험에 합격했고, 이 중에서 80%만 2차 시험에 응시하여 응시자 중 17명이 떨어졌다. 마지막 면접 시험에서 40%가 떨어졌다면, 최종 합격자는 처음 응시자의 몇 %인가?**

① 25% ② 28.5%
③ 30% ④ 33.5%

64 **A와 B가 지난 분기에 판매한 TV의 총 개수는 450대이다. 이번 분기에 A의 판매량은 저번 분기 대비 15% 증가했고, B의 판매량은 저번 분기 대비 10% 감소하여 이번 분기에 두 사람이 판매한 TV의 총 개수는 30대가 증가하였다. 이번 분기에 B가 판매한 TV의 수량은 얼마인가?**

① 135대 ② 150대
③ 300대 ④ 345대

65 **A와 B가 가위바위보를 하여 계단을 오르내리려고 한다. 이기면 5칸 위로 올라가고 지면 3칸 아래로 내려가며 비기면 아무도 움직이지 않는다고 한다. A와 B가 같은 위치에서 가위바위보를 10번 하여 A가 6번 이기고 1번은 비겼다면, 10번의 가위바위보가 끝난 뒤 A와 B의 계단 차는 몇 칸인가? (단, A와 B 모두 계단 중턱에서 시작하였다.)**

① 21칸 ② 22칸
③ 23칸 ④ 24칸

66 **필기 시험에서 정답을 맞히면 5점을 얻고 답을 틀리면 2점을 잃는다고 한다. 총 20문항 중에서 80점 이상을 얻으려면 적어도 몇 문제를 맞혀야 하는가? (단, 답을 적지 않는 경우는 없다고 한다.)**

① 16문제 ② 17문제
③ 18문제 ④ 19문제

67 **A가 떨어뜨린 공은 떨어뜨린 높이의 $\frac{2}{5}$만큼 튀어 오르고, B가 떨어뜨린 공은 떨어뜨린 높이의 $\frac{7}{10}$만큼 튀어 오른다고 한다. A와 B가 같은 높이에서 공을 떨어뜨렸더니 두 번째로 튀어 오른 공의 높이 차가 165cm라면 처음 공을 떨어뜨린 높이는 얼마인가?**

① 500cm ② 550cm
③ 600cm ④ 650cm

68 **A가 가진 돈으로 가격이 같은 음료수를 5개 사면 500원이 남고 7개 사면 1300원이 부족하다고 한다. 만약 음료수를 6개 사게 되면 어떻게 되겠는가?**

① 400원이 부족하다.
② 400원이 남는다.
③ 900원이 부족하다.
④ 900원이 남는다.

69 **어느 지역의 택시 요금이 2km 이하의 거리까지는 2,700원이고 2km를 초과하는 순간부터 250m씩 갈 때마다 100원씩 요금이 올라간다. 집에서 회사까지의 거리는 3,250m이고, 회사에서 백화점까지의 요금은 4,500원이 나온다. 이때 집에서 회사까지 택시를 타고 갈 때의 요금과 회사에서 백화점까지의 거리를 바르게 짝지은 것은?**

	집에서 회사까지의 요금	회사에서 백화점까지의 거리
①	3,000원	4.5km
②	3,200원	4.5km
③	3,000원	6.5km
④	3,200원	6.5km

70 매월 A는 80,000원씩, B는 60,000원씩 은행에 적금을 넣는다. 현재까지 A는 840,000원, B는 180,000원을 저축하였다면 A의 적금 금액이 B의 적금 금액의 3배가 되는 때는 언제인가? (단, 이자는 생각하지 않는다.)

① 3개월 후
② 4개월 후
③ 5개월 후
④ 6개월 후

71 형과 동생이 매달 일정 금액을 5개월 동안 입금하였다. 그 후 형은 돈의 $\frac{1}{3}$을 찾아 쓰고 동생은 돈의 $\frac{1}{6}$을 찾아 썼더니 형과 동생의 남은 금액이 같아졌다. 형이 매달 동생보다 30만 원씩 더 넣었다면, 형과 동생이 매달 입금한 금액은 각각 얼마씩인가? (단, 이자는 생각하지 않는다.)

	형	동생
①	180만 원	150만 원
②	150만 원	180만 원
③	150만 원	120만 원
④	120만 원	150만 원

72 어느 회사에서 자격증 시험에 응시한 인원이 총 257명이다. B부서에서 A부서보다 15명 적게 응시했고, C부서에서는 A부서보다 22명 더 많이 응시했고, D부서는 25명이 응시했다면, B부서에서 응시한 인원은 몇 명인가?

① 40명
② 55명
③ 60명
④ 75명

73 A조, B조, C조가 참가한 회의에 참석한 인원은 105명이다. A조는 B보다 5명 적고, B조는 C조보다 3배 적었다. C조는 몇 명 참석하였는가?

① 46명
② 56명
③ 66명
④ 76명

74 A건물의 엘리베이터로 1층에서 6층까지 가는 데 걸리는 시간이 12초이다. 1층에서 어느 층까지 엘리베이터로 가는 데 걸린 시간이 36초라면, 몇 층까지 엘리베이터를 타고 갔겠는가? (단, 엘리베이터의 속력은 일정한다.)

① 14층 ② 15층
③ 16층 ④ 17층

75 세로의 길이가 44cm, 가로의 길이가 66cm인 캔버스에 위아래로는 각각 2cm의 여백을, 양옆으로는 각각 3cm의 여백을 남겨두고 한 변의 길이가 5cm인 정사각형 타일을 빠짐없이 붙이려고 한다. 이때 필요한 타일의 개수는 몇 개인가?

① 94개 ② 96개
③ 98개 ④ 100개

76 가로의 길이가 20m인 사무실 벽 아래쪽에 가로 25cm, 세로 13cm인 타일을 같은 간격으로 23장 끼우려고 한다. 사무실 벽 양 끝에는 타일과 타일 사이 간격의 1.5배만큼의 공간을 비워두려고 한다면 타일과 타일 사이의 간격은 몇 cm인가?

① 55cm ② 57cm
③ 59cm ④ 61cm

77 서울역에서 A기차는 15분마다, B기차는 20분마다 출발한다. A기차와 B기차가 오전 6시에 동시에 출발하였다면, 오전 9시 30분 이후에 A와 B기차가 처음으로 동시에 출발하는 시각은 언제인가?

① 오전 9시 40분 ② 오전 9시 45분
③ 오전 10시 ④ 오전 10시 30분

78 A회사 신입사원들의 하계연수를 위해 방을 예약할 예정이다. 5명씩 들어가는 숙소를 잡아도, 6명이 들어가는 숙소를 잡아도, 8명씩 들어가는 숙소를 잡아도 항상 3명이 남는다고 한다면 연수에 참가하는 신입사원의 수는 모두 몇 명인가? (단, 숙소는 최대 200명까지 수용할 수 있다.)

① 121명 ② 122명
③ 123명 ④ 124명

79 어떤 자격시험은 답과 답에 대한 서술 내용을 모두 평가하는 방식으로 이루어진다. 다음 두 가지 방법으로 점수를 계산한다고 할 때, A가 이 시험을 보고 나서 두 가지 방법대로 채점을 하였더니 모두 81점이 나왔고, 답과 서술 내용이 아예 틀린 문항이 3개라고 한다. 이 시험의 총 문항 수는 몇 개인가?

㉠ 기본 점수는 없으며, 답과 서술 내용이 모두 맞으면 3점, 서술 내용과 정답 중 하나만 맞으면 2점, 서술 내용과 답이 모두 틀리면 점수가 없다.
㉡ 기본 점수는 30점이며, 답과 서술 내용 모두가 맞으면 2점, 답과 서술 내용 중 하나라도 틀리면 기본 점수에서 1점 감점한다.

① 20개 ② 25개
③ 27개 ④ 30개

80 어떤 회사의 신입사원 채용시험 응시자가 400명이었다. 시험 점수의 전체 평균이 54점, 합격자의 평균이 85점, 불합격자의 평균이 45점이었다면 합격자는 모두 몇 명인가?

① 80명 ② 90명
③ 100명 ④ 110명

81 박람회에서 500원인 볼펜과 1,300원인 공책을 한 세트로 해서 사람들에게 나누어 줄 경우 500,000원으로 최대 몇 명의 사람들에게 나누어 줄 수 있는가?

① 282명 ② 283명
③ 277명 ④ 278명

82 어떤 수에 3을 곱해야 할 것을 실수로 3으로 나누고, 다시 13을 더해야 할 것을 실수로 13을 뺐더니 33이 되었다. 다시 올바르게 계산한다면 그 값은 얼마인가?

① 387　② 397
③ 417　④ 427

83 한 회사에서 54명의 사원 중 맛집동호회에 가입한 사람은 32명, 등산동호회에 가입한 사람은 23명이 있다. 아무 곳에도 가입하지 않은 사람이 7명이라면 두 동호회 모두 가입한 사람은 몇 명인가?

① 8명　② 9명
③ 10명　④ 11명

84 A의 자동차 연비는 16km/L이며, 휘발유 가격은 1L당 2,000원이다. A가 자동차에 기름이 하나도 없는 상태에서 주유하여 560km를 달린 후 기름이 모두 소진되었다면, A가 주유한 휘발유 가격은 모두 얼마인가?

① 50,000원　② 60,000원
③ 70,000원　④ 80,000원

85 회사 간담회에 필요한 과일을 사려고 한다. 사과 1kg은 24,000원이며, 배 1kg은 사과의 절반 가격이다. 배 2개는 사과 5개의 무게와 같으며, 사과 1개는 200g이다. 배와 사과를 각각 72,000원만큼 샀을 때, 배와 사과는 총 몇 개를 샀겠는가?

① 27개　② 29개
③ 31개　④ 33개

3 경우의 수와 확률

| 정답 및 해설 p.256

01 빨간 주사위와 파란 주사위를 동시에 던질 때, 나오는 눈의 합이 5 또는 7이 되는 경우의 수는?

① 4가지 ② 6가지
③ 10가지 ④ 24가지

02 0부터 9까지의 정수를 한 번씩만 써서 만들 수 있는 두 자리 자연수의 개수는?

① 72가지 ② 81가지
③ 90가지 ④ 100가지

03 0, 1, 2, 3, 4, 5를 한 번씩만 써서 만들 수 있는 세 자리 짝수의 개수는?

① 36가지 ② 44가지
③ 52가지 ④ 60가지

04 1부터 50까지의 자연수가 적혀 있는 숫자 카드에서 카드 한 장을 뽑을 때, 4의 배수 또는 7의 배수가 나오는 경우의 수는?

① 18가지 ② 19가지
③ 20가지 ④ 21가지

05 할아버지, 할머니, 아빠, 엄마, 손자, 손녀가 한 줄로 서서 사진을 찍는다. 아빠와 엄마는 서로 이웃하여 사진을 찍는다면, 사진을 찍을 수 있는 모든 경우의 수는?

① 60가지 ② 120가지
③ 240가지 ④ 720가지

06 A, B, C, D, E, F가 일렬로 앉을 때, A는 맨 앞에 앉고, B를 A와 이웃하지 않게 앉는 방법의 수는?

① 60가지
② 76가지
③ 80가지
④ 96가지

07 100원, 50원, 10원짜리 동전이 각각 다섯 개씩 있다고 할 때, 500원을 만들 수 있는 모든 경우의 수는?

① 3가지
② 4가지
③ 5가지
④ 6가지

08 50원짜리 동전 3개, 100원짜리 동전 4개, 500원짜리 동전 2개, 1000원짜리 지폐 1장이 있다. 이 동전과 지폐의 일부 또는 전부를 사용하여 지불할 수 있는 모든 방법의 수는? (단, 0원을 지불하는 경우는 제외한다.)

① 23가지
② 24가지
③ 119가지
④ 120가지

09 50원짜리 동전 3개, 100원짜리 동전 2개, 500원짜리 동전 1개가 있다. 이 동전의 일부 또는 전부를 사용하여 지불할 수 있는 금액의 경우의 수는? (단, 0원을 지불하는 경우는 제외한다.)

① 15가지
② 16가지
③ 17가지
④ 18가지

10 빨간 주사위와 파란 주사위를 동시에 던져 빨간 주사위에서는 4 이상의 수가, 파란 주사위에서는 3의 배수가 나오는 경우의 수는?

① 2가지
② 3가지
③ 5가지
④ 6가지

11 세 개의 주사위를 동시에 던져 나오는 눈의 수의 곱이 짝수인 경우의 수는?

① 180가지 ② 183가지

③ 186가지 ④ 189가지

12 7개의 문자 A, A, B, B, B, C, C를 일렬로 배열할 때 A끼리는 서로 이웃하지 않도록 배열하는 경우의 수는?

① 150가지 ② 160가지

③ 200가지 ④ 210가지

13 서로 다른 음료 6개를 일렬로 나열할 때 6개 중 2개는 같은 회사의 제품이라 한다. 같은 회사의 제품끼리는 서로 이웃하도록 나열하는 방법의 수는?

① 120가지 ② 160가지

③ 200가지 ④ 240가지

14 방정식 $x+2y+z=8$을 만족시키는 자연수의 해 (x, y, z)의 개수는?

① 6가지 ② 7가지

③ 8가지 ④ 9가지

15 어느 박물관에는 출입구가 6개 있다. 그중 한 출입구로 들어가서 들어간 출입구와는 다른 출입구로 나온다고 할 때 가능한 경우의 수는?

① 11가지 ② 25가지

③ 30가지 ④ 36가지

16 1개의 본사와 5개의 지사로 이루어진 어느 회사의 본사로부터 각 지사까지의 거리가 다음과 같다.

〈본사에서 지사까지의 거리〉

지사	가	나	다	라	마
거리(km)	50	50	100	150	200

본사에서 각 지사에 A, B, C, D, E를 지사장을 각각 발령할 때, A보다 B가 본사로부터 거리가 먼 지사의 지사장이 되도록 5명을 발령하는 경우의 수는?

① 50가지　② 52가지
③ 54가지　④ 56가지

17 부산에서 서울을 왕복하는 어떤 열차는 중간에 대구, 대전, 천안, 수원에만 정차한다고 한다. 각 역에서 발매하는 승차권에는 출발역과 도착역이 동시에 표시되어 있다. 예를 들어 대구에서 천안으로 가려는 사람이 구입한 승차권에는 '대구 → 천안'이라고 표시된다. 5개의 역에서 준비해야 하는 서로 다른 승차권의 종류는 모두 몇 개인가? (단, 왕복표는 준비하지 않는다.)

① 28개　② 30개
③ 32개　④ 34개

18 A, B, C, D, E를 한 줄로 세울 때, B와 C가 서로 이웃하지 않도록 하는 방법의 수는?

① 48가지　② 72가지
③ 120가지　④ 168가지

19 6명의 팀원 중 팀장 1명과 부팀장 1명을 뽑는 방법의 수는?

① 15가지　② 18가지
③ 30가지　④ 36가지

20 빨간 공, 파란 공, 초록 공, 검은 공, 흰 공이 한 개씩 들어 있는 주머니에서 3개의 공을 뽑아 일렬로 나열하는 방법의 수는?

① 30가지
② 40가지
③ 50가지
④ 60가지

21 A, B, C, D, E가 두 줄로 자리 배치를 하려 한다. 앞줄에 2명, 뒷줄에 3명이 오도록 하는 방법의 수는?

① 100가지
② 120가지
③ 140가지
④ 160가지

22 여자 4명 남자 6명이 원탁에 앉을 때 여자와 여자 사이에는 적어도 한 명의 남자가 들어가는 경우의 수는?

① 120가지
② 1,440가지
③ 43,200가지
④ 51,600가지

23 제주도, 경주, 부산, 대구, 울산, 여수를 여행하려고 한다. 이 중 4곳만 여행하려고 할 때, 여행 순서까지 생각한다면 여행하는 방법의 수는?

① 120가지
② 240가지
③ 360가지
④ 480가지

24 10명의 팀원 중 팀장 1명과 부팀장 2명을 뽑는 방법의 수는?

① 360가지
② 400가지
③ 480가지
④ 520가지

25 **6명의 학생 중에서 2명의 주번을 뽑는 방법의 수는?**

① 12가지
② 15가지
③ 30가지
④ 36가지

26 **원 위에 점 6개가 있다. 이 점을 가지고 만들 수 있는 삼각형의 개수는?**

① 20가지
② 30가지
③ 60가지
④ 120가지

27 **10명의 사원이 서로 빠짐없이 악수를 주고받는다면 악수는 총 몇 번 했는가?**

① 20번
② 45번
③ 60번
④ 90번

28 **A가 구매해야 할 물품은 모니터와 볼펜세트를 포함하여 모두 6가지이다. 이 중에서 모니터와 볼펜세트를 포함한 4가지 물품을 오늘 구매하려고 하는데, 모니터를 볼펜세트보다 먼저 구매해야 한다. 오늘 구매해야 할 물품을 택하고, 택한 물품의 구매 순서를 정하는 경우의 수는?**

① 70가지
② 72가지
③ 74가지
④ 76가지

29 **영재반에 들어갈 학생을 선발하고자 한다. 남학생 희망자 8명 중에 3명을, 여학생 희망자 5명 중에 2명을 뽑는 방법의 수는?**

① 140가지
② 280가지
③ 560가지
④ 720가지

30 도시락 전문점에서 반찬을 고르려고 한다. A세트에서 5가지 반찬 중 3개를 고르고, B세트에서 7가지 반찬 중 3개를 고르는 방법의 수는?

① 45가지　② 270가지
③ 350가지　④ 450가지

31 A, B, C, D, E, F가 2명씩 짝을 지어 3개의 조를 편성하는 방법의 수는?

① 6가지　② 15가지
③ 30가지　④ 90가지

32 5명의 직원이 타고 있는 엘리베이터가 3층, 5층, 10층에 순서대로 선다. 이 중 2개의 층에 직원이 모두 내릴 수 있는 경우의 수는? (단, 새로 타는 승객은 없다.)

① 15가지　② 30가지
③ 45가지　④ 90가지

33 어느 회사원이 처리해야 할 업무는 A, B, C를 포함하여 모두 8가지이다. 이 중에서 A, B, C를 포함한 5가지 업무를 오늘 처리하려고 하는데, A를 C보다 먼저 처리해야 한다. 오늘 처리할 업무를 택하고, 택한 업무의 처리 순서를 정하는 경우의 수는?

① 300가지　② 600가지
③ 900가지　④ 1,200가지

34 한 개의 주사위를 두 번 던져 두 번 모두 소수가 나올 확률은?

① $\frac{1}{2}$　② $\frac{1}{3}$
③ $\frac{1}{4}$　④ $\frac{1}{6}$

35 A주머니에는 검은 공이 4개, 흰 공이 3개 들어있고, B주머니에는 검은 공이 2개, 흰 공이 5개 들어있다. A와 B주머니에서 각각 공을 한 개씩 꺼낼 때 하나는 검은 공, 하나는 흰 공이 나올 확률은?

① $\frac{6}{49}$　② $\frac{15}{49}$

③ $\frac{20}{49}$　④ $\frac{26}{49}$

36 한 개의 주사위를 세 번 던질 때 첫 번째는 짝수, 두 번째는 6의 약수, 세 번째는 3의 배수가 나오는 확률은?

① $\frac{1}{2}$　② $\frac{2}{3}$

③ $\frac{1}{3}$　④ $\frac{1}{9}$

37 10장의 지폐 중 위조지폐는 2장이 있다고 한다. A와 B가 순서대로 지폐를 한 장씩 고를 때, 두 장 모두 위조지폐일 확률은? (단, 고른 지폐는 다시 넣지 않는다.)

① $\frac{1}{50}$　② $\frac{1}{45}$

③ $\frac{1}{25}$　④ $\frac{1}{10}$

38 10장의 투표용지에서 7장은 안건에 찬성하는 의견이고 3장은 안건에 반대하는 의견이다. 이 중 임의로 3장을 뽑을 때 적어도 1장이 안건에 반대하는 의견일 확률은? (단, 뽑은 용지는 다시 넣지 않는다.)

① $\frac{7}{24}$　② $\frac{11}{24}$

③ $\frac{12}{24}$　④ $\frac{17}{24}$

39 A쇼핑몰에서 선착순 40명을 대상으로 100% 당첨인 쿠폰 뽑기 행사를 진행하고 있다. 이 중에서 15%는 배송비 무료 쿠폰이고 나머지는 1000원 할인 쿠폰이라고 할 때, 2명의 고객이 뽑기를 뽑아 적어도 1명은 배송비 무료 쿠폰을 뽑을 확률은? (단, 뽑은 쿠폰은 다시 넣지 않는다.)

① 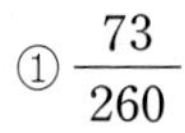 $\frac{73}{260}$
② $\frac{187}{260}$
③ $\frac{7}{330}$
④ $\frac{323}{330}$

40 남학생 4명과 여학생 5명으로 구성된 모임이 마피아 게임을 하기 위해 사회자 1명을 제비뽑기로 정하기로 하였다. 총 3번의 게임을 할 때 3번 모두 여학생이 사회자를 맡을 확률은? (단, 사회자는 동일인이 중복으로 할 수 있다.)

① $\frac{125}{729}$
② $\frac{5}{42}$
③ $\frac{64}{729}$
④ $\frac{1}{21}$

41 내일 비가 올 확률은 40%, 모레 비가 올 확률은 55%이다. 내일과 모레 모두 비가 오지 않을 확률은?

① 15%
② 22%
③ 27%
④ 30%

42 눈이 온 날 다음 날에 눈이 올 확률은 $\frac{1}{3}$이고, 눈이 오지 않은 날의 다음 날 눈이 올 확률은 $\frac{3}{5}$이라 하자. 월요일에 눈이 왔다면 목요일에도 눈이 올 확률은?

① $\frac{311}{675}$
② $\frac{313}{675}$
③ $\frac{316}{675}$
④ $\frac{317}{675}$

43 어느 코코아 회사의 연간 코코아 판매량은 그 해 겨울의 평균 기온에 크게 좌우된다. 과거 자료에 따르면, 한 해의 판매 목표액을 달성할 확률은 그 해 겨울의 평균 기온이 예년보다 낮을 경우에 0.7, 예년과 비슷할 경우에 0.5, 예년보다 높을 경우에 0.2이다. 일기 예보에 따르면, 내년 겨울의 평균 기온이 예년보다 낮을 확률이 0.3, 예년과 비슷할 확률이 0.5, 예년보다 높을 확률이 0.1이라고 한다. 이 회사가 내년 목표액을 달성할 확률은?

① 0.48
② 0.50
③ 0.55
④ 0.66

44 A, B, C 세 사람이 시험을 보는데 A는 합격할 확률이 $\frac{1}{3}$, B는 합격할 확률이 $\frac{5}{8}$, C는 합격할 확률이 $\frac{4}{5}$ 라고 한다. 이때 적어도 2명이 시험에 합격할 확률은?

① $\frac{1}{6}$
② $\frac{19}{40}$
③ $\frac{77}{120}$
④ $\frac{1}{3}$

45 남학생 수와 여학생 수의 비가 3 : 2인 대학에서 전체 학생의 70%가 정시로 들어왔고, 나머지는 수시로 들어왔다. 학생 중에서 임의로 한 명을 선택할 때, 이 학생이 정시로 들어온 여학생일 확률이 $\frac{1}{5}$ 이다. 학생 중에서 임의로 선택한 한 명이 수시로 들어온 학생일 때, 이 학생이 남학생일 확률은?

① $\frac{1}{5}$
② $\frac{1}{4}$
③ $\frac{1}{3}$
④ $\frac{1}{2}$

46 어느 공장에서 A기계와 B기계의 생산율이 각각 70%, 30%라고 한다. A기계의 불량률은 4%이고 B기계의 불량률은 6%라면, 생산된 불량품이 B기계의 생산품일 확률은?

① $\frac{3}{23}$
② $\frac{5}{23}$
③ $\frac{7}{23}$
④ $\frac{9}{23}$

47 직원 19명의 혈액형을 조사하였더니 A형이 4명, B형이 5명, O형이 6명, AB형이 4명이었다. 19명의 직원 중에서 임의로 3명을 뽑을 때, 혈액형이 같을 확률은?

① $\frac{2}{47}$
② $\frac{2}{49}$
③ $\frac{2}{51}$
④ $\frac{2}{53}$

48 1, 2, 3, 4, 5의 숫자 카드 중에서 3장을 뽑아 세 자리 자연수를 만들려고 한다. 만든 수가 4의 배수가 될 확률은? (단, 뽑은 카드는 다시 넣지 않는다.)

① $\frac{1}{3}$
② $\frac{1}{4}$
③ $\frac{1}{5}$
④ $\frac{1}{6}$

49 두 자연수 A와 B가 짝수일 확률이 $\frac{1}{3}$, $\frac{2}{5}$ 일 때, A와 B의 곱이 짝수일 확률은?

① $\frac{1}{5}$
② $\frac{2}{5}$
③ $\frac{3}{5}$
④ $\frac{4}{5}$

50 두 배드민턴 선수 A와 B가 5번의 경기를 하는데 먼저 3승을 한 사람이 우승이라 한다. 2회전까지 각각 한 번씩 이겼다면, A가 우승을 할 확률은? (무승부는 없으며 매 경기마다 A가 이길 확률은 $\frac{2}{3}$, B가 이길 확률은 모두 $\frac{1}{3}$이다.)

① $\frac{14}{27}$
② $\frac{16}{27}$
③ $\frac{19}{27}$
④ $\frac{20}{27}$

51 어느 공장에서 불량이 아닌 물건이 불량품으로 잘못 판정할 확률이 1차에서는 3%, 2차에서는 1%이다. 어느 불량이 아닌 물건이 1차에서 불량품으로 판정받았지만 2차에서는 불량품이 아닌 것으로 판정될 확률은?

① 0.09%
② 2.97%
③ 9.7%
④ 96.03%

52 6명의 사원 A, B, C, D, E, F를 임의로 2명씩 짝을 지어 3개의 조로 편성하려고 한다. A사원과 B사원은 같은 조에 편성되고, C사원과 D사원은 서로 다른 조에 편성될 확률은?

① $\frac{1}{15}$
② $\frac{2}{15}$
③ $\frac{1}{5}$
④ $\frac{4}{15}$

53 세 명이 양궁카페에 가서 활을 한 번씩 쏘아 10점 과녁에 맞힐 확률이 각각 $\frac{4}{5}$, p, $\frac{2}{5}$이다. 적어도 한 사람이 10점 과녁에 맞힐 확률이 $\frac{23}{25}$일 때, p의 값은 얼마인가?

① $\frac{1}{3}$
② $\frac{1}{4}$
③ $\frac{1}{5}$
④ $\frac{1}{6}$

54 신입사원 A를 포함한 5명의 팀원 중 3명을 선발하여 발표자로 내보내려고 한다. 선발한 3명의 팀원 중 신입사원 A가 포함되어 있을 확률은?

① $\frac{3}{10}$
② $\frac{2}{5}$
③ $\frac{1}{2}$
④ $\frac{3}{5}$

55 세 사람이 가위바위보를 하여 한 번에 승패가 가려질 확률은?

① $\frac{1}{3}$
② $\frac{2}{3}$
③ $\frac{2}{9}$
④ $\frac{8}{9}$

Chapter 02 기초통계능력

1 기초통계

| 정답 및 해설 p.265

01 어느 학교에서 3개 학급이 자격증 시험을 보러 갔다. 1반은 30명이, 2반은 25명이, 3반은 32명이 시험을 보았으며 2반의 평균이 1반보다 2점 높고 3반의 평균이 1반보다 5점 낮다고 한다. 1반의 점수 총합이 2,100점이라면 1반, 2반, 3반의 전체 평균은 얼마인가? (단, 소수 둘째 자리에서 반올림한다.)

① 68.5점
② 68.7점
③ 69.2점
④ 69.5점
⑤ 70.2점

02 다음은 도시별 인구와 자동차 보유수를 나타낸 결과이다. 한 가구의 평균 가족 수를 4명이라고 할 때, 가구당 평균 1대 이상의 자동차를 보유하고 있는 도시를 모두 고른 것은?

[표] 도시별 인구 및 자동차 보유수

구분	인구 100명당 자동차 보유수(대)
A시	26
B시	21
C시	35
D시	24

① A, B
② A, C
③ B, C
④ B, D
⑤ C, D

[03 – 04] 다음은 어느 시험에서 지원자의 언어능력과 수리능력의 평가 성적을 집계한 자료이다. 자료를 참고하여 물음에 답하시오.

[표] 언어능력과 수리능력 성적

수리 \ 언어	0~19	20~39	40~59	60~79	80~100
0~19	1명	1명			2명
20~39		2명	3명	3명	
40~59	1명		4명	1명	3명
60~79		3명	5명	6명	5명
80~100			1명	4명	2명

03 언어능력 점수는 60점 이상이면서 수리능력 점수는 40점 미만인 지원자의 수는 몇 명인가?

① 2명　② 3명
③ 5명　④ 7명
⑤ 9명

04 두 과목의 평균점수가 70점 이상이면서, 각 과목 점수가 모두 60점 이상인 지원자를 합격시킨다고 할 때 합격자 수의 최소 · 최대 범위로 가장 적합한 것은?

① 2~9명　② 2~11명
③ 11~17명　④ 11~21명
⑤ 17명~21명

05 다음은 A, B, C, D 학급이 본 자격증 시험의 결과이다. 네 학급의 평균 점수는 100점 만점에 65점이었다면 D학급의 평균 점수는 얼마인가?

[표] A, B, C, D 학급의 자격증 시험 결과

구분	A	B	C	D
평균(점)	60	75	70	
학생 수(명)	20	30	20	30

① 50점
② 55점
③ 60점
④ 65점
⑤ 70점

06 다음은 어떤 도시의 대학 신입생 수를 나타낸 표이다. 다음 중 물리학과의 대학당 평균 신입생 수는 몇 명인가?

[표] 학과별 대학 신입생 수

구분	대학 수(개)	남학생 수(명)	여학생 수(명)
생명과학과	335	1,593	3,102
화학과	392	2,454	2,596
물리학과	264	3,163	797
수학과	201	1,275	1,003

① 15명
② 17명
③ 19명
④ 21명
⑤ 23명

07 다음은 어느 학급 35명의 일일 예능 시청 시간을 조사하여 만든 자료이다. 이 학급의 일일 예능 시청 시간의 평균은 얼마인가?

〈일일 예능 시청 시간〉

시청 시간	도수(명)
0분 이상~20분 미만	2
20분 이상~40분 미만	3
40분 이상~60분 미만	4
60분 이상~80분 미만	11
80분 이상~100분 미만	8
100분 이상~120분 미만	6
120분 이상~140분 미만	1
합계	35

① 70분
② 71분
③ 72분
④ 73분
⑤ 74분

08 평균은 69, 중앙값은 83, 최빈값은 85인 자연수 5개가 있다. 가장 큰 수와 가장 작은 수의 차가 70일 때, 두 번째로 작은 수는?

① 77
② 78
③ 79
④ 80
⑤ 83

[09 – 10] 다음은 A회사에 지원한 100명의 필기점수와 면접점수를 조사하여 그 분포수를 표시한 자료이다. 자료를 참고하여 물음에 답하시오.

[표] A회사 지원자의 필기점수 및 면접점수 분포

필기점수 \ 면접점수	60점	70점	80점	90점	100점
60점	2명	3명	5명	3명	2명
70점	4명	5명	7명	5명	2명
80점	1명	3명	8명	7명	5명
90점	3명	4명	5명	5명	4명
100점	1명	5명	4명	6명	1명

09 필기점수와 면접점수를 합친 총점이 160점 이상인 지원자 중 필기점수가 80점 이상인 사람을 합격자로 할 때, 합격자 수는 몇 명인가?

① 39명
② 42명
③ 55명
④ 60명
⑤ 64명

10 성적이 상위 25% 이내에 드는 사람을 합격자로 할 때, 합격자의 평균을 구하면? (단, 소수 첫째 자리에서 반올림한다.)

① 182점
② 183점
③ 184점
④ 185점
⑤ 186점

11 **다음 설명 중 옳지 않은 것은?**

① 통계란 집단현상에 대한 구체적인 양적 표현을 반영하는 숫자를 의미한다.

② 빈도(도수)란 어떤 측정값의 측정된 횟수 또는 각 계급에 속하는 자료의 개수를 의미한다.

③ 백분율의 기호는 %(퍼센트)이며, 100분의 1이 1%에 해당된다.

④ 평균은 전체의 수량을 100으로 하여 생각하는 수량이 몇이 되는가를 가리키는 수를 의미한다.

⑤ 중앙값이란 크기에 의하여 배열하였을 때 정확하게 중간에 있는 값을 의미한다.

[12 – 13] **다음 제시된 자료들로부터 평균, 분산, 표준편차를 각각 구한 것으로 옳은 것은?**

12

21, 23, 25, 27

	평균	분산	표준편차
①	24	5	$\sqrt{5}$
②	25	6	$\sqrt{6}$
③	24	6	$\sqrt{6}$
④	25	5	$\sqrt{5}$
⑤	24	7	$\sqrt{7}$

13

80, 83, 74, 96, 87

	평균	분산	표준편차
①	84	52	$\sqrt{52}$
②	85	53	$\sqrt{53}$
③	84	54	$\sqrt{54}$
④	85	55	$\sqrt{55}$
⑤	86	56	$\sqrt{56}$

[14 – 15] 다음 제시된 자료들로부터 최솟값, 중앙값, 최댓값, 최빈값을 각각 구한 것으로 옳은 것은?

14

5, 2, 9, 8, 7, 8, 3

	최솟값	중앙값	최댓값	최빈값
①	1	6	9	9
②	2	7	9	8
③	1	6	8	8
④	2	7	8	9
⑤	2	8	9	8

15

17, 16, 5, 5, 11, 16, 14, 16

	최솟값	중앙값	최댓값	최빈값
①	4	14	16	5
②	5	15	17	16
③	5	15	16	5
④	6	16	17	16
⑤	6	16	16	16

16 ○○서비스센터의 직원 A에 대한 서비스제공 설문조사의 평균 평점은 20대~30대 150명에게서는 10점 만점에 8점, 40대~50대 130명에게서는 10점 만점에 6.5점이다. 직원 A에 대한 20대~50대의 평균 평점은 대략 얼마인가?

① 약 6.7점　② 약 6.9점
③ 약 7.1점　④ 약 7.3점
⑤ 약 7.6점

17 **다음은 ○○은행의 직원 A~F의 성과평가점수에 관한 자료이다. 표와 조건을 이용하여 직원 A, B, D의 점수를 바르게 나열한 것은?**

[표] 직원 A~F의 성과평가점수

(단위 : 점)

직원	A	B	C	D	E	F
점수	( )	( )	( )	( )	9	9

〈조건〉

- 평가점수는 자연수이며, 10점을 만점으로 한다.
- 6명의 평균점수는 8.5점이다.
- 직원 D의 점수는 직원 B보다 2점 높다.
- 직원 A의 점수는 직원 D보다 높다.
- 평가점수가 같은 직원은 C, E, F뿐이다.

	A	B	D
①	10	6	8
②	10	5	7
③	8	5	7
④	8	4	6
⑤	9	6	8

18 다음은 과목 등급 산정기준과 과목별 이수단위 및 A의 과목별 석차에 대한 자료이다. 자료에 따라 산정한 A의 4개 과목 평균등급의 범위로 옳은 것은?

[표1] 과목 등급 산정기준

등급	과목석차 백분율
1	0% 초과 4% 이하
2	4% 초과 11% 이하
3	11% 초과 23% 이하
4	23% 초과 40% 이하
5	40% 초과 60% 이하
6	60% 초과 77% 이하
7	77% 초과 89% 이하
8	89% 초과 96% 이하
9	96% 초과 100% 이하

※ 과목석차 백분율(%)$=\frac{\text{과목석차}}{\text{과목이수인원}}\times 100$

[표2] 과목별 이수단위 및 A의 과목별 석차

구분	이수단위(단위)	석차(등)	이수인원(명)
국어	3	270	300
영어	3	44	300
수학	2	27	300
과학	3	165	300

※ 평균등급$=\frac{\text{(과목별 등급}\times\text{과목별 이수단위)의 합}}{\text{과목별 이수단위의 합}}$

① 2≤평균등급<3
② 3≤평균등급<4
③ 4≤평균등급<5
④ 5≤평균등급<6
⑤ 6≤평균등급<7

19 A는 자사의 제품의 인지도를 파악하기 위해 설문조사 계획을 수립하려고 한다. 설문조사의 장소는 하루 유동인구가 5만 명인 명동에서 실시하며, 시간은 퇴근시간대인 16~20시에, 대상은 30~40대를 대상으로 실시하고자 한다. 설문조사를 진행하기 위해 설문지를 준비하려고 하는데, 유동인구 관련 자료에서 일부 정보가 다음과 같이 누락되었음을 알게 되었다. A는 30~40대에게 배포하기 위하여 최소 몇 장의 설문지를 준비해야 하는가?

[표] 제품 인지도 설문조사 계획

(단위 : %)

구분	10대	20대	30대	40대	50대	60대	70대 이상	합계
08~12시	0	1	2	3	2	1	1	10
12~16시	1	3	3		2	1	0	13
16~20시		3			2	1	1	36
20~24시	5	6		11		2	0	41
합계	8	13	31		11		2	100

① 12,500장
② 13,000장
③ 13,500장
④ 14,000장
⑤ 14,500장

20 다음은 A회사의 부서별 남녀 직원 비율을 나타낸 자료이다. 이에 대한 설명으로 옳은 것은?

[표] 부서별 남녀 직원 비율

구분	영업부	기획부	총무부	인사부	관리부
남직원(%)	58	32	46	39	58
여직원(%)	42	68	54	61	42

① 영업부의 남직원 수와 관리부의 남직원 수는 같다.
② A회사의 전체 여직원 수가 남직원 수보다 많다.
③ 기획부, 총무부, 인사부의 여직원 수의 합은 남직원 수의 합보다 많은지 알 수 없다.
④ 기획부의 전체 인원이 25명이면 여직원 수는 남직원 수의 2배까지는 되지 않는다.
⑤ 여직원 대비 남직원 비율이 가장 낮은 부서는 기획부이다.

Chapter 03 도표분석 · 작성능력

1 도표분석 및 작성능력

| 정답 및 해설 p.270

01 다음은 도표작성 시 수행해야 하는 일들을 무작위로 배열한 것이다. 일반적인 도표작성절차의 순서를 올바르게 했을 때, 마지막으로 고려해야 하는 사항은?

> ㉠ 가로축과 세로축에 나타낼 것을 결정한다.
> ㉡ 어떠한 도표로 작성할 것인지를 결정한다.
> ㉢ 자료를 가로축과 세로축이 만나는 곳에 표시한다.
> ㉣ 가로축과 세로축의 눈금의 크기를 결정한다.
> ㉤ 도표의 제목 및 단위를 표시한다.
> ㉥ 표시된 점들을 활용하여 도표를 작성한다.

① ㉡
② ㉢
③ ㉣
④ ㉤
⑤ ㉥

02 다음 중 1월 한 달 동안의 기온 변화에 대한 자료를 나타내기에 가장 적절한 그래프는?

① 선 그래프
② 막대 그래프
③ 원 그래프
④ 점 그래프
⑤ 방사형 그래프

[03 – 04] 다음은 A영업소, B영업소, C영업소의 최근 3년간 매출액의 변화추이를 나타낸 것이다. 자료를 참고하여 물음에 답하시오.

[표] 연도별 매출액 변화추이

(단위 : 억 원)

영업소	2022년	2023년	2024년
A영업소	105	130	150
B영업소	130	125	115
C영업소	60	70	90

03 다음 중 B영업소의 연도별 변화 추이를 도표로 나타내려면 어떠한 종류의 도표를 활용하는 것이 가장 적절한가?

① 선 그래프
② 점 그래프
③ 원 그래프
④ 방사형 그래프
⑤ 층별 그래프

04 다음 중 2024년도의 영업소별 매출액 구성비율을 도표로 나타내려면 어떠한 종류의 도표를 활용하는 것이 가장 적절한가?

① 선 그래프
② 막대 그래프
③ 원 그래프
④ 점 그래프
⑤ 방사형 그래프

05 다음의 사례를 통하여 알 수 있는 도표 작성 시 고려사항은?

음료회사에 근무하는 A와 B는 동일한 자료를 활용하여 분기별 매출액 변동 그래프를 아래와 같이 작성하였다. A는 작성한 분기별 매출액 그래프를 통해 3분기의 매출액이 다른 시기에 비해 월등하게 크다는 결론을 내린 반면, B는 3분기의 매출액이 다른 시기에 비해 크기는 하지만 그 차이는 그리 크지 않다는 결론을 내렸다. 이는 같은 자료로 도표를 작성하였음에도 불구하고 해석은 크게 다르게 내린 셈이다.

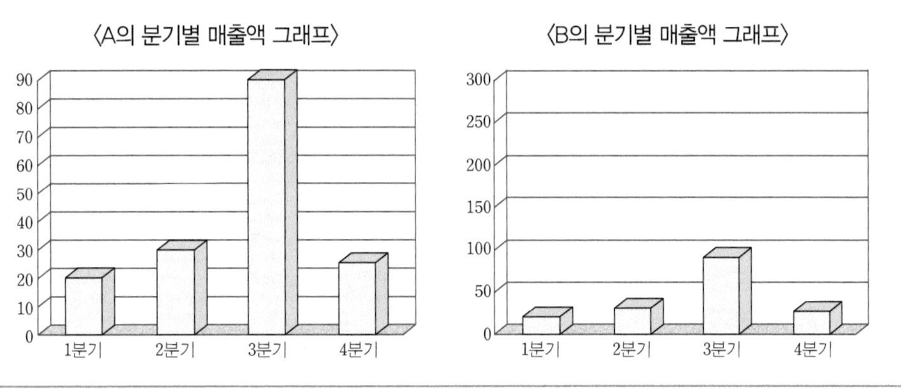

① 그래프마다 막대의 폭은 조금씩 다르게 해야 한다.

② 막대 그래프는 반드시 가로로 나타내어야 한다.

③ 자료에 따라 알맞은 눈금을 사용하여야 시각화에 도움이 된다.

④ 가로축은 수량(금액, 매출액 등)으로 세로축은 명칭구분(년, 월, 장소, 종류 등)으로 정해야 한다.

⑤ 한 그래프 안에서 세로축에 나타내는 눈금의 간격은 일정하지 않아도 된다.

 | 정답 및 해설 p.271

01 다음은 농산물 도매시장의 품목별 조사단위당 가격에 대한 자료이다. 이를 이용하여 작성한 그래프로 옳지 않은 것은?

[표] 품목별 조사단위당 가격

(단위 : kg, 원)

구분	품목	조사 단위	조사단위당 가격		
			금일	전일	전년평균
곡물	쌀	20	52,500	52,100	47,500
	찹쌀	60	180,000	182,800	250,000
	검정쌀	30	120,000	118,100	106,500
	콩	60	624,000	626,500	660,000
	참깨	30	129,000	128,000	127,500
채소	오이	10	23,600	24,400	20,800
	부추	10	68,100	65,500	41,900
	토마토	10	34,100	33,100	20,800
	배추	10	9,500	9,200	6,200
	무	15	8,500	8,500	6,500
	고추	10	43,300	44,800	31,300

① 쌀, 찹쌀, 검정쌀의 조사단위당 가격

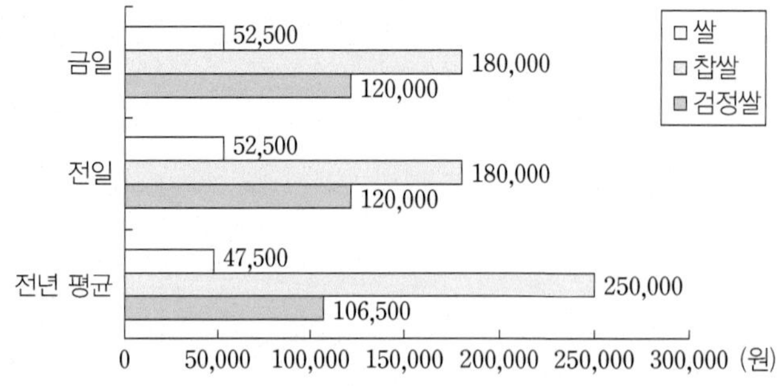

② 채소의 조사단위당 전일 가격 대비 금일 가격 등락액

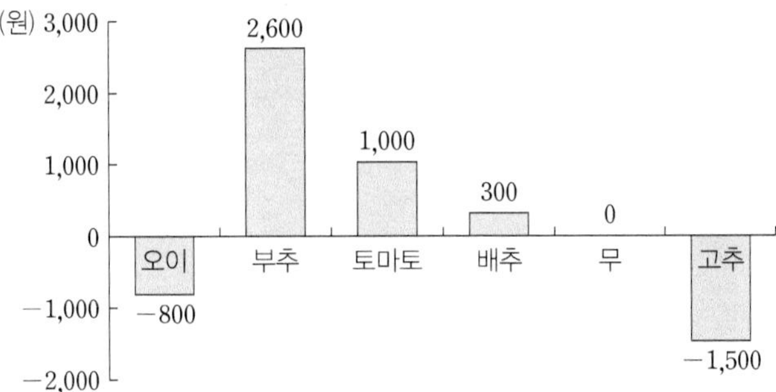

③ 곡물의 조사단위당 전일 가격 대비 금일 가격 등락액

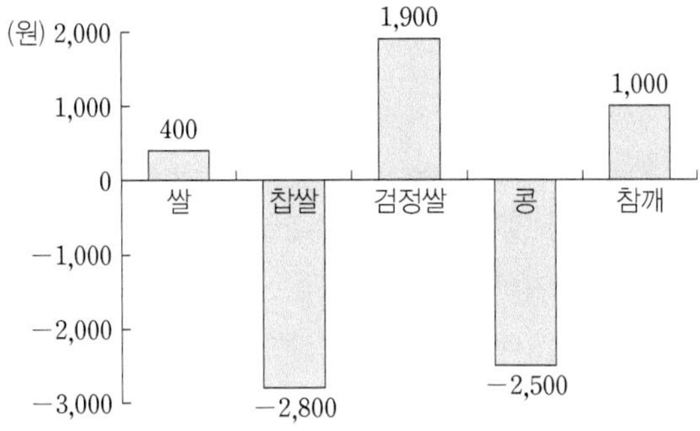

④ 채소 1kg당 금일 가격

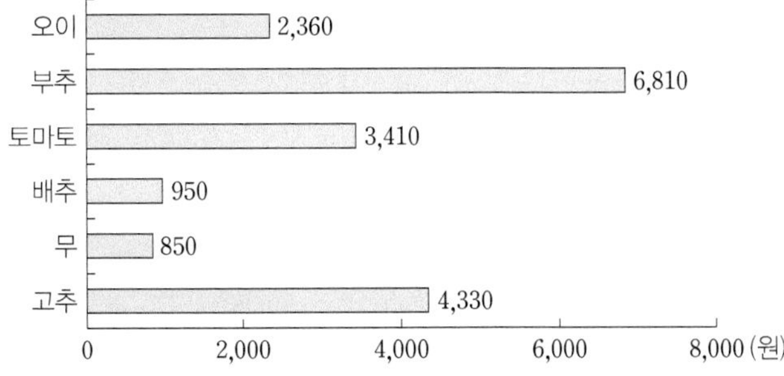

⑤ 곡물 1kg당 금일 가격

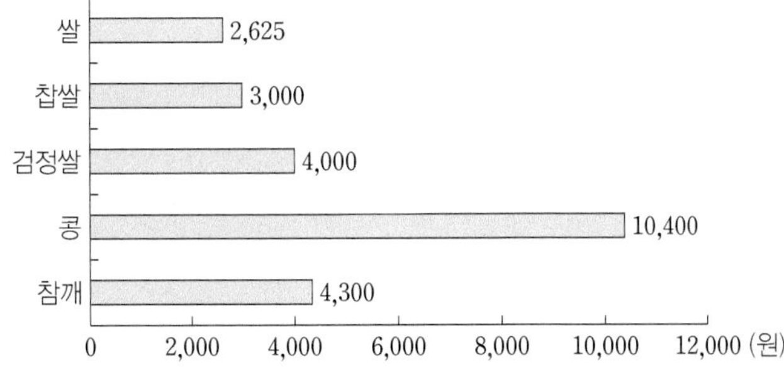

02 다음은 ○○회사의 A부서와 B부서의 분기별 판매량을 나타낸 자료이다. 이에 대한 설명으로 옳은 것은?

[그림] ○○회사 분기별 판매량

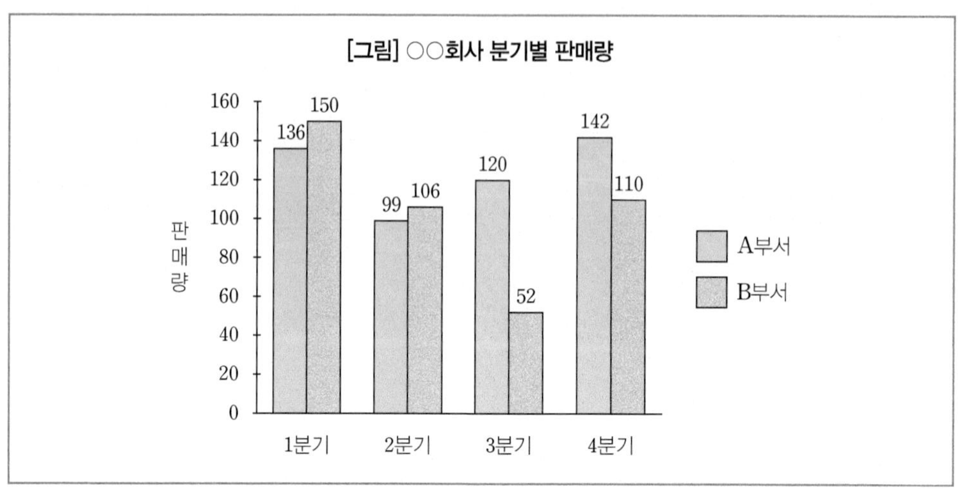

① A부서와 B부서 간의 판매량 차이가 가장 많이 나는 분기는 2분기이다.

② A부서의 판매량이 가장 많은 분기는 1분기이다.

③ B부서의 판매량 표준편차는 A부서보다 크다.

④ 두 부서 모두 3분기 판매량이 가장 저조하다.

⑤ A부서와 B부서 간의 판매량 차이는 계속 줄어들고 있다.

03 다음은 A가게의 1~6월 동안의 현금 결제와 카드 결제의 동향을 나타낸 자료이다. 이에 대한 〈보기〉의 설명 중 옳은 것을 모두 고르면?

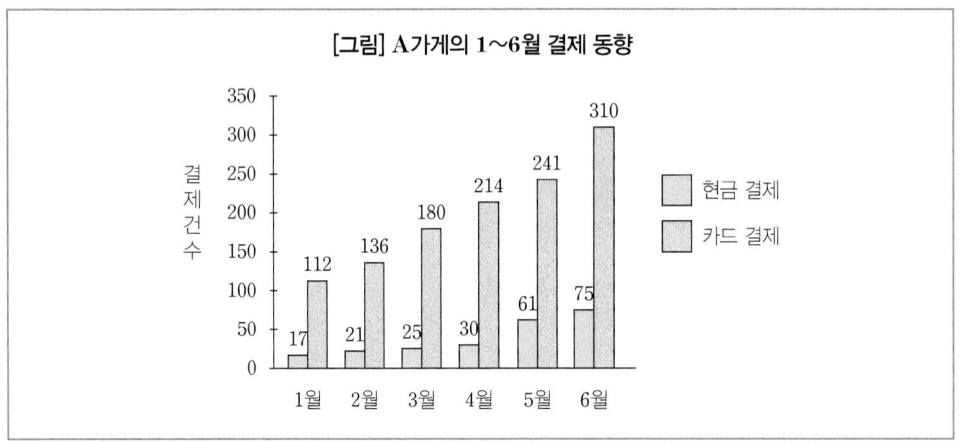

보기

ㄱ. 결제량이 지금처럼 증가하는 추세라면, 7월의 카드 결제 건수는 1월에 비해 2.8배 이상이 될 것이다.
ㄴ. 4월에서 5월 사이의 결제 건수 증가량은 카드 결제가 현금 결제보다 크다.
ㄷ. 6월의 전체 결제 건수는 1월~6월 결제 건수의 25%를 넘는다.

① ㄱ
② ㄴ
③ ㄱ, ㄴ
④ ㄱ, ㄷ
⑤ ㄱ, ㄴ, ㄷ

04 다음은 외국인 직접투자의 투자건수 비율과 투자금액 비율을 투자규모별로 나타낸 자료이다. 이에 대한 〈보기〉의 설명 중 옳은 것을 모두 고르면?

[그림] 투자규모별 투자건수 비율과 투자금액 비율

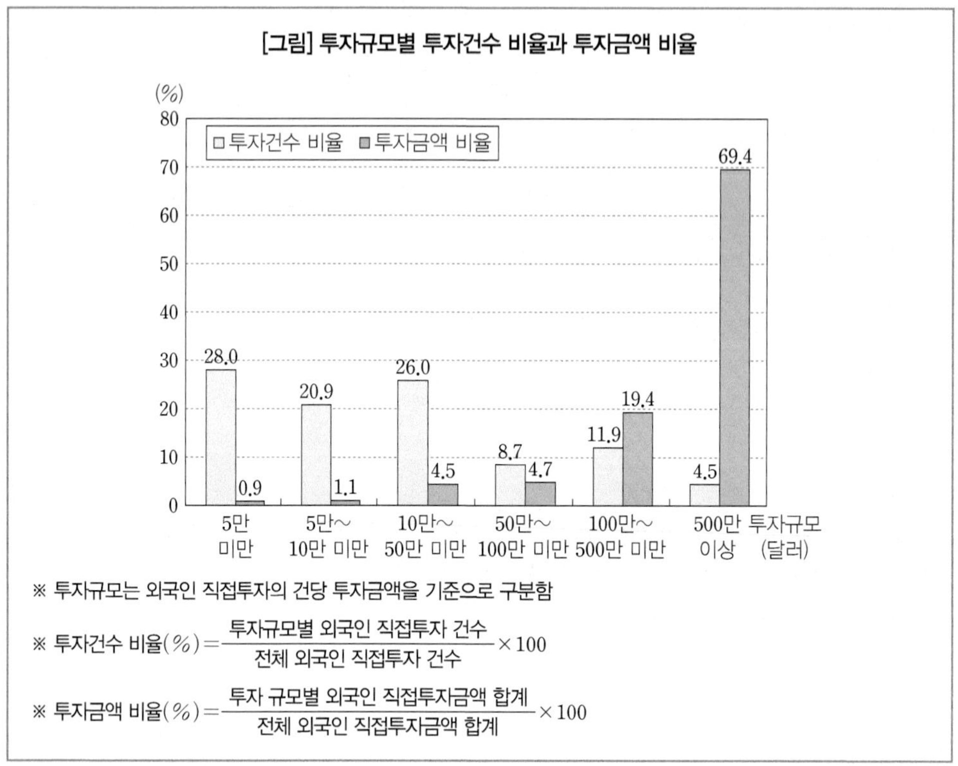

※ 투자규모는 외국인 직접투자의 건당 투자금액을 기준으로 구분함

※ 투자건수 비율(%) $= \frac{\text{투자규모별 외국인 직접투자 건수}}{\text{전체 외국인 직접투자 건수}} \times 100$

※ 투자금액 비율(%) $= \frac{\text{투자 규모별 외국인 직접투자금액 합계}}{\text{전체 외국인 직접투자금액 합계}} \times 100$

보기

ㄱ. 투자규모가 100만 달러 이상인 투자금액 비율은 85% 이상이다.
ㄴ. 투자규모가 100만 달러 이상인 투자건수는 5만 달러 미만의 투자건수보다 적다.
ㄷ. 투자규모가 50만 달러 미만인 투자건수 비율은 70% 이하이다.
ㄹ. 투자규모가 100만 달러 이상 500만 달러 미만인 투자금액 비율은 50만 달러 미만의 투자금액 비율보다 작다.

① ㄱ, ㄴ
② ㄱ, ㄹ
③ ㄴ, ㄷ
④ ㄴ, ㄹ
⑤ ㄷ, ㄹ

[05 – 06] 다음은 부모 생존 여부와 부모와의 동거 여부에 대한 자료이다. 자료를 참고하여 물음에 답하시오.

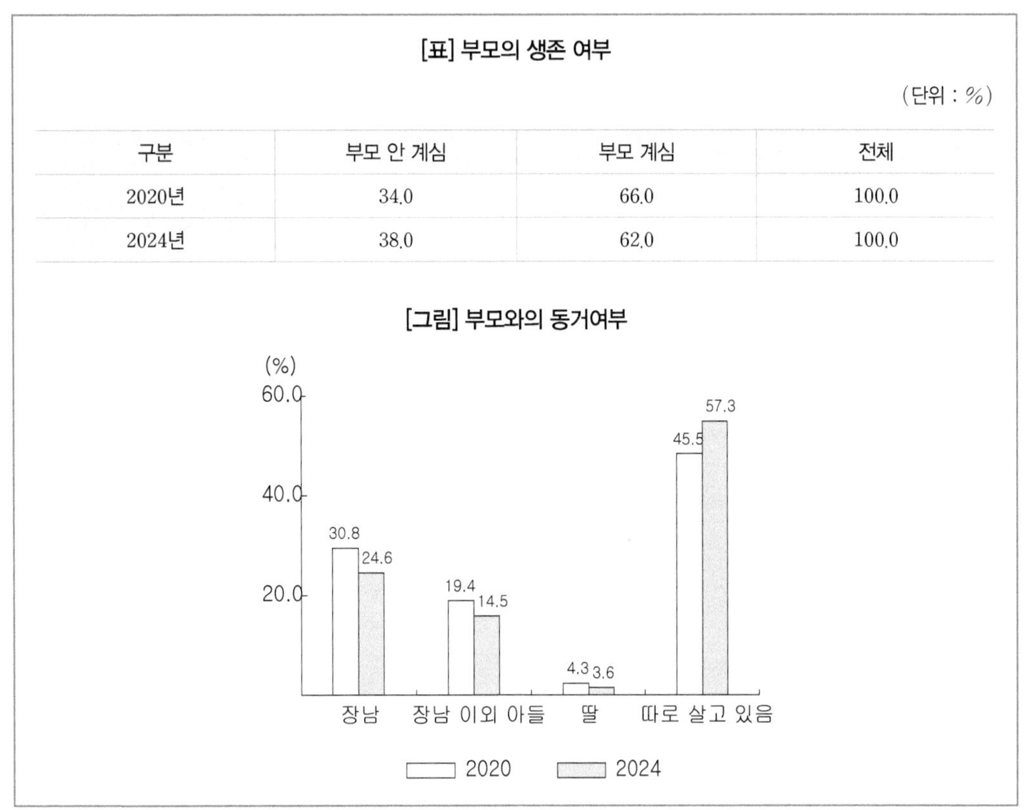

[표] 부모의 생존 여부

(단위 : %)

구분	부모 안 계심	부모 계심	전체
2020년	34.0	66.0	100.0
2024년	38.0	62.0	100.0

[그림] 부모와의 동거여부

05 2020년과 비교했을 때, 2024년에 부모와 함께 살고 있다고 응답한 사람의 증가하거나 감소한 비율은? (단, 소수 둘째 자리에서 반올림한다.)

① 11.8% 감소
② 17.5% 증가
③ 17.5% 감소
④ 21.7% 증가
⑤ 21.7% 감소

06 2024년도 전체 응답자가 500명이라고 가정할 때, 2024년도에 부모와 함께 사는 딸의 수는? (단, 소수 첫째 자리에서 반올림한다.)

① 9명
② 11명
③ 12명
④ 14명
⑤ 17명

[07 – 08] 다음은 2016~2023년 동안 A국의 비행단계별, 연도별 항공기사고 발생건수에 대한 자료이다. 자료를 참고하여 물음에 답하시오.

[표] 비행단계별 항공기사고 발생 건수(2016~2023년)

(단위 : 건, %)

단계	발생 건수	비율
지상이동	4	6.9
이륙	2	3.4
상승	7	12.1
순항	22	37.9
접근	6	10.3
착륙	17	29.4
계	58	100.0

[그림] 연도별 항공기사고 발생 건수

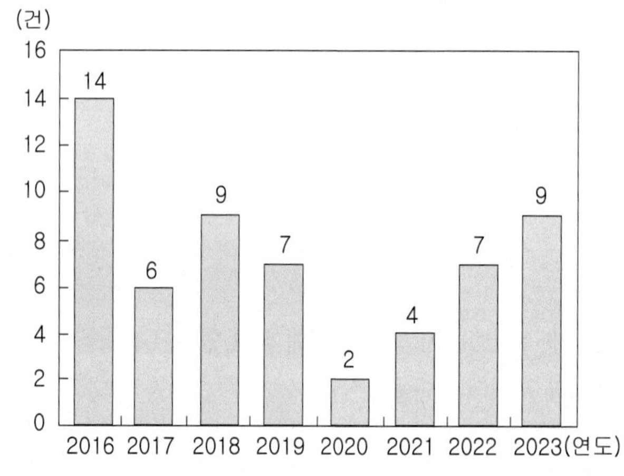

07 다음 〈보기〉의 설명 중 옳은 것을 모두 고르면?

보기

ㄱ. 2020년 이후 항공기사고 발생 건수는 매년 증가하였다.

ㄴ. 비행단계별 항공기사고 발생 건수가 많은 것부터 순서대로 나열하면 순항, 착륙, 접근, 상승 순이다.

ㄷ. 순항단계와 착륙단계의 항공기사고 발생 건수의 합은 총 항공기사고 발생 건수의 65% 이하이다.

① ㄱ
② ㄷ
③ ㄱ, ㄴ
④ ㄴ, ㄷ
⑤ ㄱ, ㄴ, ㄷ

08 다음 중 항공기사고 발생 건수의 전년대비 증가율이 가장 높은 연도는?

① 2017년
② 2018년
③ 2021년
④ 2022년
⑤ 2023년

09 **다음은 2024년 A자동차의 누적 매출액을 나타낸 자료이다. 이에 대한 설명 중 옳은 것을 〈보기〉에서 모두 고르면?**

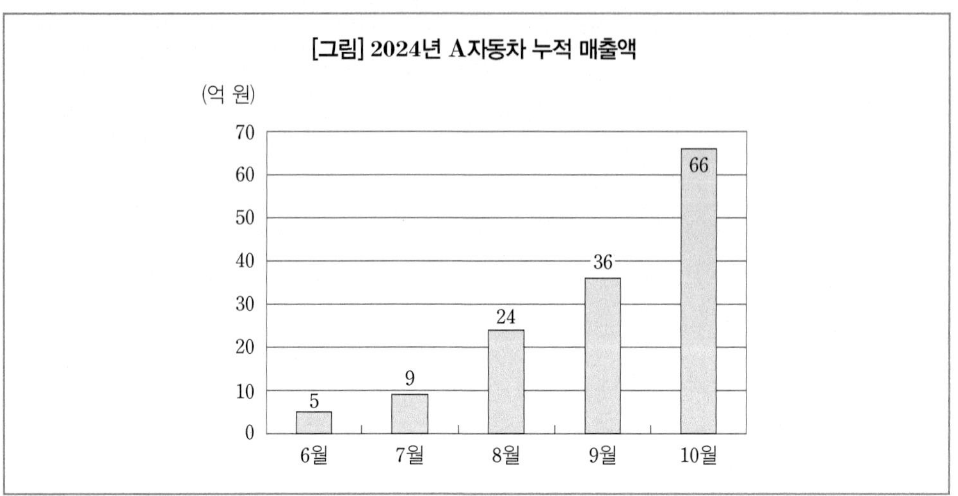

보기

ㄱ. 6월부터 9월 중 A자동차의 월매출액이 가장 큰 달은 8월이다.
ㄴ. A자동차의 10월 월매출액은 8월의 월매출액의 2배이다.
ㄷ. 6월부터 10월까지 매달 늘어난 월매출액의 금액은 꾸준히 증가하고 있다.

① ㄱ
② ㄱ, ㄴ
③ ㄱ, ㄷ
④ ㄴ, ㄷ
⑤ ㄱ, ㄴ, ㄷ

10 **다음은 A회사의 동호회에 가입한 사원의 연령대를 나타낸 자료이다. 이에 대한 설명으로 옳지 않은 것은?**

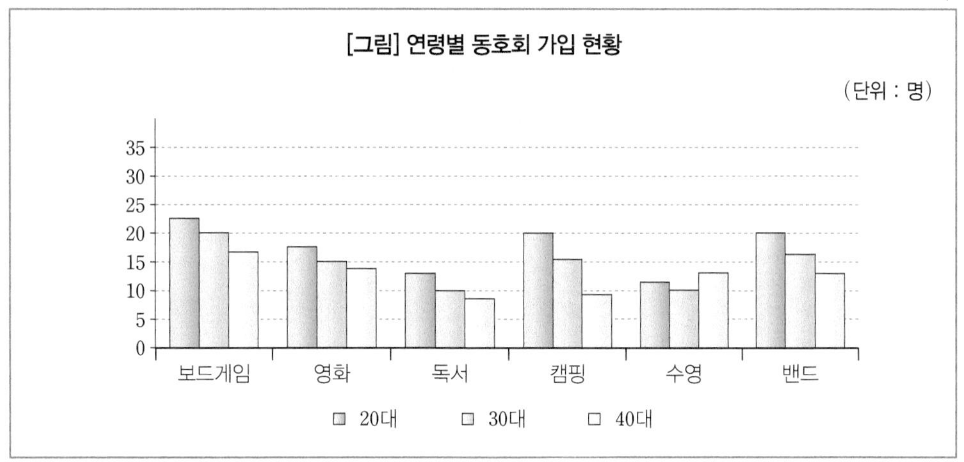

① 보드게임 동호회에 가입한 사원수는 40대가 가장 적다.

② 30대는 자료에 나타난 동호회 중 영화 동호회에 가장 적게 가입했다.

③ 각 연령별로 가입 인원수에서 가장 큰 차이를 나타내는 동호회는 캠핑이다.

④ 영화 동호회의 20대 사원수는 수영, 독서에 이어 세 번째로 적다.

⑤ 수영의 40대 사원수는 20대 사원수보다 많다.

11 **다음은 우리나라의 학력별 임금 격차에 대한 자료이다. 이에 대한 설명으로 옳지 않은 것은?**

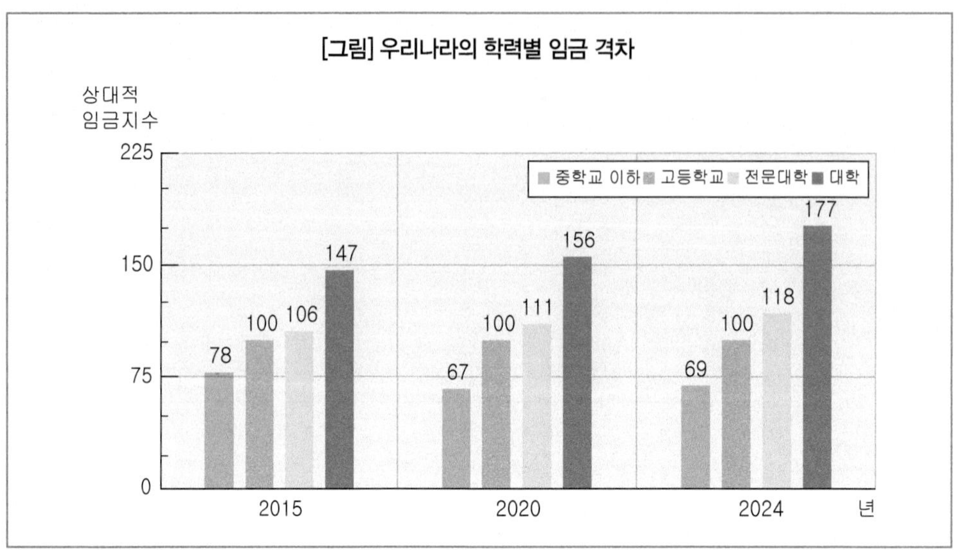

① 전문대학 졸업자의 경우 조사기간 동안 상대적 임금이 지속적으로 상승하고 있다.

② 고등학교 졸업자의 경우 2015년 이후 상대적 임금에 변화가 없다.

③ 중학교 이하 졸업자의 경우 2020년에 비해 2024년 상대적으로 임금이 높아졌지만 2015년의 수준에는 미치지 못하고 있다.

④ 고등학교 졸업자와 전문대학 졸업자의 상대적 임금격차는 갈수록 작아지고 있다.

⑤ 대학 졸업자의 경우 조사기간 동안 상대적 임금이 지속적으로 상승하고 있다.

[12 – 13] **다음은 어느 국가의 지역별 문자해독률과 문맹률(＝100%－문자해독률)에 대한 자료이다. 자료를 참고하여 물음에 답하시오.**

[그림] 지역별 성인 문자해독률

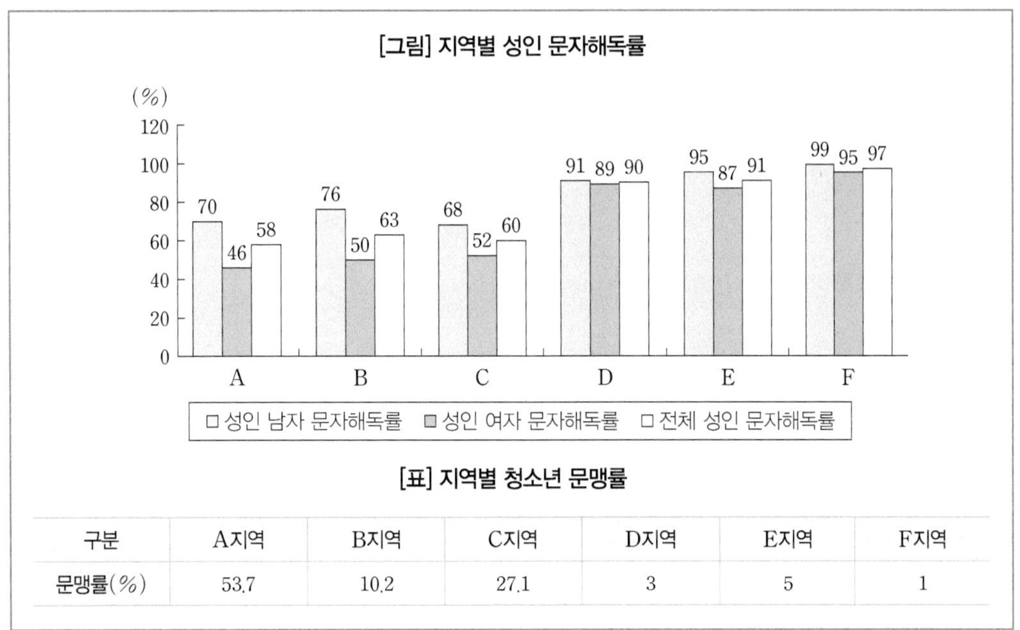

[표] 지역별 청소년 문맹률

구분	A지역	B지역	C지역	D지역	E지역	F지역
문맹률(%)	53.7	10.2	27.1	3	5	1

12 다음 중 자료에 대한 설명으로 옳지 않은 것은?

① 성인 남녀 간 문맹률의 차이가 가장 큰 지역은 B이다.
② C지역의 성인 여자 문맹률은 성인 남자 문맹률보다 높다.
③ 성인 남자 문맹률이 높은 지역일수록 청소년 문맹률이 높다.
④ 청소년 문맹률과 성인 남자의 문맹률이 같은 지역은 두 지역이다.
⑤ 성인 남자의 문맹률이 가장 높은 지역은 C지역이다.

13 성인 남녀 간 문맹률의 차이가 가장 큰 지역의 청소년 문맹률(%)과 청소년 문맹률이 네 번째로 높은 지역의 남녀 간 성인 문맹률의 차이(%p)는 얼마인가?

	차이가 가장 큰 지역의 청소년 문맹률(%)	남녀 간 성인 문맹률의 차이(%p)
①	10.2%	8%p
②	53.7%	2%p
③	10.2%	2%p
④	27.1%	4%p
⑤	53.7%	4%p

14 **다음은 어떤 나라 노인들의 세대구성별 분포에 대한 자료이다. 이에 대한 설명으로 옳은 것은? (단, 65세 이상인 자를 노인으로 본다.)**

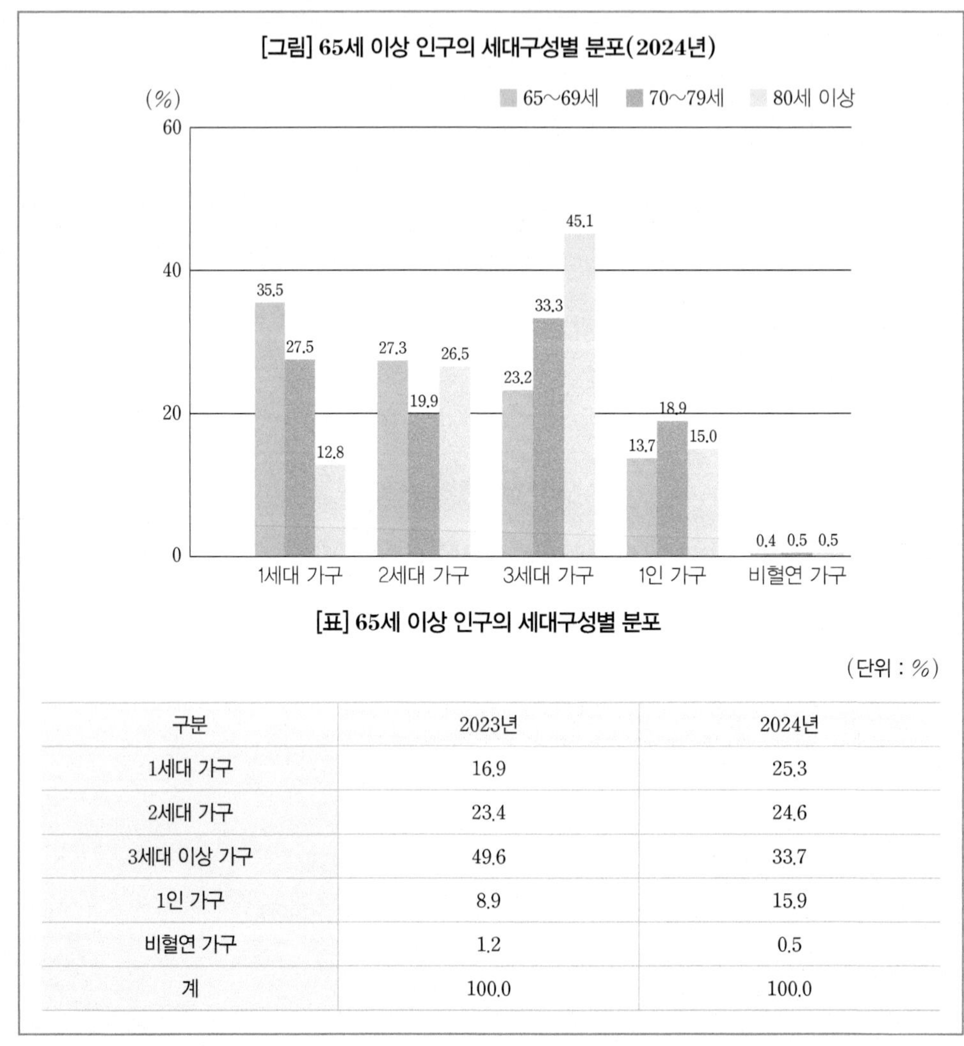

[표] 65세 이상 인구의 세대구성별 분포

(단위 : %)

구분	2023년	2024년
1세대 가구	16.9	25.3
2세대 가구	23.4	24.6
3세대 이상 가구	49.6	33.7
1인 가구	8.9	15.9
비혈연 가구	1.2	0.5
계	100.0	100.0

① 2024년에 80세 이상 인구는 세대구성 형태 중에서 1세대 가구에 가장 작은 비중을 차지하고 있다.

② 2024년 전체 노인가구 중 1인가구가 차지하는 비중은 2023년에 비해 1.5배 이상 증가하였다.

③ 이 나라에서 3세대 이상 가구가 세대구성 형태 중에서 가장 큰 비중을 차지하고 있다.

④ 2024년의 65~69세, 70~79세, 80세 이상의 세대구성별 분포의 차이가 가장 적은 세대구성은 1인 가구이다.

⑤ 2024년의 2세대 가구수는 2023년과 비교해 볼 때 거의 변화가 없는 것으로 보인다.

15 다음은 2018년부터 2024년까지 S초등학교 학생들의 인터넷 이용률을 나타낸 자료이다. 2020년도 초등학생의 수가 625명이고, 2022년도의 초등학생 수가 550명이라고 할 때, 인터넷을 이용하는 초등학생 수의 차이는 얼마인가?

[그림] 초등학생의 인터넷 이용률

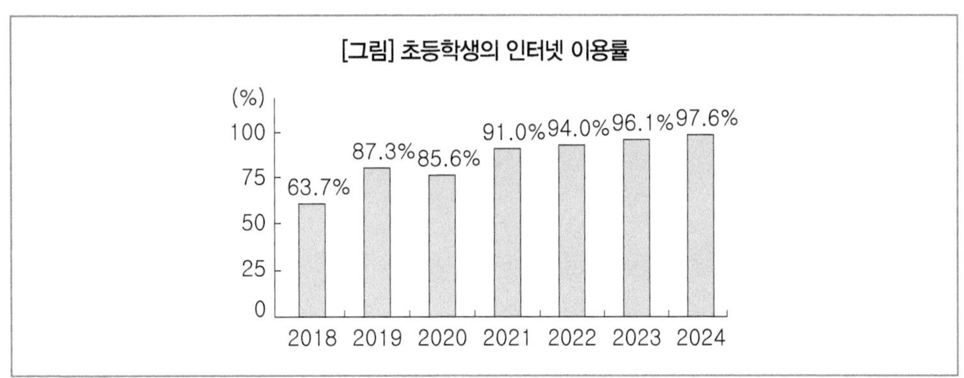

① 12명
② 14명
③ 16명
④ 18명
⑤ 20명

16 다음은 자동차 배출 가스의 오염물질 농도에 대한 자료이다. 이에 대한 〈보기〉의 설명 중 옳은 것을 모두 고르면?

[그림] 1km 주행 시 일산화탄소(CO)의 농도

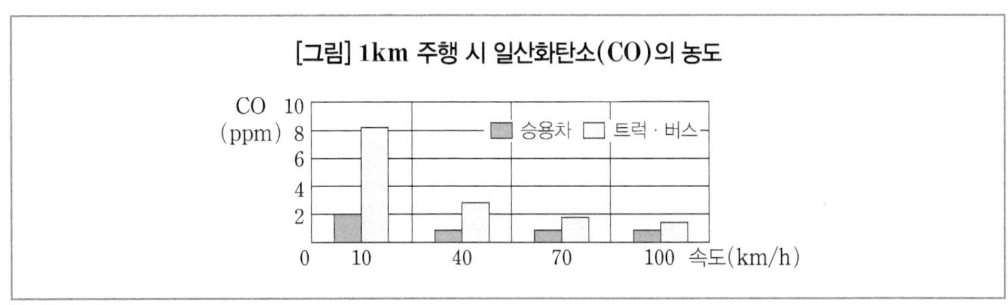

보기

ㄱ. 자동차 속도를 줄일수록 배출 가스의 오염 농도가 줄어든다.
ㄴ. 자동차의 배출가스에 함유된 오염 물질의 양은 차량의 종류 및 속도와 밀접하게 관련된다.
ㄷ. 승용차보다는 트럭이나 버스를 타는 것이 배출 가스의 오염 농도를 줄이는 방법이라고 볼 수 있다.

① ㄱ
② ㄴ
③ ㄷ
④ ㄱ, ㄴ
⑤ ㄴ, ㄷ

[17 – 18] **다음은 퇴직연금에 대한 자료이다. 자료를 참고하여 물음에 답하시오.**

[표] 근로자 가입 현황

(단위 : 명, %)

구분	전체 가입 근로자	가입 대상 근로자		
			가입 근로자	가입률
2023년	5,344,438	10,469,026	5,013,690	47.9
2024년	5,810,244	10,879,260	5,439,436	(　　)

※ 전체 가입 근로자는 가입 대상 외 근로자를 포함한 것

※ 가입률 $= \frac{\text{가입 근로자}}{\text{가입 대상 근로자}} \times 100$ (단, 소수 둘째자리에서 반올림함)

[그림] 2024년 성 · 연령별 가입률 현황(%)

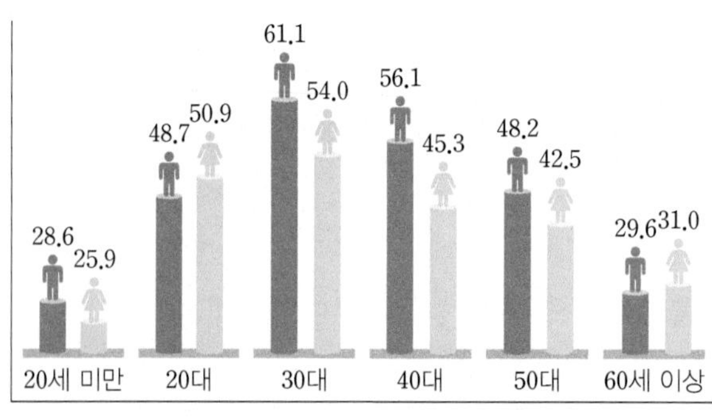

17 다음 중 자료에 대한 설명으로 옳은 것은?

① 2024년 가입률은 약 50.0%이다.

② 2024년에 가입한 남성 중 40대 가입률이 가장 높다.

③ 2024년 가입률은 30대 여자보다 20대 여자가 더 높다.

④ 전체 가입 근로자는 2024년이 전년에 비해 465,906명 늘어났다.

⑤ 2024년에 여자가 남자보다 가입률이 더 높았던 연령대는 60세 이상뿐이다.

18 주어진 자료와 아래의 표를 참고하여 60세 이상 퇴직연금에 가입한 남성과 여성의 수를 구하면? (단, 남성과 여성의 가입 인원수는 동일하고, 소수 첫째 자리에서 반올림한다.)

[표] 2020년 연령별 가입자 수

(단위 : 명)

구분	전체 가입자
20세 미만	11,422
20대	775,162
30대	1,833,549
40대	1,784,277
50대	1,044,564
60세 이상	361,270
합계	5,810,244

	남성의 수	여성의 수
①	51,884명	53,596명
②	51,985명	53,697명
③	53,267명	55,796명
④	53,468명	55,997명
⑤	54,268명	56,564명

[19 – 20] 다음은 중공업 업종별 매출액 및 영업비용에 대한 자료이다. 자료를 참고하여 물음에 답하시오.

[표] 중공업 업종별 매출액 및 영업비용

(단위 : 십억 원)

구분	2023년		2024년	
	매출액	영업비용	매출액	영업비용
철강업	21,042	21,820	19,193	19,459
조선업	37,917	36,160	31,155	31,433
기계공업	20,997	19,163	21,756	19,487
전력공업	21,018	19,072	20,943	20,261
자동차공업	11,345	18,904	19,876	18,764

[그림] 연도별 ○○업 매출액 및 영업비용

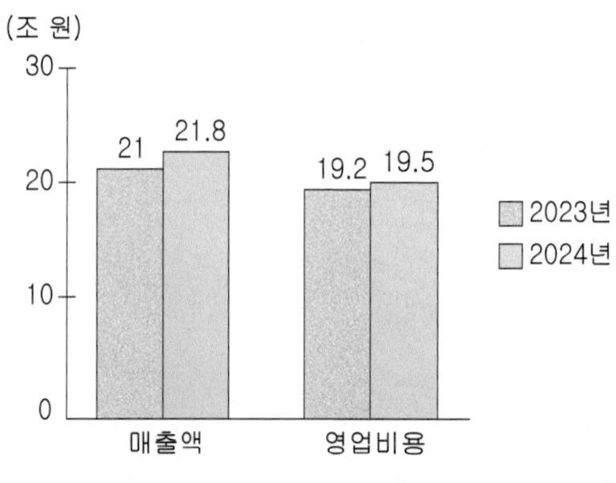

19 다음 중 자료에 대한 설명으로 옳은 것은?

① 2024년 중공업 매출액은 전년대비 모두 증가하였다.

② 2024년 중공업 영업비용은 전년대비 모두 감소하였다.

③ 2024년 중공업 매출액 중 전년대비 가장 큰 폭으로 증가한 업종은 자동차공업이다.

④ 2023년 중공업 영업비용 중 조선업의 비율은 30%를 넘지 못한다.

⑤ 2023년의 매출액과 영업비용을 업종별로 꺾은선 그래프로 나타내면 매출액의 업종별 추이와 영업비용의 업종별 추이는 비슷한 모양을 가진다.

20 주어진 표를 참고하였을 때 그림이 나타내고 있는 중공업 업종은 무엇인가?

① 철강업
② 조선업
③ 기계공업
④ 전력공업
⑤ 자동차공업

21 다음은 우리나라의 직장어린이집 수에 대한 자료이다. 이에 대한 설명으로 옳은 것은?

[그림1] 2014~2024년 전국 직장어린이집 수

[그림2] 2024년 지역별 직장어린이집 수

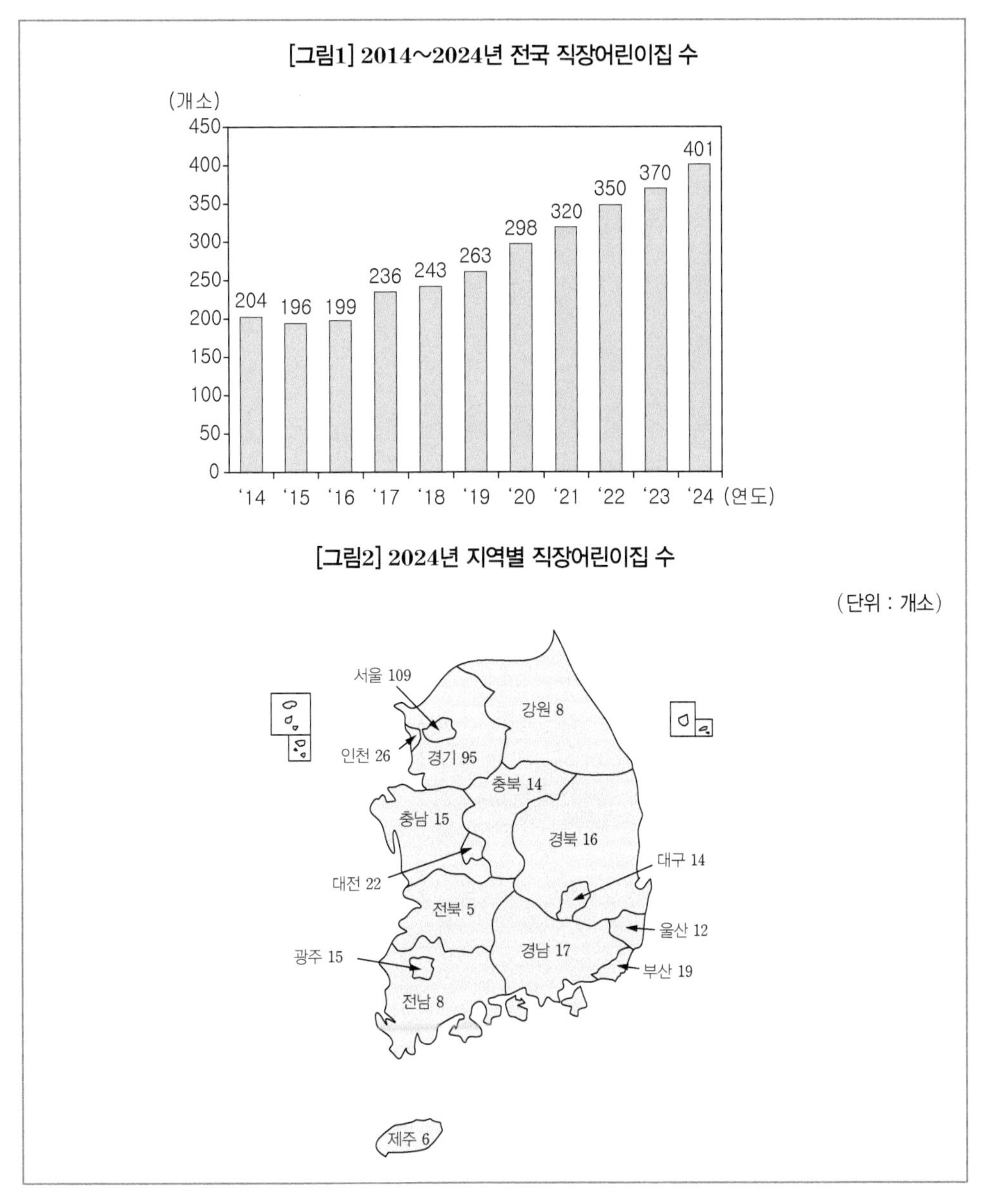

① 2024년에 직장어린이집 수가 가장 적은 지역은 제주이다.

② 2020년 대비 2022년 전국 직장어린이집 수는 20% 이상 증가하였다.

③ 2024년 인천 지역 직장어린이집 수는 2024년 전국 직장어린이집 수의 5% 이하이다.

③ 2024년 서울과 경기 지역 직장어린이집 수의 합은 2024년 전국 직장어린이집 수의 절반 이하이다.

⑤ 2014~2024년 동안 전국 직장어린이집 수의 전년대비 증가율이 10% 이상인 연도는 2017년과 2020년 두 번뿐이다.

22 **다음은 1921~1930년 우리나라의 대일무역 현황을 나타낸 자료이다. 이 표를 바탕으로 그래프를 작성했을 때, 다음 중 옳지 않은 것은?**

[표] 우리나라의 대일무역 현황 및 국내총생산

연도	대일 수출액(천 엔)	대일 수입액(천 엔)	대일 무역총액(천 엔)	대일 무역총액 지수	국내총생산(천 엔)
1921	197	156	353	100	1,299
1922	197	160	357	101	1,432
1923	241	167	408	116	1,435
1924	306	221	527	149	1,573
1925	317	234	551	156	1,632
1926	338	248	586	166	1,609
1927	330	269	599	170	1,606
1928	333	295	628	178	1,529
1929	309	315	624	177	1,483
1930	240	278	518	147	1,158

※ 대일무역총액지수 $= \frac{\text{당해연도 대일 무역총액}}{\text{1921년 대일 무역 총액}} \times 100$

① 당해연도 국내총생산 대비 당해연도 대일무역총액

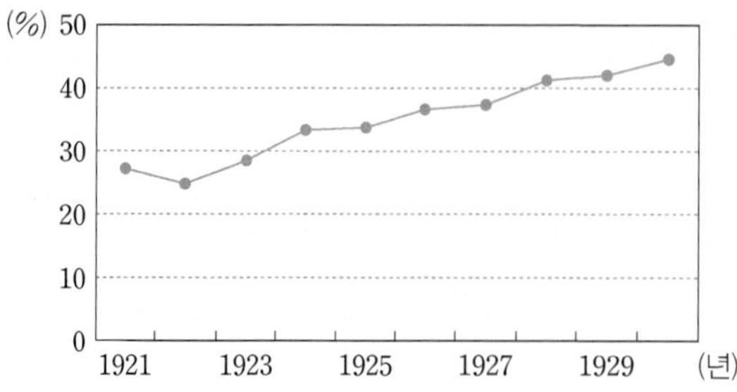

② 연도별 대일무역수지(대일수출액－대일수입액)

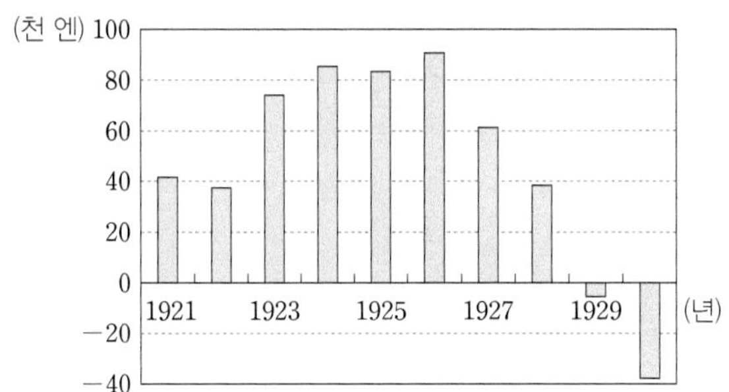

③ 전년대비 대일수출액 증감률

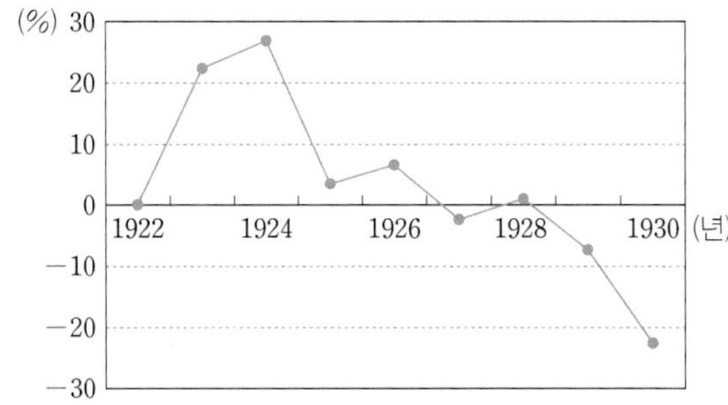

④ 당해연도 국내총생산 대비 당해연도 대일수입액

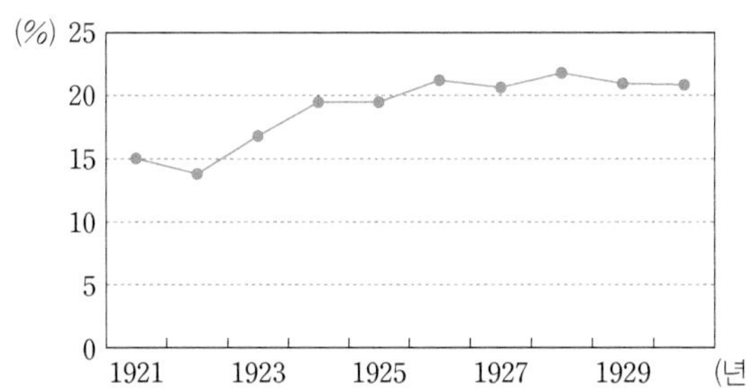

⑤ 당해연도 국내총생산

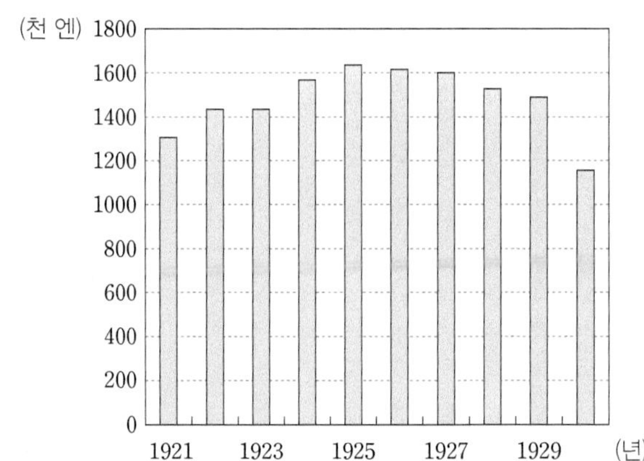

23 다음은 2021~2023년 지역별 주택건설 인허가 실적에 대한 자료이다. 이에 대한 〈보기〉의 설명 중 옳은 것을 모두 고르면?

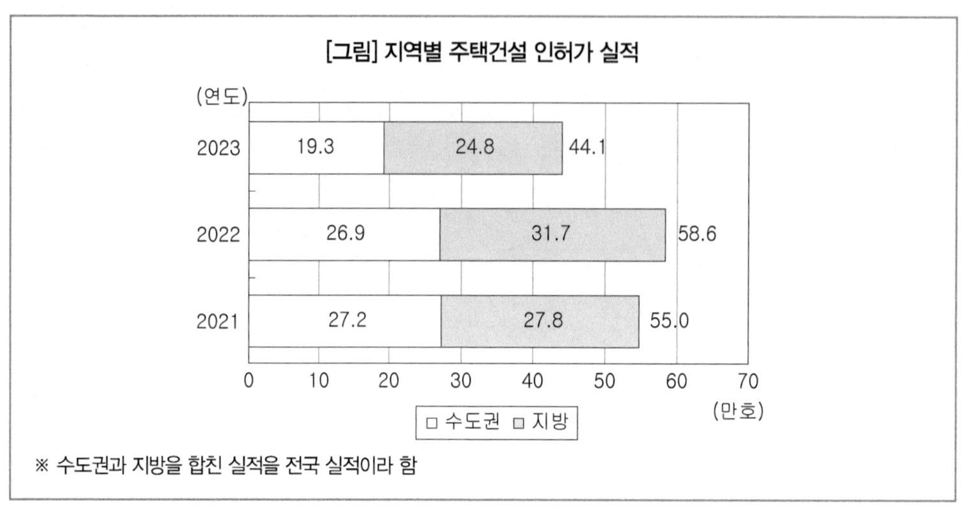

보기

ㄱ. 수도권의 실적 순위를 연도별로 나열한 것과 지방의 실적 순위를 연도별로 나열한 것이 같다.
ㄴ. 2022년의 지방 실적은 전년도 지방 실적에 비해 약 14% 증가했다.
ㄷ. 2024년의 전국 실적이 전년도 대비 30% 오른다면 2022년의 전국 실적을 넘을 수 있다.

① ㄱ
② ㄴ
③ ㄱ, ㄴ
④ ㄴ, ㄷ
⑤ ㄱ, ㄴ, ㄷ

24 다음은 A~D국의 건설 시장 중 주택 부문과 관련된 자료이다. 3~10층 주택의 시장 규모를 순서대로 나열할 때, 시장 규모가 가장 큰 국가는 어디인가?

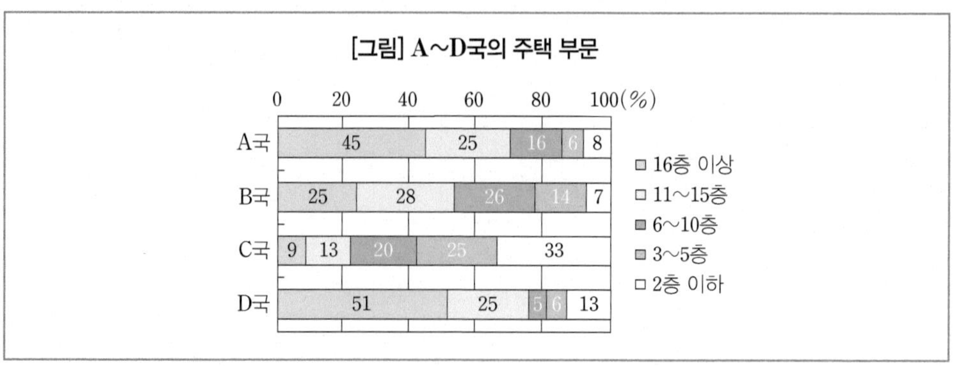

① A　　② B
③ C　　④ D
⑤ 알 수 없다.

25 **다음은 여름과 겨울에 따른 지역별 여행 경향에 대한 자료이다. 이에 대한 설명으로 옳지 않은 것은?**

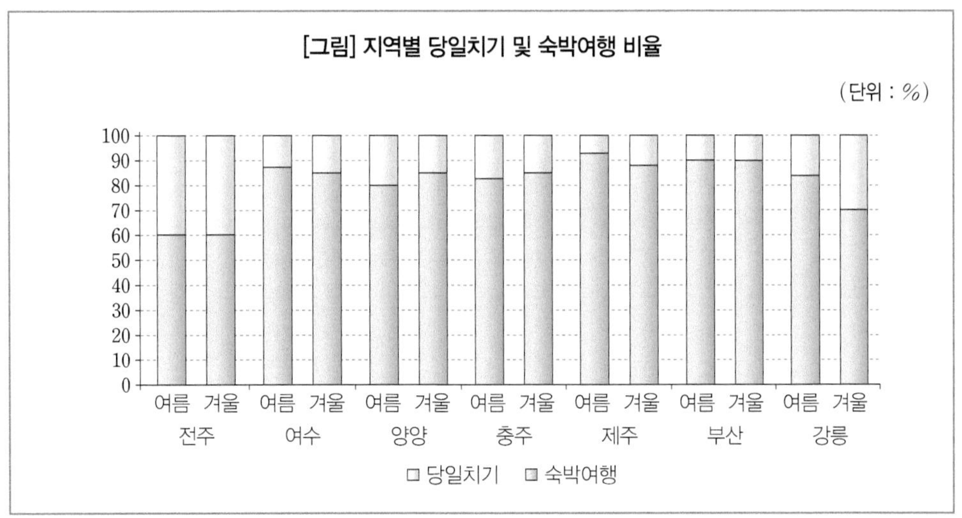

① 여름철 숙박여행의 비율이 가장 큰 지역은 제주이다.
② 여름과 겨울의 숙박여행 비율에서 가장 큰 차이를 보이는 지역은 강릉이다.
③ 모든 지역에서 여름과 겨울 모두 당일치기보다 숙박여행의 비율이 더 크다.
④ 겨울철 당일치기 비율이 여름에 비해 증가한 지역은 3곳이다.
⑤ 여름과 겨울의 당일치기 및 숙박여행 비율이 동일한 지역은 전주뿐이다.

26 다음은 1월부터 6월까지 A공연의 예매 현황에 대한 자료이다. 공연횟수가 60회 이상이면서 현장예매가 온라인예매보다 적은 달은 몇 월인가?

[그림] 1월~6월 A공연 예매 현황

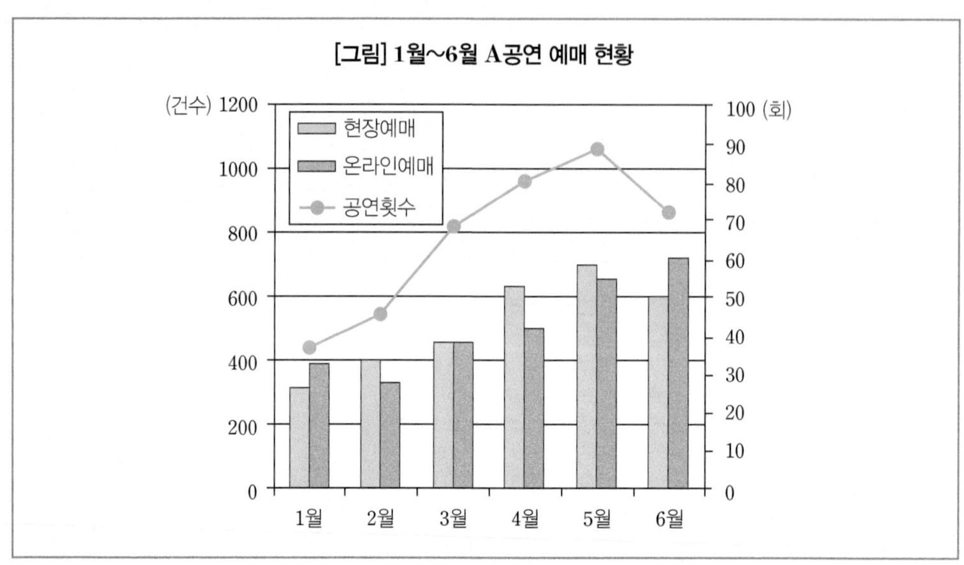

① 2월
② 3월
③ 4월
④ 5월
⑤ 6월

27 다음은 어느 도시의 미혼남과 미혼녀의 인원수 추이 및 미혼남녀의 직업별 분포를 나타낸 자료이다. 이에 대한 설명으로 옳은 것은?

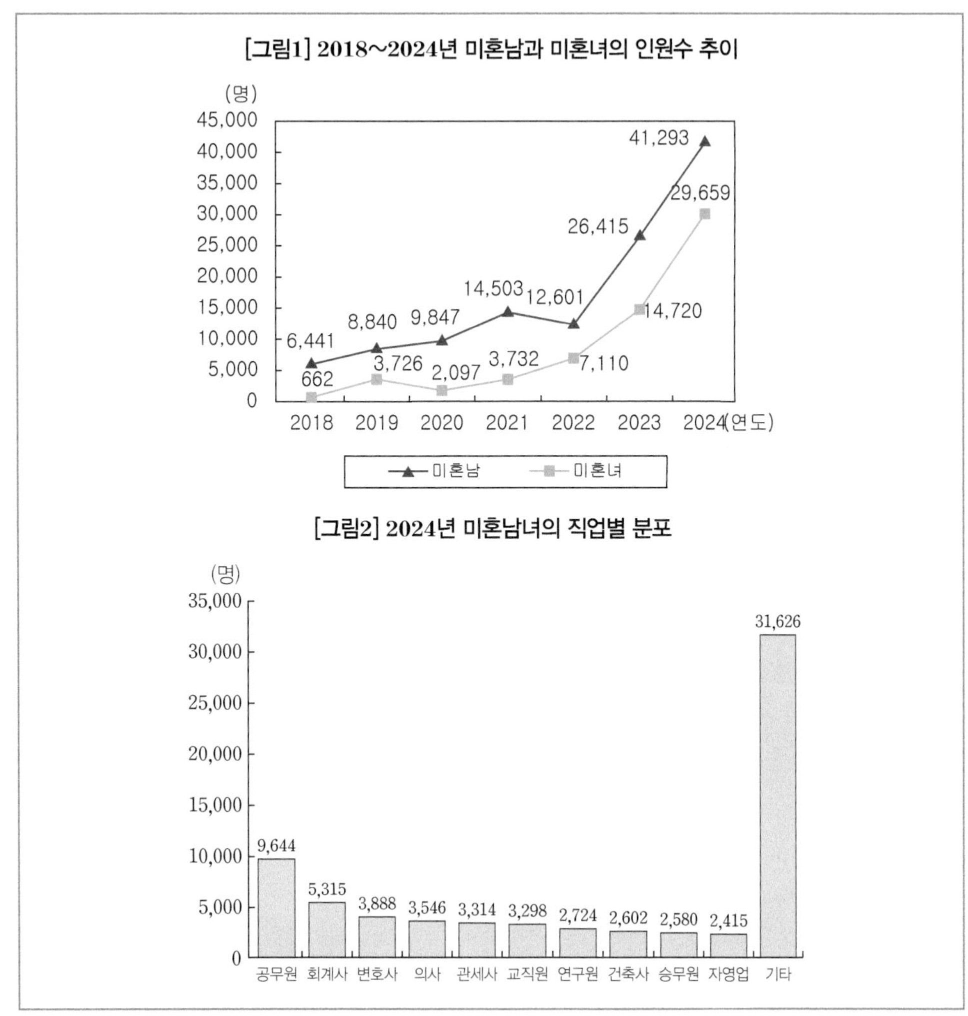

① 2021년 이후 미혼남의 인원수와 2021년 이후 미혼녀의 인원수는 매년 증가하였다.

② 2023년 미혼녀와 미혼남의 인원수 차이는 2024년의 차이보다 50명 이상 많다.

③ 2024년 미혼남녀의 직업별 분포에서 회계사 수는 연구원 수의 2배 이상이다.

④ 2024년 미혼남녀의 직업별 분포에서 공무원과 변호사의 인원수 차이는 승무원과 자영업 인원수의 합보다 작다.

⑤ 2023년 미혼녀 인원수는 2022년 미혼녀 인원수의 2배 이하이다.

28 다음은 2019~2023년 동남권의 양파와 마늘 재배면적 및 생산량 추이를 나타낸 것이다. 이에 대한 설명으로 옳은 것은?

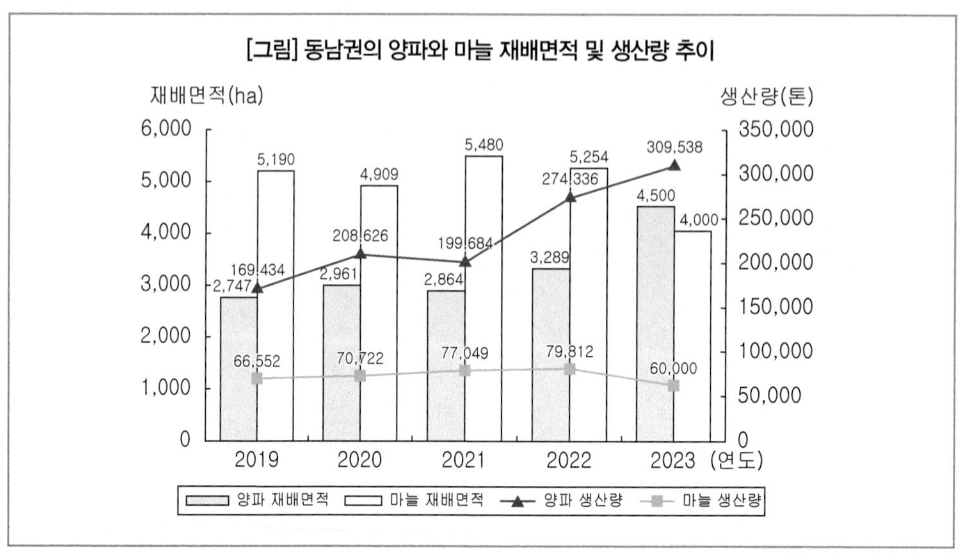

① 2019~2023년 동안 동남권의 양파 생산량은 매년 증가하였다.

② 2023년의 양파 재배면적은 전년에 비해 40% 이상 증가하였다.

③ 2019~2023년 동안 동남권의 마늘 재배면적은 양파 재배면적보다 매년 크다.

④ 2024년에 동남권의 단위 재배면적당 마늘 생산량은 2023년과 동일하고 마늘 재배면적은 5,000ha로 늘어난다면 2024년 동남권의 마늘 생산량은 75,000톤이다.

⑤ 2019~2023년 동안 마늘 재배면적과 마늘 생산량의 추이는 서로 비슷한 경향을 보이고 있다.

[29 – 30] 다음은 취업자 및 취업자 증감률에 관한 자료이다. 자료를 참고하여 물음에 답하시오.

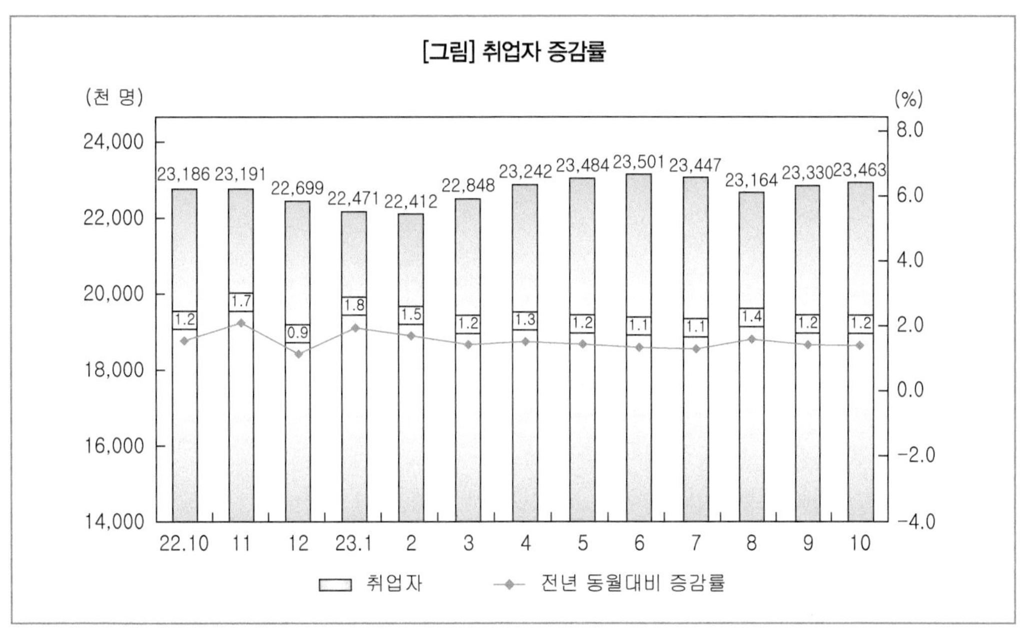

29 취업자의 수가 가장 적었던 시기와 전년 동월대비 증감률이 가장 작은 시기를 바르게 짝지은 것은?

	취업자 수가 가장 적었던 시기	증감률이 가장 작은 시기
①	2023년 1월	2022년 12월
②	2023년 2월	2023년 1월
③	2023년 1월	2023년 2월
④	2023년 2월	2022년 12월
⑤	2022년 12월	2023년 2월

30 취업자가 가장 많은 달을 찾아 전년도 동월의 취업자 수를 구하면? (단, 천 단위 미만은 절삭한다.)

① 19,570,000명
② 21,315,000명
③ 23,423,000명
④ 23,245,000명
⑤ 24,567,000명

31 **다음은 3 · 1운동 관련 자료이다. 이에 대한 설명으로 옳은 것은?**

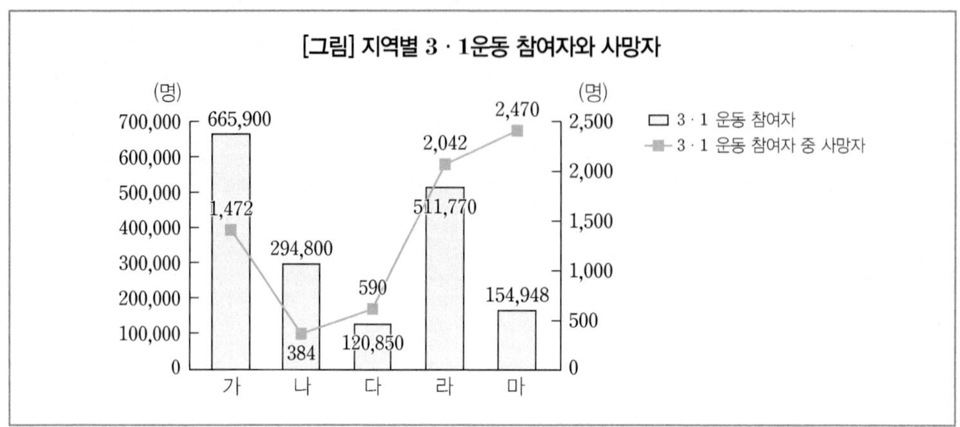

① 그래프를 보면 3 · 1운동 참여자보다 3 · 1운동 참여자 중 사망자의 수가 더 많을 수도 있다.

② 3 · 1운동 참여자 중 사망자의 수는 모두 합쳐서 7,000명이 넘는다.

③ 3 · 1운동 참여자의 증감 추이와 3 · 1운동 참여자 중 사망자의 증감 추이는 비슷하다.

④ 다 지역의 3 · 1운동 참여자 중 사망자의 비율은 라 지역의 3 · 1운동 참여자 중 사망자의 비율보다 크다.

⑤ 마 지역의 3 · 1운동 참여자 중 사망자의 비율은 1%를 넘지 않는다.

32 주어진 자료를 바탕으로 도출해낼 수 있는 결론이 아닌 것은?

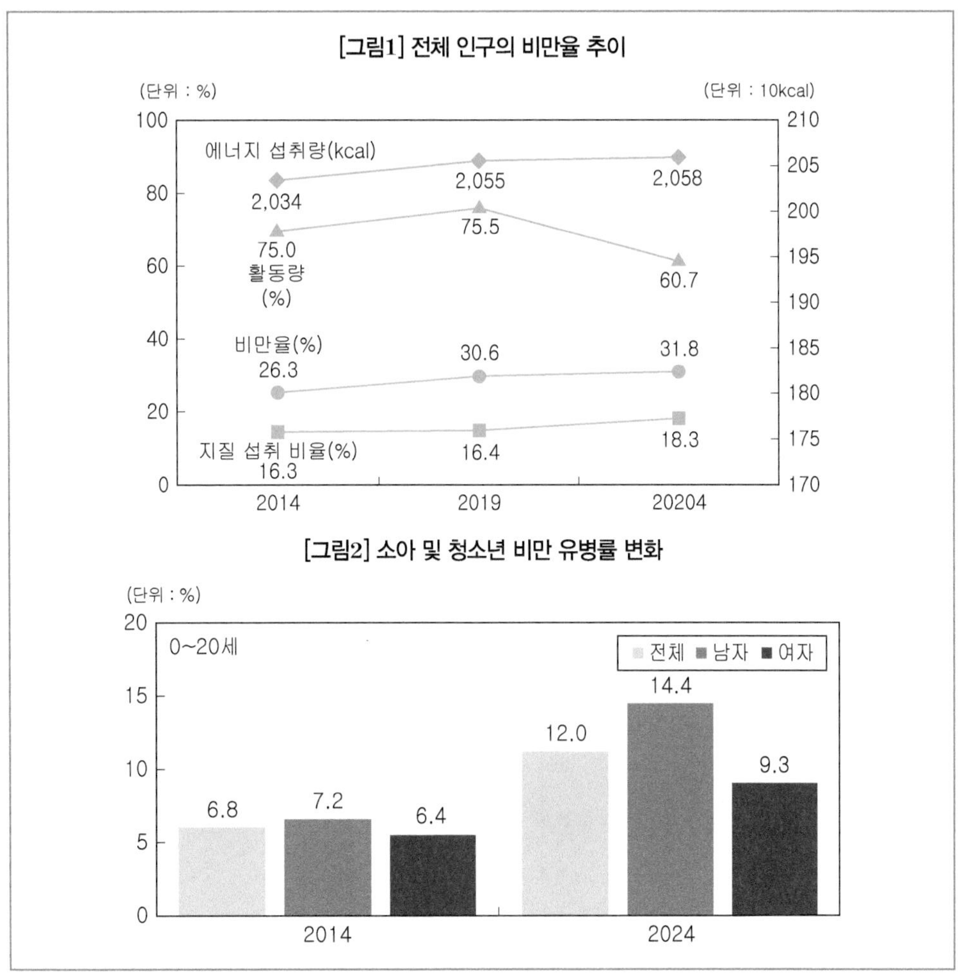

① 전체 인구의 비만율은 점차 증가하고 있는 추세이다.

② 조사기간에 에너지 섭취량과 활동량은 모두 증가했다.

③ 2024년의 지질 섭취 비율은 2019년보다 약 2%p 증가했다.

④ 2024년 전체 소아 및 청소년 비만 유병률은 2014년에 비해 5%p 이상 증가했다.

⑤ 2024년의 소아 및 청소년 비만은 남자가 여자에 비해 약 5%p 이상 더 많다.

33 다음 표는 연도별 OECD 주요국의 합계출산율을 나타낸 자료이다. 이 표를 그래프로 나타냈을 때, 그래프에 표시하지 않은 나라는 어디인가?

[표] OECD 주요국의 합계출산율

구분	1995	2000	2005	2010	2015	2020
한국	1.68	1.50	1.21	1.17	1.23	1.11
이스라엘	2.93	2.93	2.91	2.93	3.04	3.04
일본	1.48	1.37	1.30	1.34	1.41	1.37
터키	2.90	2.65	2.37	2.20	2.12	2.08
멕시코	3.23	2.85	2.61	2.40	2.29	2.14

[그림] OECD 주요국의 합계출산율

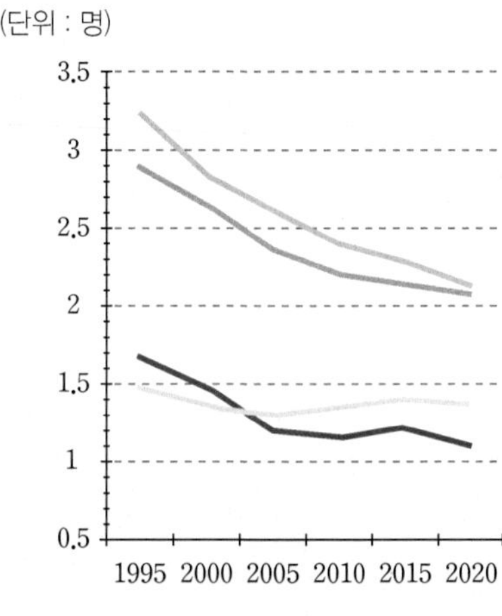

① 한국
② 이스라엘
③ 일본
④ 터키
⑤ 멕시코

34 다음은 실업자와 실업률의 추세를 나타낸 자료이다. 이에 대한 설명으로 옳지 않은 것은?

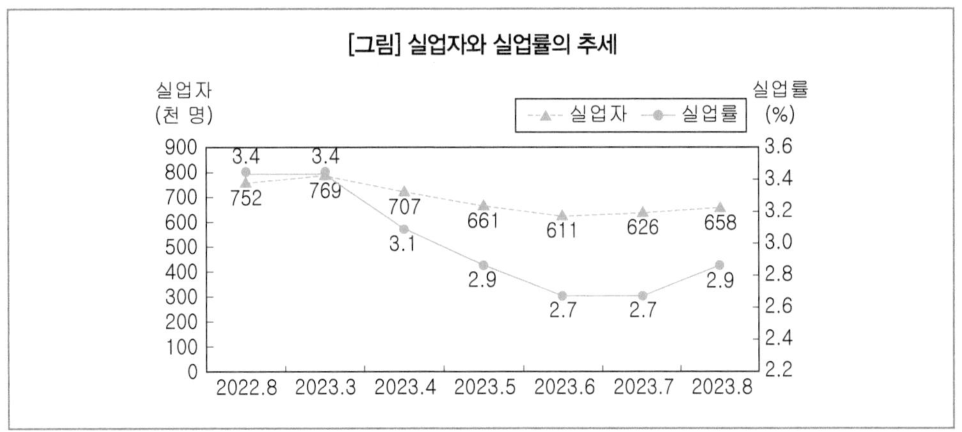

① 2023년 3월 이후 6월까지 실업자 수와 실업률은 지속적으로 감소하였다.

② 2022년 8월부터 2023년 3월까지 실업자 수는 증가하였다.

③ 2022년 8월부터 2023년 3월까지 실업률은 변화가 없다.

④ 실업자 수가 가장 급격히 감소한 시기는 2023년 4월부터 2023년 5월이다.

⑤ 2023년 7월부터 2023년 8월까지 실업자 수와 실업률은 증가하였다.

35 다음은 우리나라의 2024년도 남녀사망자 수에 대한 통계이다. 이에 대한 〈보기〉의 설명 중 옳은 것을 모두 고르면?

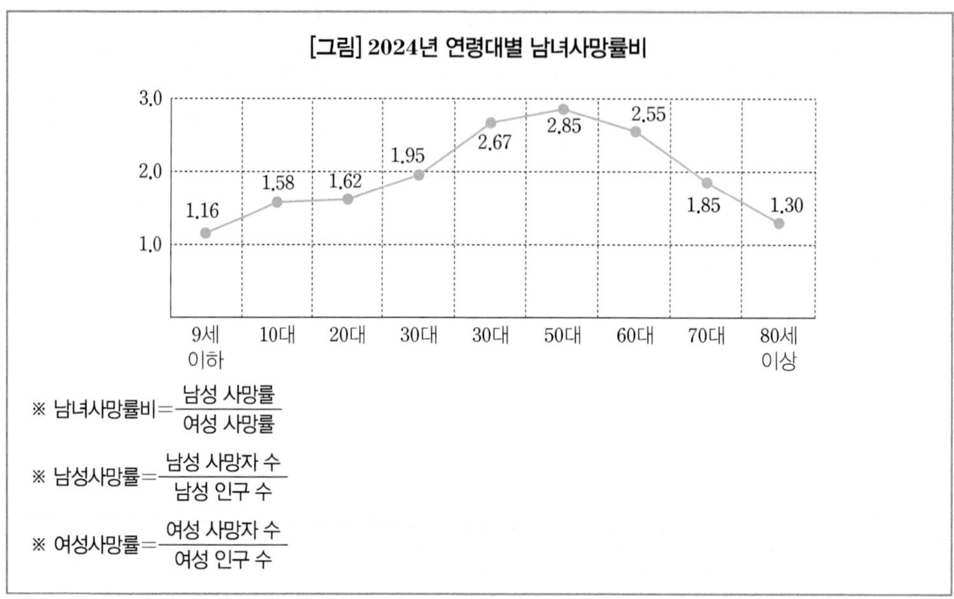

※ 남녀사망률비 $=\frac{\text{남성 사망률}}{\text{여성 사망률}}$

※ 남성사망률 $=\frac{\text{남성 사망자 수}}{\text{남성 인구 수}}$

※ 여성사망률 $=\frac{\text{여성 사망자 수}}{\text{여성 인구 수}}$

보기

ㄱ. 모든 연령대에서 남성사망률이 여성사망률보다 높다.

ㄴ. 60대 여성이 한 명 사망할 때 60대 남성이 2.55명 사망한다.

ㄷ. 9세 이하 집단에서 남녀 인구수가 동일한 것으로 가정하면 9세 이하 여아 한 명 사망할 때 남아는 약 1.16명 사망한다.

① ㄱ

② ㄷ

③ ㄱ, ㄷ

④ ㄴ, ㄷ

⑤ ㄱ, ㄴ, ㄷ

36 다음은 연말 총회에 발표할 자료이다. 이를 이용하여 작성한 그래프로 옳은 것은?

[표] A사 2024년도 상반기 생산량

구분	1월	2월	3월	4월	5월	6월
생산량	4,083	8,103	10,098	12,000	14,500	9,100

①

②
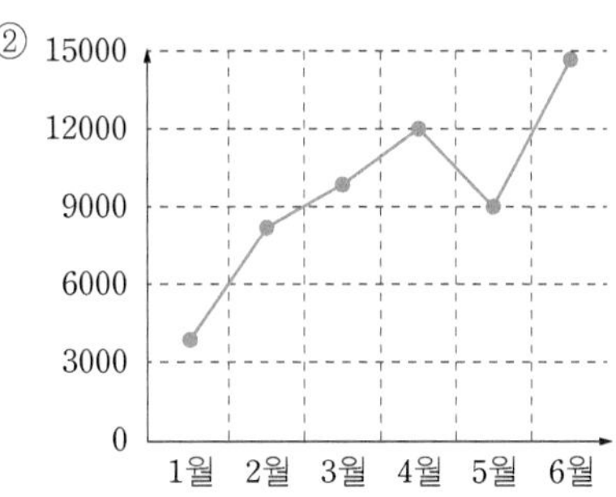

③
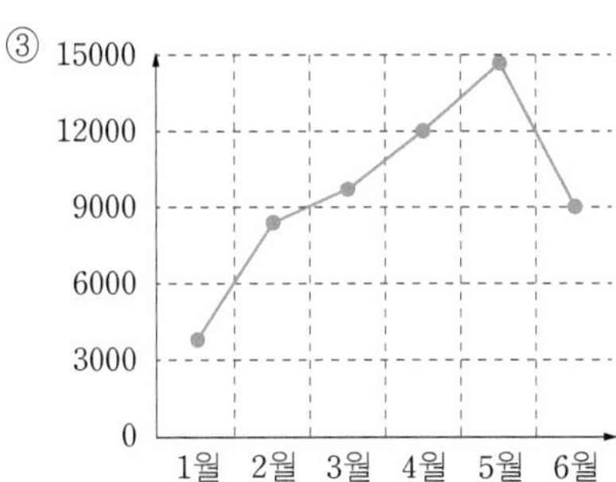

④
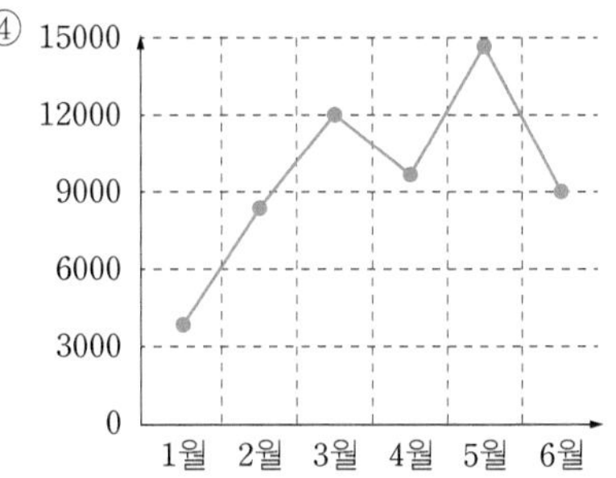

⑤
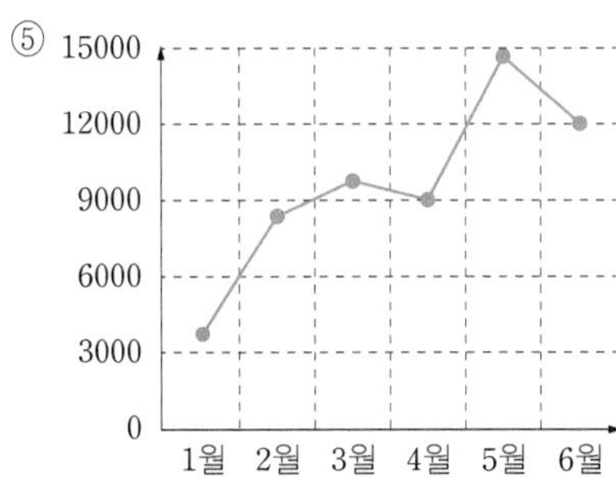

[37 – 38] 다음은 공공도서관 현황에 대하여 조사한 자료이다. 자료를 참고하여 물음에 답하시오.

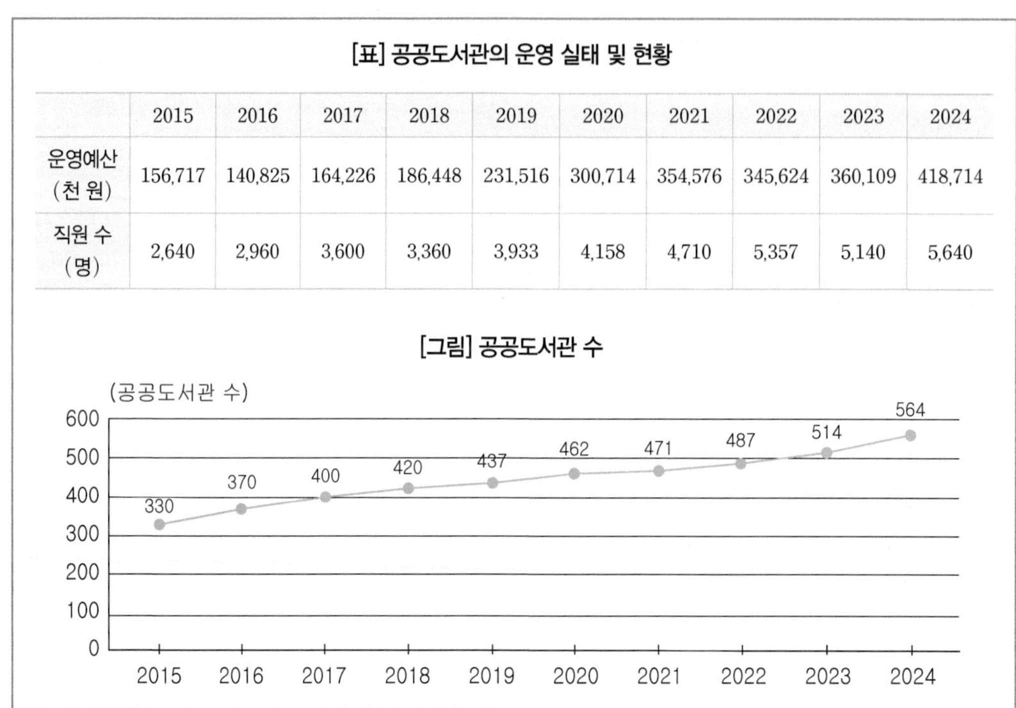

[표] 공공도서관의 운영 실태 및 현황

	2015	2016	2017	2018	2019	2020	2021	2022	2023	2024
운영예산 (천 원)	156,717	140,825	164,226	186,448	231,516	300,714	354,576	345,624	360,109	418,714
직원 수 (명)	2,640	2,960	3,600	3,360	3,933	4,158	4,710	5,357	5,140	5,640

[그림] 공공도서관 수

37 각 공공도서관에 운영예산을 똑같이 배분한다고 할 때, 2024년을 기준으로 1관당 배분된 금액은 얼마인가? (단, 소수점 이하는 버림한다.)

① 약 742,400원
② 약 732,400원
③ 약 722,400원
④ 약 712,400원
⑤ 약 702,400원

38 각 공공도서관마다 같은 수의 직원이 일을 하고 있다고 할 때, 1관당 일을 하는 직원의 수가 11명인 연도는 언제인가?

① 2020년
② 2021년
③ 2022년
④ 2023년
⑤ 2024년

39 다음은 이동통신 사용자의 회사별 구성비와 향후 회사 이동성향에 관한 자료이다. 이에 대한 설명으로 옳지 않은 것은?

[그림] 현재 이동통신 사용자의 회사별 구성비

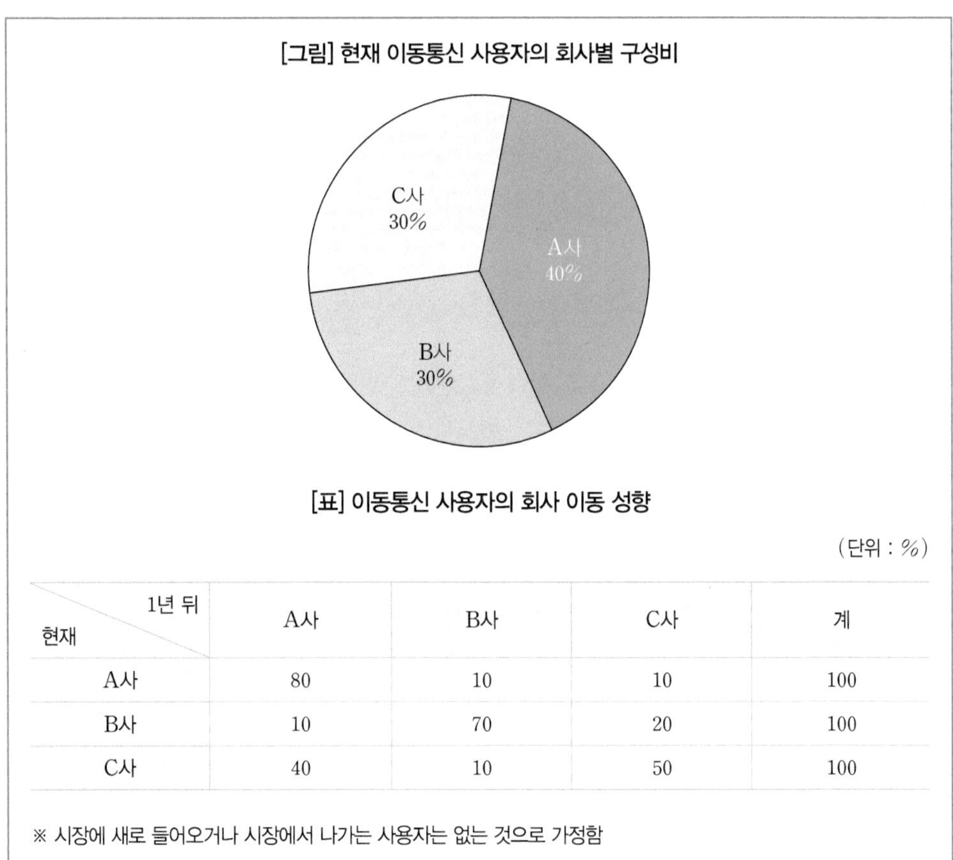

[표] 이동통신 사용자의 회사 이동 성향

(단위 : %)

현재 \ 1년 뒤	A사	B사	C사	계
A사	80	10	10	100
B사	10	70	20	100
C사	40	10	50	100

※ 시장에 새로 들어오거나 시장에서 나가는 사용자는 없는 것으로 가정함

① 1년 뒤 B사 사용자 구성비는 증가할 것으로 예측된다.

② 1년 뒤 총 사용자 가운데 A사 사용자가 47%일 것으로 예측된다.

③ 1년 뒤에는 전체 이동통신 사용자의 10%가 A사, B사에서 C사로 이동할 것으로 예측된다.

④ 이동 성향만 놓고 보았을 때 현재 회사를 1년 뒤에도 유지할 것으로 예측되는 비율이 가장 높은 회사는 A이다.

⑤ 1년 뒤에는 전체 이동통신 사용자의 32%가 다른 회사로 이동할 것으로 예측된다.

40 **다음은 2024년 스마트폰 시장 상황에 대한 자료이다. 이에 대한 설명으로 옳지 않은 것은?**

[그림1] 2024년 스마트폰 점유율(판매대수 기준)

(단위 : %)

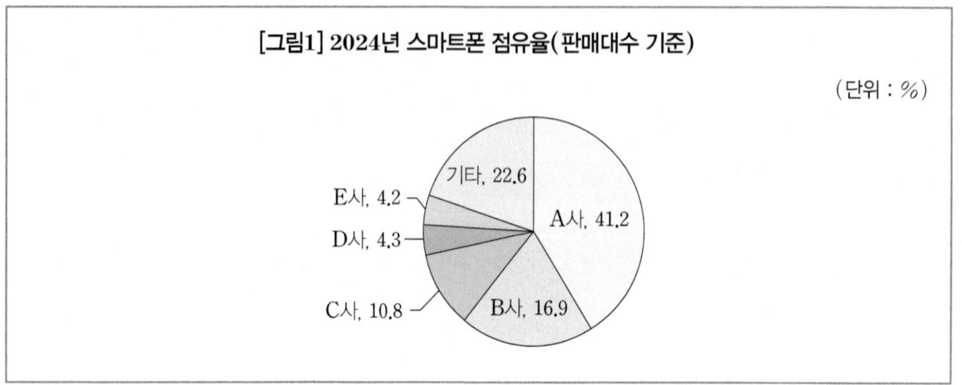

① 2024년 A사와 C사의 스마트폰 판매대수는 전체 판매대수의 절반 이상이다.

② 2024년 C사의 스마트폰 판매대수는 2024년 E사의 스마트폰 판매대수의 두 배 이상이다.

③ 2024년 스마트폰의 전체 판매대수가 총 8,000대라면 D사의 판매대수는 300대 미만이다.

④ A~E사 중 2024년 스마트폰 판매대수가 가장 많은 회사는 A사이다.

⑤ 2024년 A사의 스마트폰 판매대수는 2024년 B사의 스마트폰 판매대수의 두 배 이상이다.

41 다음의 자료를 원 그래프로 나타낼 때 가장 적절한 것은?

[표] A회사 전공 현황

전공	비율(%)
경영학과	21
경제학과	13
화학공학과	27
신소재공학과	28
영어영문학과	4
중어중문학과	6
수학과	2

①
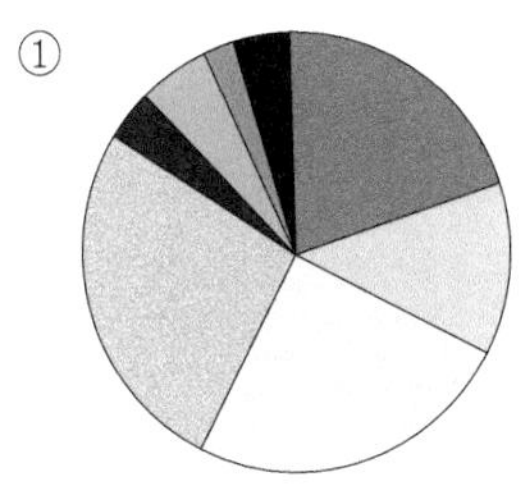

②
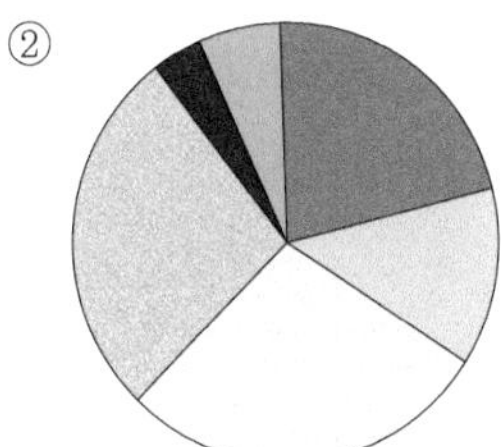

③
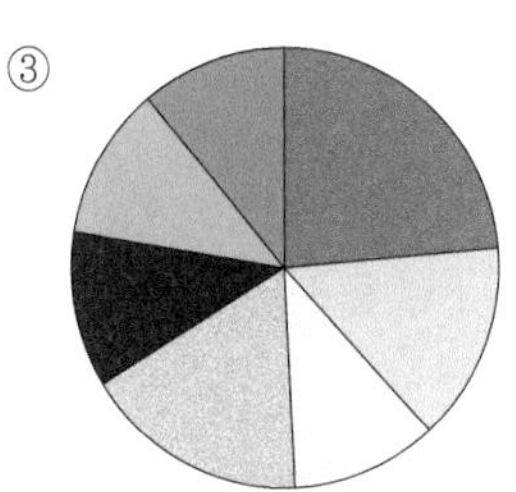

④
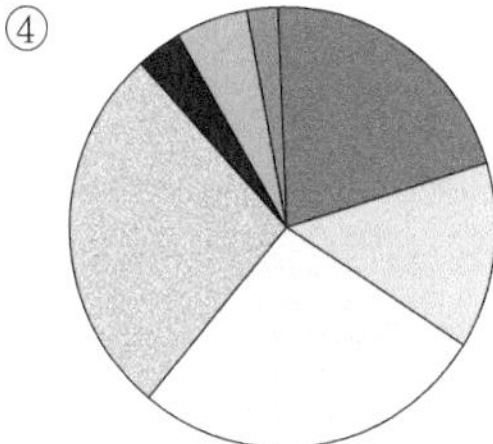

⑤
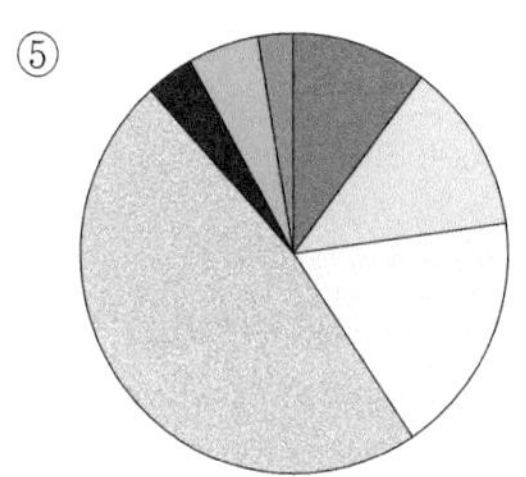

[42 – 43] 다음은 2019년과 2024년 A도시의 가구별 평균 소비지출 내역을 나타낸 그래프이다. 자료를 참고하여 물음에 답하시오.

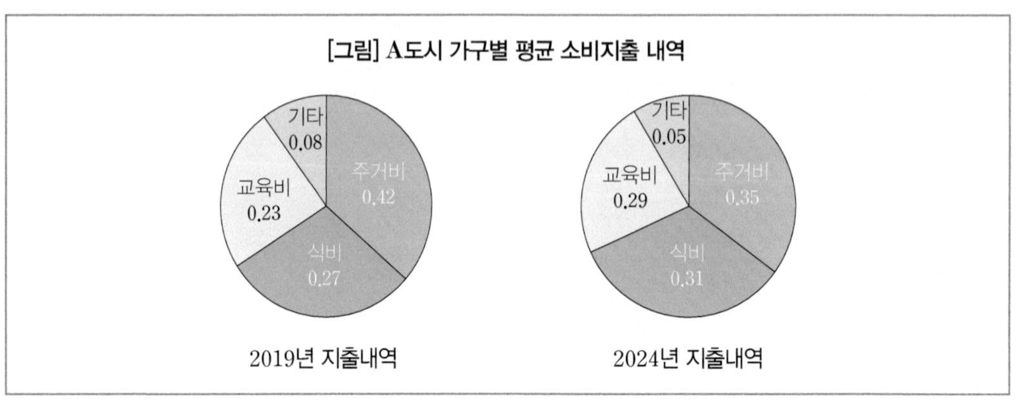

42 **2019년도 가구당 총지출액이 평균 2,000만 원이었고 2020년도 가구당 총지출액이 평균 3,000만 원이었다면, 2024년 가구당 교육비는 2019년에 비해 얼마나 증가하였는가?**

① 230만 원
② 290만 원
③ 360만 원
④ 410만 원
⑤ 450만 원

43 **다음 중 자료에 대한 설명으로 옳지 않은 것은? (단, 2019년도 가구당 총지출액은 2,000만 원, 2024년도 가구당 총지출액은 3,000만 원이라 가정한다.)**

① 2024년의 가구당 주거비 지출액은 2019년에 비해 줄었다.
② 2019년 가구당 식비 지출액은 월 45만원이다.
③ 도시 가정에서의 교육비 비중은 증가하는 추세이다.
④ 2024년 주거비와 식비, 교육비를 제외한 지출액은 가구당 150만 원이다.
⑤ 2019년과 2024년 모두 주거비 지출액과 교육비 지출액의 합이 총지출액의 절반을 넘는다.

44 **다음은 ○○소독제 소독실험에서 소독제 누적주입량에 따른 병원성미생물 개체수의 변화를 나타낸 것이다. 이에 대한 설명 중 옳은 것은?**

〈실험정보〉

- 이 실험은 1회 시행한 단일 실험임
- 실험 시작시점(A)에서 측정한 값과, 이후 5시간 동안 소독제를 주입하면서 매 1시간이 경과하는 시점을 순서대로 B, C, D, E, F라고 하고 각 시점에서 측정한 값을 표시하였음
- 소독효율(마리/kg) $= \frac{\text{시작시점(A) 병원성 미생물 개체 수} - \text{측정시점 병원성 미생물 개체 수}}{\text{측정시점의 소독제 누적 주입량}}$
- 구간 소독속도(마리/시간) $= \frac{\text{구간의 시작시점 병원성 미생물 개체 수} - \text{구간의 종료시점 병원성 미생물 개체 수}}{\text{두 측정 구간 사이의 시간}}$

[그림] 소독제 누적주입량에 따른 병원성미생물 개체수 변화

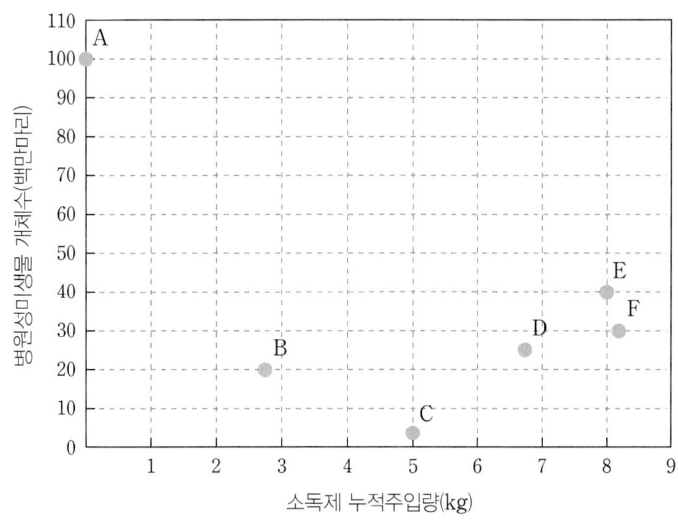

① C는 실험시작 후 3시간이 경과한 시점이다.

② 구간 소독속도는 E~F 구간이 B~C 구간보다 높다.

③ D에서 E로 넘어갈 때 소독제 주입량이 가장 많다.

④ 소독효율은 D가 E보다 높다.

⑤ 실험시작 후 2시간이 경과한 시점의 소독효율이 가장 높다.

45 **다음은 A, B, C, D, E 5개 국가의 연간 강수량 및 여름철 강수량에 대한 자료이다. 이에 대한 설명으로 옳은 것은?**

[그림] 각 국가의 연간 강수량 및 여름철 강수량

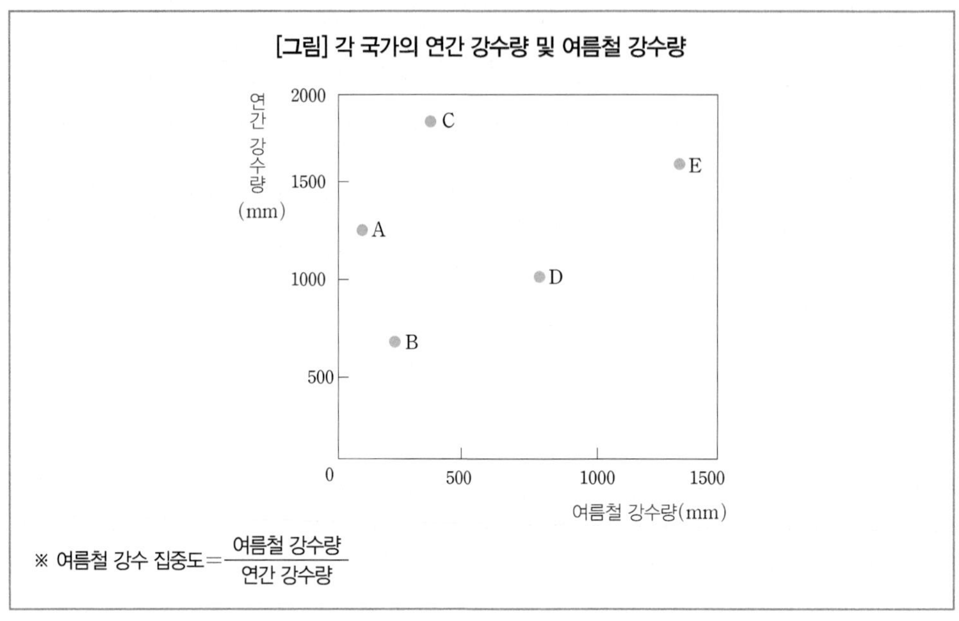

※ 여름철 강수 집중도$=\frac{\text{여름철 강수량}}{\text{연간 강수량}}$

① 여름철 강수 집중도가 가장 큰 나라는 A이다.

② A국가는 C국가보다 연간 강수량이 많다.

③ E국가는 B국가보다 여름철 강수량이 적다.

④ A국가는 B국가에 비해서 연간 강수량은 많지만, 여름철 강수량은 적다.

⑤ 여름철 강수 집중도는 C가 B보다 크다.

46 **다음은 학생 20명의 용돈과 소비액의 상관도이다. 이에 대한 설명으로 옳지 않은 것은?**

[그림] 용돈과 소비액의 상관도

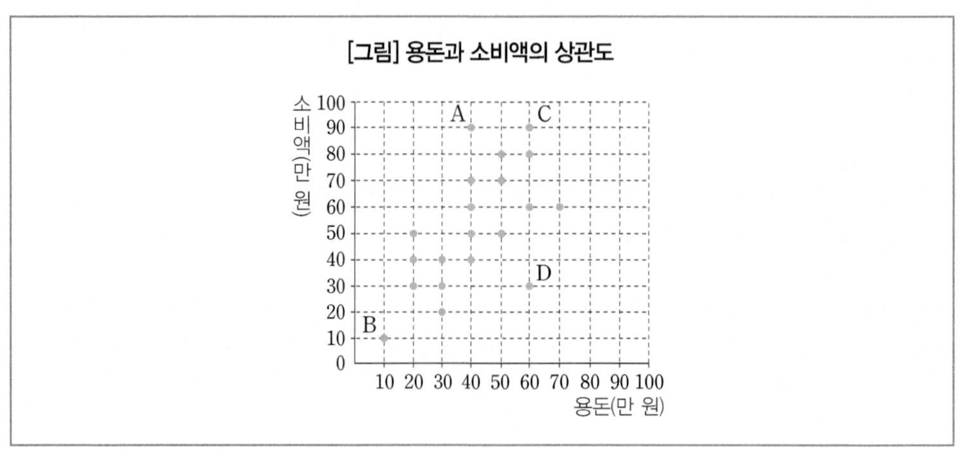

① A학생의 소비액은 용돈의 2배 이상이다.
② B학생의 용돈과 소비액이 같다.
③ C학생의 소비액은 용돈의 1.5배이다.
④ D학생의 용돈은 소비액의 2배이다.
⑤ 학생 20명 중 용돈보다 소비액이 더 많은 학생은 모두 8명이다.

47 **다음은 각각 유권자 5명으로 구성된 집단(A~C)의 소득 및 '가' 정당 지지도를 나타낸 것이다. 이에 대한 〈보기〉의 설명 중 옳은 것을 모두 고르면?**

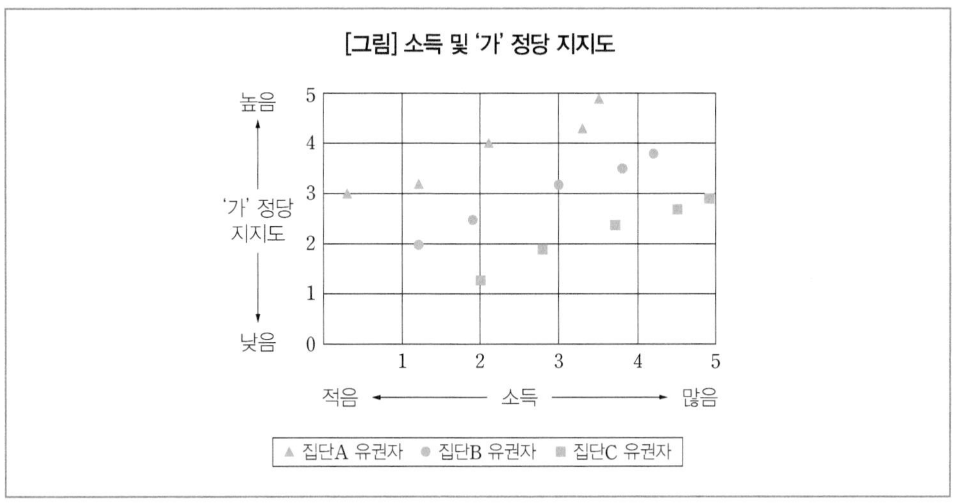

보기

ㄱ. 평균소득은 집단A가 집단B보다 적다.
ㄴ. '가' 정당 지지도의 평균은 집단B가 집단C보다 높다.
ㄷ. 소득이 많은 유권자일수록 '가' 정당 지지도가 낮다.
ㄹ. 평균소득이 많은 집단이 평균소득이 적은 집단보다 '가' 정당 지지도의 평균이 높다.

① ㄱ, ㄴ
② ㄱ, ㄹ
③ ㄴ, ㄷ
④ ㄱ, ㄴ, ㄹ
⑤ ㄴ, ㄷ, ㄹ

48 다음은 A국의 수 · 출입액 현황을 나타낸 자료이다. 다음 중 네덜란드에 대한 A국의 수출액 대비 수입액을 백분율로 산정한 결과에 가장 가까운 숫자는 얼마인가?

[그림] A국의 대 유럽 수 · 출입액 상위 6개국

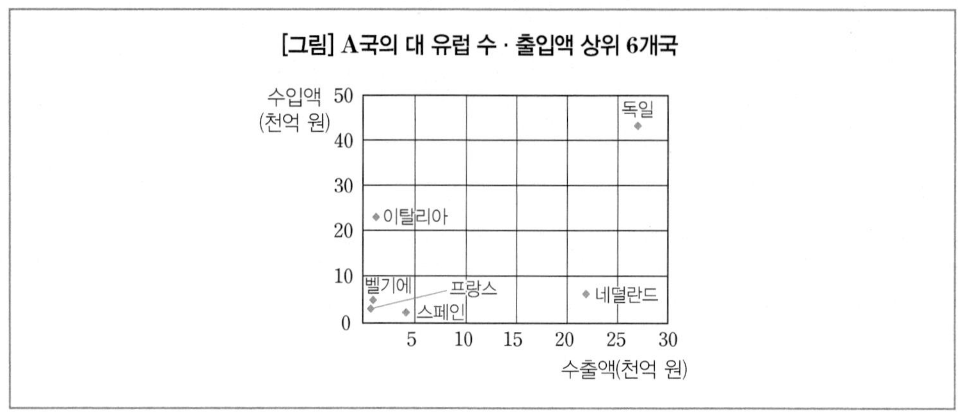

① 7
② 27
③ 97
④ 254
⑤ 368

49 다음은 A와 B의 체중 변화를 나타낸 자료이다. 3년 전 동월대비 2024년 3월 A의 체중 증가율과 B의 체중 증가율을 바르게 비교한 것은? (단, 소수 첫째 자리에서 반올림한다.)

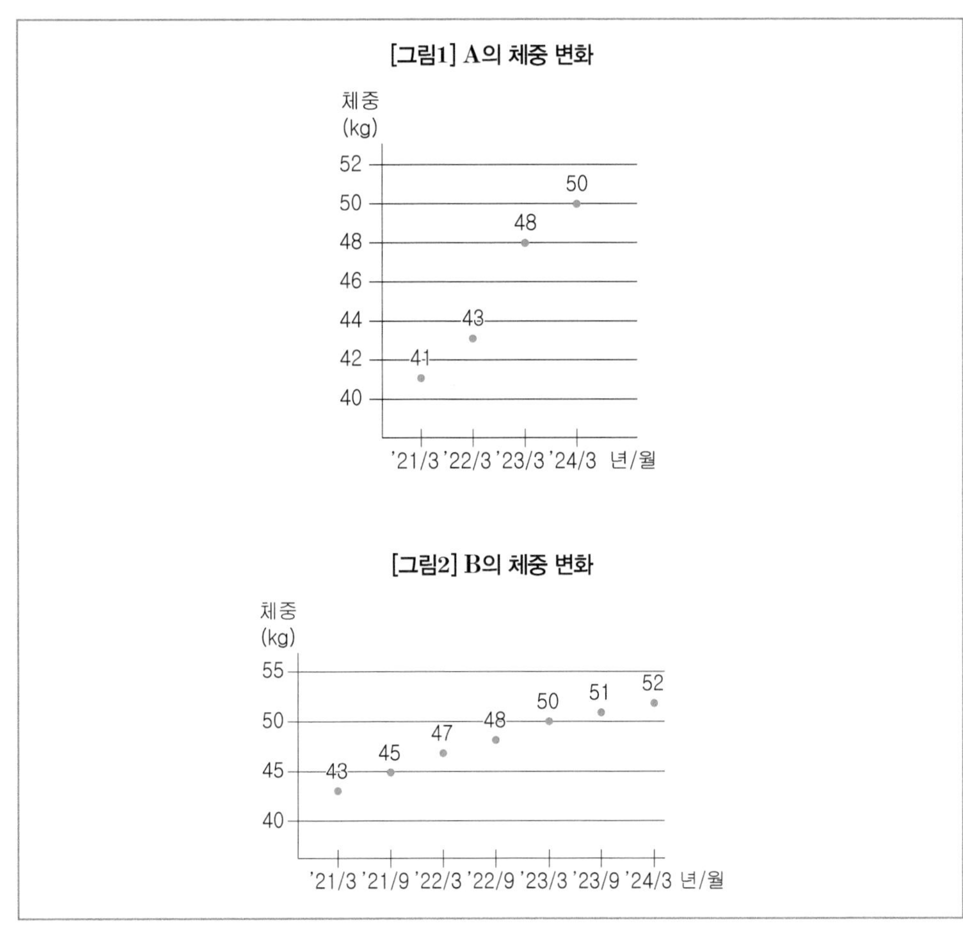

① A의 체중 증가율은 B의 체중 증가율보다 약 1%p 더 높다.
② A의 체중 증가율은 B의 체중 증가율보다 약 10%p 더 높다.
③ A의 체중 증가율은 B의 체중 증가율보다 약 1%p 더 낮다.
④ A의 체중 증가율은 B의 체중 증가율보다 약 5%p 더 낮다.
⑤ A의 체중 증가율은 B의 체중 증가율보다 약 10%p 더 낮다.

50 다음은 사원 여행지 결정을 위해 60명에게 설문을 한 결과이다. 이에 따라 2024년에 스키를 선택한 사람의 수는 2023년에 비해 몇 % 증가했는가?

[그림] 사원 여행지 설문조사

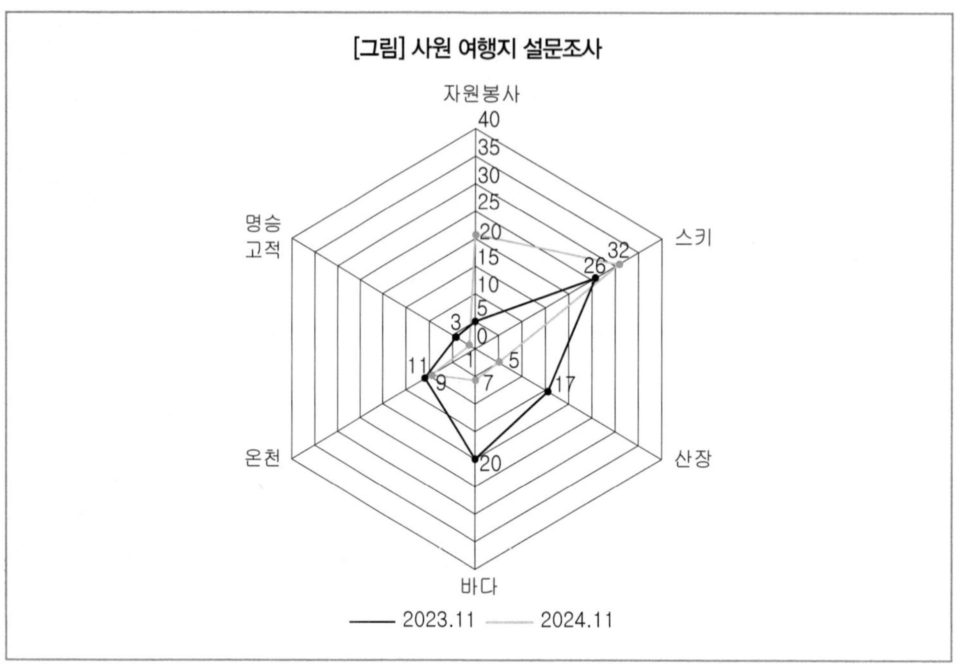

① 18%
② 19%
③ 21%
④ 22%
⑤ 23%

3 단일 자료 분석

| 정답 및 해설 p.281

01 다음은 A회사에서 하루에 보내는 업무 관련 메시지 평균 건수를 조사한 자료이다. 평균 메시지 건수가 5통 이상 10통 미만인 남직원의 수는 10통 이상 15통 미만인 여직원의 수보다 몇 명 더 많은가?

[표] A회사 업무 관련 메시지 평균 건수

평균 메시지 건수	남직원	여직원
5통 미만	25%	28%
5통 이상 10통 미만	32%	30%
10통 이상 15통 미만	20%	15%
15통 이상 20통 미만	13%	20%
20통 이상	10%	7%
대상 인원수	400명	600명

① 12명
② 17명
③ 25명
④ 31명
⑤ 38명

02 다음은 어떤 시험에 응시한 남녀 응시자와 합격자 수를 나타낸 자료이다. 이에 대한 설명으로 옳지 않은 것은?

[표] 남녀 응시자 및 합격자 수

구분	응시자	합격자
남자	3,658명	552명
여자	2,246명	298명

① 여자의 응시자 대비 합격률은 대략 13.27%이다.
② 총 응시자 중 남자 비율은 대략 61.96%이다.
③ 여자 합격자가 337명으로 늘어나면 여자의 응시자 대비 합격률이 15%를 넘게 된다.
④ 총 응시자의 합격률은 14%를 넘는다.
⑤ 응시자 대비 합격률은 남자보다 여자가 높다.

[03 – 04] 다음은 철도의 용도별 관련 현황을 나타낸 자료이다. 자료를 참고하여 물음에 답하시오.

[표] 철도의 용도별 관련 현황

구분	철도 개수	총 길이(km)	총 건설비(억 원)
화물운송 전용 철도	6	83	1,700
여객운송 전용 철도	11	165	2,150
복합운송용 철도	13	250	3,400
관광 전용 철도	2	24	200

※ 복합운송용 철도는 화물만을 운송한다고 가정함

03 화물을 운송할 수 있는 철도와 사람을 수송할 수 있는 철도의 총 길이는 각각 얼마인가?

① 357km, 189km
② 333km, 189km
③ 333km, 415km
④ 83km, 185km
⑤ 83km, 439km

04 여객만을 운송할 수 있는 철도의 1km당 건설비는 대략 얼마인가?

① 7.7억 원
② 11.4억 원
③ 13.0억 원
④ 14.8억 원
⑤ 15.6억 원

05 다음은 2024년 ○○스포츠 용품 매장의 매출을 나타낸 자료이다. 이에 대한 설명으로 옳은 것은?

[표] 2024년 5월 월매출액 상위 5개 품목 현황

품목	월매출액(만 원)	전월대비 증가율(%)
요가세트	1,050	30
캠핑용품	720	40
바람막이 자켓	185	20
실내자전거	1,230	50
운동화	315	30

※ 매출점유율 $= \frac{\text{해당 품목 월 매출액}}{\text{전체 품목 월 매출 총액}} \times 100$

① 2024년 4월 실내자전거의 월매출액은 800만 원 이하이다.

② 2024년 5월의 월매출액 순위는 '실내자전거－요가세트－운동화－캠핑용품－바람막이 자켓' 순이다.

③ 2024년 5월에 가장 적게 팔린 항목의 매출점유율은 5% 이하이다.

④ 2024년 4월 월매출액이 500만 원을 넘는 품목은 2개이다.

⑤ 2024년 5월 월매출액 1, 2위 품목의 매출점유율의 합은 3~5위 품목의 매출점유율 합의 2배 이하이다.

06 **다음은 A회사의 응시자와 합격자 수를 나타낸 자료이다. 가장 경쟁률이 높은 부서와 대략적인 경쟁률은 얼마인가?**

[표] A회사 응시자 및 합격자 수

구분	응시자 수(명)	합격자 수(명)
개발팀	120명	50명
영업팀	213명	88명
교육팀	183명	75명

	부서	경쟁률
①	개발팀	1 : 2.4
②	영업팀	1 : 2.42
③	영업팀	1 : 2.44
④	교육팀	1 : 2.42
⑤	교육팀	1 : 2.44

07 **다음은 A식당의 2021년 1분기(3개월간)의 전체 매출에서 포장주문과 배달주문이 차지하는 비율을 나타낸 매출현황이다. 이에 대한 설명으로 옳은 것은? (전체 매출에서 차지하는 비율이 40% 초과 시 주력 주문이라 한다.)**

[표] A식당의 2021년 1분기 매출현황

구분	포장주문	배달주문
1월	28%	32%
2월	37%	35%
3월	45%	36%

① 3개월간의 평균 매출점유율은 배달주문이 더 높다.
② 1월, 2월만 본다면 포장주문의 평균 매출점유율이 더 높다.
③ A식당의 3월 주력 주문은 포장주문이다.
④ 전체적으로 포장주문의 매출이 더욱 고르다고 할 수 있다.
⑤ 이 식당은 오직 포장주문 또는 배달주문만 받는다.

08 다음은 ○○회사 직원들의 4년간의 연봉 인상률을 나타낸 자료이다. A와 B의 평균 연봉 인상률은 얼마인가?

[표] 연봉 인상률

(단위 : 만 원)

구분	2021년	2022년	2023년	2024년
A	180	188	200	215
B	150	156	163	170

	A	B
①	19.44%	13.33%
②	18.32%	12.78%
③	6.48%	4.44%
④	6.11%	4.26%
⑤	4.32%	2.25%

[09 – 10] 다음은 2024년 1월 1일 오후 3시에서 4시까지 서울 영등포의 대형 마트 3곳을 방문한 고객의 현황이다. 자료를 참고하여 물음에 답하시오.

[표] 영등포구 대형 마트를 방문한 고객 현황

구분	10대 이하	20대	30대	40대	50대 이상	총 고객수
A마트	7%	25%	28%	22%	18%	1,500명
B마트	4%	12%	39%	24%	21%	2,000명
C마트	11%	26%	27%	20%	16%	(　　)명

09 A마트를 방문한 30대 미만의 고객수는 동일 동시간대에 B마트를 방문한 30대 미만 고객수의 몇 배인가?

① 1.09배　　② 1.2배
③ 1.5배　　④ 1.8배
⑤ 2.1배

10 **2024년 1월 1일 오후 3시에서 4시 사이에 C마트를 방문한 40대 고객의 수가 동일 동시간대 A마트를 방문한 50대 이상의 고객수의 2배라 할 때 표의 (　　)안에 들어갈 고객수는 몇 명인가?**

① 2,500명　　② 2,700명

③ 2,800명　　④ 3,000명

⑤ 3,200명

[11 – 12] **다음은 자동차 시장의 규모와 자동차 업체 A, B, C 세 곳의 시장 점유율을 나타낸 자료이다. 자료를 참고하여 물음에 답하시오.**

[표] 자동차 시장의 규모와 업체 A, B, C의 점유율

구분	2019년	2020년	2021년	2022년	2023년
전체 시장 규모 (백억 원)	7,830	8,620	9,310	10,120	10,350
A사 점유율	5.7	6.0	6.5	7.1	7.5
B사 점유율	5.3	5.0	4.5	4.3	4.0
C사 점유율	3.5	3.6	3.1	2.9	3.0

11 **다음 중 자료에 대한 설명으로 옳지 않은 것은?**

① A사의 매출은 계속하여 증가하고 있다.

② B사의 매출은 계속하여 감소하고 있다.

③ C사의 시장 점유율은 2020년에서 2021년 사이에 가장 크게 감소했다.

④ 다른 조건의 변화가 없다면 2024년 A사와 B사의 점유율 격차는 이전보다 더 커질 것이다.

⑤ 전체 시장의 규모는 점점 커지고 있다.

12 **2024년 자동차 시장 규모가 전년도 비해 2% 증가하고 C사의 2024년 점유율은 전년도와 같다고 가정할 때, 2024년 예상되는 C사의 매출 총액에 가장 가까운 것은 얼마인가? (다른 나라에서의 매출은 고려하지 않는다.)**

① 대략 3조 1,600억 원
② 대략 3조 2,000억 원
③ 대략 2조 2,400억 원
④ 대략 2조 2,800억 원
⑤ 대략 2조 2,000억 원

13 **A투어와 B투어가 유적지 방문 패키지를 가려고 한다. A투어는 성인 20명으로, B투어는 청소년 16명으로 구성되어 있다면, 이에 대한 설명으로 옳지 않은 것을 고르시오.**

〈유적지 방문 패키지 요금표〉

구분	성인	청소년
개인(1인당 요금)	15,000원	10,000원
단체(1인당 요금)	12,000원	8,000원

※ 12인 이상부터 단체로 보며, 단체의 경우 11인까지는 개인요금으로 계산하고 초과인원부터 단체요금을 적용함

① A투어가 내야하는 요금은 273,000원이다.
② A투어가 단체요금을 적용받을 경우, 단체요금을 적용받지 않았을 경우보다 10% 더 저렴하다.
③ 만약 청소년의 1인당 단체요금이 9,000원으로 오른다면 B투어가 내야하는 요금은 1인당 단체요금이 8,000원일 때보다 5,000원 더 비싸진다.
④ A투어와 B투어가 내야하는 요금의 차이는 123,000원이다.
⑤ B투어에서 5명이 빠지게 되면 단체요금의 적용을 받을 수 없다.

14 성인 부부가 5살 아이와 함께 놀이동산에 가려고 한다. 멤버십 할인을 받을 때와 받지 않을 때의 요금 차이는 얼마인가?

〈A랜드 요금표〉

구분	요금	멤버십 요금
성인	54,000원	45,000원
어린이	38,000원	25,000원

※ 어린이는 6살 이하의 아이를 말함

※ 멤버십 할인을 받기 위해서는 인당 10,000원의 가입비를 내야 함

① 1,000원
② 2,000원
③ 3,000원
④ 4,000원
⑤ 5,000원

15 다음은 ○○렌트카 회사에서 제시하는 요금제이다. 이에 대한 설명으로 옳은 것은?

〈○○렌트카 요금표〉

요금제	기본 요금	연장 요금
A	1시간 15,000원	초과 30분당 1,000원
B	3시간 17,000원	초과 30분당 1,300원

※ 연장 요금은 기본 요금 초과 시 30분 단위로 부과됨. 예를 들어 1시간 1분 이용 시에는 1시간 30분 요금이 적용됨

① 렌트 시간이 2시간 10분이라면, B요금제보다 A요금제가 더 저렴하다.
② 렌트 시간이 3시간 30분이라면, B요금제보다 A요금제가 더 저렴하다.
③ 렌트 시간이 5시간이라면, A요금제보다 B요금제가 더 비싸다.
④ B요금제의 연장 요금을 30분당 2,000원으로 인상한다면, 3시간 40분 사용 시 A요금제보다 B요금제가 더 저렴하다.
⑤ B요금제의 연장 요금을 30분당 2,000원으로 인상한다면, 4시간 사용 시 A요금제와 B요금제의 요금은 같다.

[16 – 17] 다음은 한 통신회사의 휴대폰 요금제에 관한 내용이다. 자료를 참고하여 물음에 답하시오.

〈요금제 종류별 이용조건〉

구분	A요금제	B요금제	C요금제
월 기본요금	25,000원	15,000원	20,000원
10초당 통화요금	12원	19원	15원
월 무료통화	120분	60분	90분
1건당 문자발신요금	없음	15원	10원
월 무료 문자	–	20건	50건
데이터 이용요금 (원/100MB)	2,000	3,000	2,200

16 세 요금제 중 월 통화시간이 3시간이고 문자 메시지는 50건 보내며, 데이터 이용량이 500MB인 사람이 가장 저렴하게 이용할 수 있는 요금제와 가장 비싼 요금제를 순서대로 바르게 나열한 것은? (단, 제시된 부과 기준대로 요금이 부과되며 기타 부가세 등은 없는 것으로 한다.)

① A요금제, B요금제
② A요금제, C요금제
③ B요금제, A요금제
④ C요금제, A요금제
⑤ C요금제, B요금제

17 B요금제를 이용하고 있는 사람이 7월 한 달 동안 통화시간이 2시간 30분이었고 문자 메시지를 80건 보냈으며, 데이터 이용량이 400MB였다면, 그가 부담해야 할 7월 이용요금은 얼마인가? (단, 기타 부가세 등은 없는 것으로 한다.)

① 34,740원
② 36,450원
③ 38,160원
④ 39,870원
⑤ 40,050원

[18 – 19] 다음은 지하층이 없고 건물마다 각 층의 바닥 면적이 동일한 건물 A, B, C, D의 건물 정보를 나타낸 자료이다. 여기서 건축면적은 건물 1층의 바닥 면적을 말하며, 연면적은 건물의 각 층 바닥 면적의 총합을 말한다. 자료를 참고하여 물음에 답하시오.

[표] 건물의 정보

건물명	건폐율(%)	대지면적(m^2)	연면적(m^2)
A	50	300	600
B	60	300	(　　)
C	60	200	720
D	50	200	800

※ 건폐율(%)=(건축면적÷대지면적)×100

18 건물 A와 D의 층수를 합하면 얼마인가?

① 4층
② 6층
③ 8층
④ 10층
⑤ 12층

19 건물 B와 C의 층수가 같다고 할 때, 건물 B의 연면적은 얼마인가?

① 1,240m^2
② 1,080m^2
③ 960m^2
④ 800m^2
⑤ 600m^2

20 **다음은 A~G도시의 2018~2024년 실질 성장률에 대한 자료이다. 이에 대한 설명으로 옳은 것은?**

[표] 7개 도시 실질 성장률

(단위 : %)

구분	2018년	2019년	2020년	2021년	2022년	2023년	2024년
A	4.4	15.6	1.3	4.3	2.2	1.9	4.6
B	7.9	8.1	4.8	1.6	3.0	3.4	3.2
C	1.0	9.5	2.6	1.5	0.6	6.5	3.7
D	1.5	12.8	2.4	3.8	3.7	6.8	7.4
E	3.4	4.4	1.6	3.2	6.5	3.9	4.5
F	4.6	6.7	7.4	0.6	2.6	3.4	4.6
G	0.5	8.0	2.6	1.0	4.6	4.3	4.4

① 전체 연도를 통틀어 전년대비 가장 높은 증가 수치(%p)를 보인 도시는 A이다.
② 2020년 모든 도시의 실질 성장률은 2019년에 비해 감소하였다.
③ 2023년과 2024년 실질 성장률이 가장 높은 도시는 동일하다.
④ 2021년 A, D, E의 실질 성장률은 각각 2020년의 2배 이상이다.
⑤ 2018년 대비 2024년 실질 성장률이 3%p 이상 증가한 도시는 모두 3개이다.

21 다음은 범죄의 발생 검거상황에 관한 자료이다. 검거율이 가장 높은 범죄는 무엇인가?

[표] 범죄의 발생 검거상황

(단위 : 건)

구분	발생건수	검거건수
사이버범죄	627,556	482,572
흉악 강력범죄	41,993	39,786
사기범죄	365,843	291,112
기물파손범죄	18,248	15,218
명예훼손범죄	8,765	5,678

① 사이버범죄
② 흉악 강력범죄
③ 사기범죄
④ 기물파손범죄
⑤ 명예훼손범죄

[22 – 23] **다음은 2018년에서 2024년까지 주요 교통수단별 인구 10만 명당 교통사고 사망자 수를 나타낸 자료이다. 자료를 참고하여 물음에 답하시오.**

[표] 교통수단별 인구 10만 명당 교통사고 사망자 수 변화 추이

(단위 : 명)

교통수단 \ 연도	2018년	2019년	2020년	2021년	2022년	2023년	2024년
A	31.5	30.0	28.2	25.5	23.3	24.0	24.3
B	24.5	23.5	22.0	21.4	20.0	20.7	21.3
C	14.1	17.0	18.9	19.4	21.6	22.1	24.4
D	4.2	4.5	5.5	6.8	7.3	7.9	8.9
E	1.5	1.7	2.0	2.2	2.1	2.4	4.9
F	5.2	7.2	7.0	6.5	5.3	3.8	5.6
합계	81.0	83.9	83.6	81.7	79.6	80.9	89.4

22 다음 중 자료에 대한 설명으로 옳지 않은 것은?

① C에 의한 사고의 경우 인구 10만 명당 사망자 수는 지속적으로 증가하고 있다.
② C에 의한 사고의 경우 2024년과 2018년의 인구 10만 명당 사망자 수의 절대적인 차이는 다른 교통수단에 의한 것보다 크다.
③ 2018년에 비해서 2024년 인구 10만 명당 사망자 수가 증가한 교통사고는 C, D, E, F에 의한 것이다.
④ 2024년의 교통수단별 교통사고 사망자 중 C에 의한 사망자 수가 가장 많다.
⑤ 2021년까지 A, B에 의한 교통사고 건수는 점차 감소하는 추세를 보이고 있다.

23 인구 10만 명당 교통사고 사망자 수가 가장 적었던 해의 교통사고 총 사망자 수는 몇 명인가?

① 7,960명
② 79,600명
③ 796,000명
④ 7,960,000명
⑤ 79,600,000명

24 **다음은 A~I지역의 2024년 복지종합지원센터, 노인복지관, 자원봉사자, 등록노인 현황에 관한 자료이다. 이에 대한 설명으로 옳은 것은?**

[표] 복지종합지원센터, 노인복지관, 자원봉사자, 등록노인 현황

(단위 : 개소, 명)

구분	복지종합지원센터	노인복지관	자원봉사자	등록노인
A	20	1,336	8,252	397,656
B	2	126	878	45,113
C	1	121	970	51,476
D	2	208	1,388	69,395
E	1	164	1,188	59,050
F	1	122	1,032	56,334
G	2	227	1,501	73,825
H	3	362	2,185	106,745
I	1	60	529	27,256
전국	69	4,377	30,171	1,486,980

① 총 자원봉사자 수가 가장 적은 지역에서는 자원봉사자 1명당 등록노인을 50명씩 맡으면 모든 등록노인을 돌볼 수 있다.

② 전국의 노인복지관, 자원봉사자 중 A지역의 노인복지관, 자원봉사자의 비중은 각각 30% 이상이다.

③ A~I지역 중 복지종합지원센터 1개소당 노인복지관 수가 100개소 이하인 지역은 A, B, D, I이다.

④ 노인복지관 1개소당 자원봉사자 수는 H지역이 C지역보다 많다.

⑤ A~I지역 중 복지종합지원센터 1개소당 자원봉사자 수가 가장 많은 지역과 복지종합지원센터 1개소당 등록노인 수가 가장 많은 지역은 동일하다.

25 **다음은 연령집단별 대통령 선거 투표율을 나타낸 것이다. 이에 대한 설명으로 옳지 않은 것은?**

[표] 대통령 선거 투표율

(단위 : %)

구분	2002년	2007년	2012년	2017년
19세	–	54.2	74.0	77.7
20대	51.1	57.9	71.1	77.1
30대	64.3	51.3	67.7	74.3
40대	76.3	66.3	75.6	74.9
50대	83.7	76.6	82.0	78.6
60세 이상	78.7	76.3	80.9	84.1

※ 투표율 $=\frac{\text{투표자 수}}{\text{선거인 수}}\times 100$

※ 2002년 당시에는 만 20세 이상이 선거권을 가지고 있었음

① 60세 이상 2012년 투표자는 지난 선거 대비 4.6천 명 늘었다.

② 19세, 20대만 투표율이 계속해서 증가하고 있다.

③ 선거 투표율은 모든 연령층에서 과반수를 넘기고 있다.

④ 50대 2017년 투표율은 지난 선거 대비 3.4%p 감소하였다.

⑤ 2017년 선거에서 60세 이상 투표율이 가장 높다.

[26 – 27] 다음은 2024년 한 도시의 5개 구(區) 주민의 닭고기 소비량에 관한 자료이다. 자료를 참고하여 물음에 답하시오.

[표] 5개 구 주민의 닭고기 소비량 통계

(단위 : kg)

구(區)	평균(1인당 소비량)	표준편차
A	(㉠)	5.0
B	(㉡)	4.0
C	30.0	6.0
D	12.0	4.0
E	(㉢)	8.0

※ 변동계수(%)$=\frac{\text{표준편차}}{\text{평균}}\times 100$

〈조건〉

- A구의 1인당 소비량과 B구의 1인당 소비량을 합하면 C구의 1인당 소비량과 같다.
- A구의 1인당 소비량과 D구의 1인당 소비량을 합하면 E구 1인당 소비량의 2배와 같다.
- E구의 1인당 소비량은 B구의 1인당 소비량보다 6.0kg 더 많다.

26 다음 중 ㉠~㉢에 해당하는 1인당 닭고기 소비량(kg)을 바르게 연결한 것은?

	㉠	㉡	㉢
①	10	20	26
②	14	16	22
③	16	14	20
④	18	12	18
⑤	20	10	16

27 **변동계수가 가장 큰 구(區)와 가장 작은 구(區)를 모두 바르게 연결한 것은?**

	변동계수가 가장 큰 구	변동계수가 가장 작은 구
①	B	A
②	E	C
③	B	C
④	E	D
⑤	B	D

28 **다음은 세계 주요 터널화재 사고인 A~F에 관한 자료이다. 이에 대한 설명으로 옳은 것은?**

[표] 세계 주요 터널화재 사고 통계

구분	터널길이(km)	화재규모(MW)	복구비용(억 원)	복구기간(개월)	사망자(명)
A	50.5	350	4,200	6	1
B	11.6	40	3,276	36	39
C	6.4	120	72	3	12
D	16.9	150	312	2	11
E	0.2	100	570	10	192
F	1.0	20	18	8	0

① 사망자가 30명 이상인 사고를 제외하면 화재규모가 클수록 복구비용이 크다.

② 복구기간 동안 매달 같은 금액의 복구비용을 나누어 쓴다면, B가 한 달에 쓰는 금액이 C가 한 달에 쓰는 금액의 4배이다.

③ 터널길이가 길수록 사망자가 많다.

④ 화재규모가 클수록 복구기간이 길다.

⑤ 사고 A를 제외하면 복구기간이 길수록 복구비용이 크다.

29 **다음은 산업재산권 유지를 위한 등록표에 관한 자료이다. 다음 중 권리 유지비용이 가장 많이 드는 것은 무엇인가?**

[표] 산업재산권 등록표

(단위 : 원)

구분 권리	설정등록료 (1~3년분)		연차등록료						
			4~6 년차	7~9 년차	10~12 년차	13~15 년차	16~18 년차	19~21 년차	22~25 년차
특허권	기본	81,000	매년 60,000	매년 120,000	매년 240,000	매년 480,000	매년 960,000	매년 1,920,000	매년 3,840,000
	가산료	54,000	매년 25,000	매년 43,000	매년 55,000	매년 68,000	매년 80,000	매년 95,000	매년 120,000
실용 신안권	기본료	60,000	매년 40,000	매년 80,000	매년 160,000	매년 320,000	–		
	가산료	15,000	매년 10,000	매년 15,000	매년 20,000	매년 25,000			
디자인권	75,000		매년 35,000	매년 70,000	매년 140,000	매년 280,000	–		
상표권	211,000 (10년분)		10년 연장 시 256,000						

※ 가산료는 청구범위의 1항마다 적용됨

※ 권리 유지비용은 설정등록료와 연차등록료의 합으로 구성됨

※ 특허권, 실용신안권의 기본료는 청구범위의 항 수와는 무관하게 부과되는 비용임. 예를 들어, 청구범위가 1항인 경우 기본료와 1항에 대한 가산료가 부과됨

① 청구범위가 1항인 특허권에 대한 4년간의 권리 유지

② 청구범위가 2항인 실용신안권에 대한 6년간의 권리 유지

③ 청구범위가 3항인 실용신안권에 대한 5년간의 권리 유지

④ 한 개의 디자인권에 대한 6년간의 권리 유지

⑤ 한 개의 상표권에 대한 10년간의 권리 유지

30 **표준 업무시간이 80시간인 업무를 각 부서에 할당해 본 결과, 다음과 같은 표를 얻었다. 어느 부서의 업무효율이 가장 높은가?**

[표] 부서별 업무시간 분석결과

부서명	투입 인원(명)	개인별 업무시간(시간)	회의	
			횟수(회)	소요시간(시간/회)
회계부	3	28	3	2
영업부	2	41	3	1
인사부	3	30	2	2
기획부	4	22	1	4
총무부	4	17	3	2

※ 업무효율 $= \dfrac{\text{표준업무시간}}{\text{총 투입시간}}$

※ 총 투입시간은 개인별 투입시간의 합임
(개인별 투입시간＝개인별 업무시간＋회의 소요시간)

※ 부서원은 업무를 분담하여 동시에 수행할 수 있음

※ 투입된 인원의 개인별 업무능력과 인원당 소요시간이 동일하다고 가정함

① 회계부
② 영업부
③ 인사부
④ 기획부
⑤ 총무부

31 다음은 2024년 상반기와 하반기 A백화점의 물품보관함 사용건수 및 매출액 현황을 나타낸 자료이다. 이에 대한 설명으로 옳은 것은?

[표] 2024년 A백화점의 물품보관함 사용건수 및 매출액 현황

구분		사용건수(건)		매출액(원)	
		상반기	하반기	상반기	하반기
기본형	동측	652	550	326,000	275,000
	서측	131	107	78,600	64,200
확장형	동측	448	392	448,000	392,000
	서측	103	111	123,600	133,200
합계		1,334	1,160	976,200	864,400

※ 매출액=사용건수×1회 비용

① 상반기 기본형의 사용건수는 2024년 전체기간의 기본형 사용건수의 50% 이상이다.

② 기본형 동측과 서측의 1회 비용은 서로 같다.

③ 2024년 전체기간의 사용건수 합은 기본형은 동측이 서측보다 크고, 확장형은 서측이 동측보다 크다.

④ 기본형과 확장형의 동측과 서측 모두 상반기 매출액보다 하반기 매출액이 감소하였다.

⑤ 2024년 전체기간 4개 보관함 유형 중 사용건수의 합이 가장 큰 보관함 유형은 확장형 동측이다.

[32 – 33] 다음은 임차인 A~E의 전 · 월세 전환 현황에 대한 자료이다. 자료를 참고하여 물음에 답하시오.

[표] 임차인 A~E의 전 · 월세 전환 현황

(단위 : 만 원)

임차인	전세금	월세보증금	월세
A	( )	25,000	50
B	42,000	30,000	60
C	60,000	( )	70
D	38,000	30,000	80
E	58,000	53,000	( )

※ 전 · 월세 전환율(%) $= \frac{\text{월세} \times 12}{\text{전세금} - \text{월세보증금}} \times 100$

32 다음 중 B와 D의 전 · 월세 전환율을 모두 바르게 연결한 것은?

	B의 전 · 월세 전환율	D의 전 · 월세 전환율
①	6%	12%
②	6%	10%
③	8%	12%
④	8%	10%
⑤	8%	15%

33 다음 〈보기〉의 설명 중 옳은 것만을 모두 고르면?

보기

ㄱ. A의 전 · 월세 전환율이 6%라면, 전세금은 3억 원이다.
ㄴ. C의 전 · 월세 전환율이 3%라면, 월세보증금은 3억 2천만 원이다.
ㄷ. E의 전 · 월세 전환율이 12%라면, 월세는 50만 원이다.

① ㄱ
② ㄷ
③ ㄱ, ㄴ
④ ㄴ, ㄷ
⑤ ㄱ, ㄴ, ㄷ

34 다음은 영농형태별 가구원 1인당 경지면적을 나타낸 자료이다. 이에 대한 설명으로 옳지 않은 것은?

[표] 영농형태별 가구원 1인당 경지면적

(단위 : m^2)

구분	2022년	2023년	2024년
논벼	8,562	8,708	8,697
과수	6,627	6,534	6,072
채소	5,098	5,934	5,445
특용작물	8,280	7,849	10,528
화훼	3,061	3,674	3,428
일반밭작물	8,808	8,982	8,805
축산	4,536	4,591	5,008
기타	6,314	6,093	6,596

① 2024년 가구원 1인당 경지면적이 가장 큰 영농형태는 특용작물이다.

② 해가 갈수록 가구원 1인당 경지면적이 증가하는 영농형태는 1종류뿐이다.

③ 2024년에 전년대비 가구원 1인당 경지면적 증가율이 가장 큰 영농형태는 특용작물이다.

④ 2023년 가구원 1인당 경지면적이 가장 큰 영농형태는 가장 작은 영농형태의 면적의 2배가 넘는다.

⑤ 2022년에 비해 2024년에 가구원 1인당 경지면적이 감소한 영농형태는 1종류뿐이다.

35 다음은 농산물을 유전자 변형한 GMO 품목 가운데 전세계에서 승인받은 200개 품목의 현황에 관한 자료이다. 이에 대한 〈보기〉의 설명 중 옳은 것을 모두 고르면?

[표] 승인받은 GMO 품목 현황

(단위 : 개)

구분	승인국가 수	전세계 승인 품목			국내 승인 품목		
		A유형	B유형	합계	A유형	B유형	합계
콩	21	18	2	20	9	2	11
옥수수	22	32	40	72	19	32	51
면화	14	25	10	35	9	9	18
유채	11	19	3	22	6	0	6
사탕무	13	3	0	3	1	0	1
감자	8	21	0	21	4	0	4
알팔파	8	3	0	3	1	0	1
쌀	10	4	0	4	0	0	0
아마	2	1	0	1	0	0	0
자두	1	1	0	1	0	0	0
치커리	1	3	0	3	0	0	0
토마토	4	11	0	11	0	0	0
파파야	3	2	0	2	0	0	0
호박	2	2	0	2	0	0	0

※ 전세계 승인 품목은 국내 승인 품목을 포함함

보기

ㄱ. 승인 품목이 하나 이상인 국가는 모두 120개이다.
ㄴ. 전세계 승인 품목 중 국내에서 승인되지 않은 품목의 비율은 50% 이상이다.
ㄷ. 전세계 승인 품목 중 B유형이 A유형보다 많은 농산물은 옥수수가 유일하다.

① ㄱ　② ㄷ
③ ㄱ, ㄴ　④ ㄱ, ㄷ
⑤ ㄴ, ㄷ

36 다음은 우리나라의 공기타이어 수출 현황에 대한 자료이다. 2022년부터 2024년까지 공기타이어 수출량이 꾸준히 감소한 나라들에서 2024년 한 해 동안 수출한 공기타이어는 총 몇 톤인가?

[표] 국가별 공기타이어 수출 현황

(단위 : 톤)

구분	2022년	2023년	2024년
스위스	1,466.0	1,004.1	517.3
중국	925.2	2,110.6	2,066.1
이스라엘	796.5	807.3	534.2
인도	680.0	424.3	203.4
싱가포르	1,279.5	1,106.2	401.5
대만	1,566.3	2,827.6	1,128.4

① 1,122.2톤
② 1,233.2톤
③ 1,344.2톤
④ 1,455.2톤
⑤ 1,566.2톤

37 **다음은 두 가지 투자계획을 토대로 판단할 때 옳은 것을 고르면?**

[표] 투자계획별 비용과 수익

(단위 : 만 원)

투자계획	현재투자비용	1년 후 수익(현재투자비용+순수익)
A	2,000	2,160
B	200	240

※ 다만, 각 투자계획은 1년 후 종료되며 중복투자는 불가능함

※ 세금 등 다른 비용은 없는 것으로 함

① 투자계획에 투자하는 대신 같은 기간 은행에 예금했을 경우 이자율이 연 6%라고 가정한다면, 투자계획 A는 은행예금보다 바람직하지 않을 것이다.

② 투자계획에 투자하는 대신 같은 기간 은행에 예금했을 경우 이자율이 연 15%라고 가정한다면, 투자계획 B를 채택하는 것이 은행예금보다 바람직할 것이다.

③ 기간당 수익률만을 비교하면, 투자계획 A가 B보다 바람직하다.

④ 각각의 투자계획에 필요한 자금 전액을 연 6%의 이자로 빌릴 수 있다고 가정할 때 기간당 순수익이 큰 것을 선택한다면, 투자계획 A와 B 중에서 B를 선택하게 될 것이다.

⑤ B의 연간 수익률이 일정하다고 할 때, B에 1,000만 원을 투자하게 되면 투자 1년 후 순수익이 A의 순수익보다 작을 것이다.

38 다음은 세계적인 초고층 건물의 층수와 실제높이를 나타낸 것이다. 건물의 층수에 따른 예상 높이를 계산하는 식이 '예상높이(m)=2×층수+200'과 같이 주어질 때, 예상높이와 실제높이의 차이가 가장 큰 건물과 가장 작은 건물을 순서대로 바르게 나열한 것은?

[표] 세계 초고층 건물 층수 및 실제높이

건물 이름	층수	실제높이(m)
A빌딩	108	442
B빌딩	102	383
C빌딩	101	449
D빌딩	88	422
E빌딩	80	398

① A빌딩, C빌딩
② C빌딩, D빌딩
③ C빌딩, B빌딩
④ E빌딩, C빌딩
⑤ B빌딩, D빌딩

39 다음은 고등학생의 주당 운동시간 현황을 조사한 자료이다. 이에 대한 설명으로 옳은 것은?

[표] 고등학생의 주당 운동시간 현황

(단위 : %, 명)

구분		남학생			여학생		
		1학년	2학년	3학년	1학년	2학년	3학년
1시간 미만	비율	10.0	5.7	7.6	18.8	19.2	25.1
	인원수	118	66	87	221	217	281
1시간 이상 2시간 미만	비율	22.2	20.4	19.7	26.6	31.3	29.3
	인원수	261	235	224	312	353	328
2시간 이상 3시간 미만	비율	21.8	20.9	24.1	20.7	18.0	21.6
	인원수	256	241	274	243	203	242
3시간 이상 4시간 미만	비율	34.8	34.0	23.4	30.0	27.3	14.0
	인원수	409	392	266	353	308	157
4시간 이상	비율	11.2	19.0	25.2	3.9	4.2	10.0
	인원수	132	219	287	46	47	112
합계	비율	100.0	100.0	100.0	100.0	100.0	100.0
	인원수	1,176	1,153	1,138	1,175	1,128	1,120

① 1시간 이상 2시간 미만 운동하는 3학년 남학생 수는 4시간 이상 운동하는 3학년 여학생 수의 1.5배이다.

② 동일 학년의 남학생과 여학생을 비교하면, 남학생 중 2시간 이상 3시간 미만 운동하는 남학생의 비율이 여학생 중 2시간 이상 3시간 미만 운동하는 여학생의 비율보다 각 학년에서 모두 높다.

③ 남학생과 여학생 각각, 학년이 높아질수록 3시간 이상 운동하는 학생의 비율이 낮아진다.

④ 남학생 3학년의 학생 중 1시간 미만 운동하는 학생의 수는 4시간 이상 운동하는 학생 수의 30% 이하이다.

⑤ 4시간 이상 운동하는 여학생은 전체 여학생의 5% 미만이다.

40 다음은 3 · 1독립운동의 시기별 투쟁 형태를 분석한 자료이다. 이에 대한 설명 중 옳지 않은 것은?

[표] 시기별 3 · 1독립운동의 투쟁발생장소 및 투쟁형태

시기별	투쟁발생장소(곳)	투쟁형태			
		단순투쟁(건)	폭력투쟁(건)		합계(건)
			일제의 비발포	일제의 발포	
3월 초순	113	97	15	15	127
3월 중순	120	103	23	8	134
3월 하순	214	164	57	24	245
4월 초순	280	173	75	51	299
4월 중순	39	27	5	7	39
4월 하순	4	3	1	0	4
계	770	567	176	105	848

① 단순투쟁이 폭력투쟁보다 항상 더 많았다.

② 투쟁이 가장 많이 발생한 시기에는 일제의 발포가 가장 많았다.

③ 동일 장소에서 2건 이상 투쟁이 발생한 경우도 있었다.

④ 3월 초순에 비해 4월 초순의 폭력투쟁건은 4배 이상이다.

⑤ 3월 중순의 폭력투쟁건에서 일제의 발포 비율은 25% 이하이다.

[41 – 42] 다음은 흡연 여부에 따른 폐암 발생 현황을 정리한 것이다. 표를 참고하여 물음에 답하시오.

[표] 흡연 여부에 따른 폐암 발생 현황

(단위 : 명)

구분		폐암 발생 여부		계
		발생	비발생	
흡연여부	흡연	300	700	1,000
	비흡연	300	9,700	10,000
계		600	10,400	11,000

※ 기여율$=\frac{A-B}{A}\times 100$

(A=위험요인에 노출된 사람 중에서 질병 발생률(%), B=위험요인에 노출되지 않은 사람 중에서 질병 발생률(%))

41 비흡연자에 비해 흡연자의 폐암 발생률이 얼마나 되는가?

① 2배
② 5배
③ 10배
④ 15배
⑤ 20배

42 흡연의 폐암 발생 기여율은 얼마인가?

① 84%
② 86%
③ 88%
④ 90%
⑤ 92%

43 **다음은 전체 혼인 건수와 청소년 혼인 구성비에 대한 자료이다. 이에 대한 설명으로 옳지 <u>않은</u> 것은?**

[표] 연도별 총 혼인 건수 및 청소년 혼인 구성비

구분	총 혼인 건수(건)	청소년 혼인 구성비(%)			
		남편 기준		아내 기준	
		15~19세	20~24세	15~19세	20~24세
1970년	295,137	3.0	25.0	20.9	55.9
1980년	392,453	1.7	20.6	9.5	57.5
1990년	399,312	0.8	14.7	4.5	48.5
2000년	334,030	0.6	7.5	2.5	25.8

※ 청소년(15~24세) 혼인이란 남편 또는 아내가 청소년인 경우를 의미함

① 1970년 이후 20세 이상의 청소년 혼인 구성비는 남편기준과 아내기준 모두 지속적으로 감소하고 있다.

② 남편기준 15~19세 청소년 혼인 구성비는 아내기준 20~24세 청소년 혼인 구성비보다 항상 낮다.

③ 남편기준 20세 이상의 청소년 혼인 구성비가 10년 전에 비해 가장 큰 폭으로 감소한 해는 2000년이다.

④ 1970년에 비하여 2000년에 아내기준 15~19세 청소년 혼인 구성비는 18%p 이상 감소하였다.

⑤ 2000년의 청소년 혼인 건수는 전체적으로 1980년의 청소년 혼인 건수의 절반 이하이다.

44 다음은 인터넷 쇼핑몰의 운영 형태 사업체 수를 나타낸 표이다. 2024년 3월 기준으로, 온라인의 형태만으로 운영하는 인터넷 쇼핑몰의 수가 전년 동월 대비 4.4% 증가한 것이라면 2023년 3월에 온라인의 형태만으로 운영했던 인터넷 쇼핑몰의 수는? (단, 소수점 이하는 버림한다.)

[표] 인터넷 쇼핑몰 운영 형태 사업체 수

(단위 : 개)

구분	2024년		
	1월	2월	3월
온라인	2,198	2,196	2,207
온라인 · 오프라인 병행	2,306	2,322	2,317

① 약 2,101개
② 약 2,113개
③ 약 2,138개
④ 약 2,154개
⑤ 약 2,167개

[45 – 46] 다음은 A옷가게의 지불결제 수단별 거래액에 대하여 조사한 결과이다. 표를 참고하여 물음에 답하시오.

[표] 지불결제 수단별 거래액 구성비

(단위 : %)

구분	2023년		2024년	
	상반기	하반기	상반기	하반기
현금	21.5	26.4	18.2	19.6
신용카드	68.7	66.2	60.1	63.5
지역화폐	7.3	6.5	16.8	11.1
상품권	2.5	0.9	4.9	5.8
합계	100	100	100	100

45 2023년 하반기에 비해 2024년 상반기에 지역화폐 거래 비율은 몇 %p 증가하였는가?

① 0.8%p
② 3.8%p
③ 4.6%p
④ 9.5%p
⑤ 10.3%p

46 2024년의 상품권 거래비율의 평균은 2023년의 상품권 거래비율의 평균의 약 몇 배인가? (소수 셋째자리에서 반올림한다.)

① 약 2.55배
② 약 2.75배
③ 약 2.95배
④ 약 3.15배
⑤ 약 3.35배

47 **다음은 주요 7개국의 생산직 노동자의 시간당 임금과 단위노동 비용지수를 정리한 표이다. 다음 중 옳은 것은?**

[표] 국가별 생산직 노동자의 시간당 임금과 단위노동 비용지수

구분	시간당 임금($)				단위노동 비용지수			
	2021년	2022년	2023년	2024년	2021년	2022년	2023년	2024년
독일	26.28	23.66	22.99	22.86	90.3	86.6	76.9	76.2
일본	18.29	20.89	22.00	19.59	93.1	105.7	100.4	93.6
미국	18.64	19.11	19.72	20.32	92.4	91.1	91.7	91.4
영국	16.75	17.04	20.24	18.35	105.2	102.8	98.4	95.5
프랑스	17.49	17.17	15.66	15.88	83.2	79.6	63.2	62.5
스웨덴	22.02	21.61	16.45	16.14	66.6	64.3	53.0	48.2
한국	5.67	7.35	8.48	8.09	63.7	71.7	70.2	64.7

① 2021년과 비교하여 2024년에 시간당 임금이 감소한 국가는 모두 유럽에 위치하고 있다.
② 2023년 생산직 노동자의 시간당 임금이 가장 높은 국가는 미국이고, 가장 낮은 국가는 한국이다.
③ 2022년에 비해 2024년에 단위노동 비용지수가 가장 많이 감소한 국가는 스웨덴이다.
④ 2024년 단위노동 비용지수가 가장 높은 나라는 일본이다.
⑤ 2022년에 시간당 임금이 두 번째로 높은 국가는 2022년에 단위노동 비용지수가 두 번째로 작다.

48 다음은 국토교통부에서 제공한 국제 여객 · 화물 수송량을 나타낸 자료이다. 이에 대한 설명 중 옳지 않은 것은?

[표] 국제 여객 · 화물 수송량

구분		2020년	2021년	2022년	2023년	2024년
여객 (천 명)	해운	2,534	2,089	2,761	2,860	2,881
	항공	35,341	33,514	40,061	42,649	47,703
	합계	37,875	35,603	42,822	45,309	50,584
화물 (천 톤)	해운	894,693	848,299	966,193	1,069,556	1,108,538
	항공	2,997	2,872	3,327	3,238	3,209
	합계	897,690	851,171	969,520	1,072,794	1,111,747

① 2022년과 2024년의 해운 여객 수송량 평균은 2,821,000명이다.
② 2023년 항공 화물 수송량은 전년에 비해 3% 이상 감소하였다.
③ 항공과 해운의 여객 수송량은 2021년 이후 지속적으로 증가하였다.
④ 여객의 수송은 항공이 절대적 비중을 차지하고 있다.
⑤ 화물의 수송은 해운이 절대적 비중을 차지하고 있다.

49 다음 표와 그림은 신 · 재생에너지 발전량과 신 · 재생에너지 발전량비율을 나타낸 것이다. 2024년 신 · 재생에너지 발전량비율은 전년보다 몇 %p 증가했는가? (단, 소수 셋째 자리에서 반올림한다.)

[표] 신 · 재생에너지 발전량

(단위 : GWh)

구분	2018년	2019년	2020년	2021년	2022년	2023년	2024년
총발전량	474,660	501,527	532,191	543,098	546,249	560,974	561,586
신 · 재생 에너지 발전량	5,890	17,346	19,346	21,438	26,882	37,079	40,656

※ 신 · 재생에너지 발전량비율=(신 · 재생에너지 발전량÷총발전량)×100

① 약 0.27%p
② 약 0.36%p
③ 약 0.45%p
④ 약 0.54%p
⑤ 약 0.63%p

[50 – 51] 다음은 2023년에 채용한 공무원 인원에 관한 자료이다. 자료를 참고하여 물음에 답하시오.

[표] 2023년 공무원 채용 인원

(단위 : 명)

구분	공개경쟁채용	경력경쟁채용	합계
1~2급(고위공무원)	–	73	73
3급	–	17	17
4급	169	99	268
5급	–	205	205
6급	–	193	193
7급	–	509	509
8급	512	481	993
9급	3,500	1,466	4,966
연구직	–	357	357
지도직	4	5	9
우정직	302	297	599
전체	4,487	3,702	8,189

※ 채용방식은 공개경쟁채용과 경력경쟁채용으로만 이루어짐

※ 공무원구분은 [표]에 제시된 것으로 한정됨

50 다음 〈보기〉의 설명 중 옳은 것만을 모두 고르면?

보기

ㄱ. 2023년에 공개경쟁채용을 통해 채용이 이루어진 공무원구분은 총 5개이다.

ㄴ. 2023년 지도직, 우정직의 전체 채용 인원은 4급 채용 인원의 2배 이상이다.

ㄷ. 2023년에 공개경쟁채용을 통해 채용이 이루어진 공무원의 경우 모두 공개경쟁채용 인원이 경력경쟁채용 인원보다 많다.

ㄹ. 2023년 9급 채용 인원은 전체 채용 인원의 50% 이상이다.

① ㄱ, ㄴ
② ㄴ, ㄷ
③ ㄱ, ㄴ, ㄷ
④ ㄱ, ㄴ, ㄹ
⑤ ㄴ, ㄷ, ㄹ

51 **2024년부터 공무원 채용 인원 중 9급 공개경쟁채용 인원만을 해마다 전년대비 10%씩 늘리고 나머지 채용 인원을 2023년과 동일하게 유지하여 채용한다면, 2025년 전체 공무원 채용 인원 중 9급 공개경쟁채용 인원의 비중은 얼마가 되는가? (단, 소수 첫째 자리에서 반올림한다.)**

① 45%
② 46%
③ 47%
④ 48%
⑤ 49%

[52 – 53] 다음은 A시험의 1차와 2차 난이도에 대해 응시자 500명이 응답한 자료이다. 자료를 참고하여 물음에 답하시오.

[표] A시험 난이도에 대한 응시자 설문 결과

(단위 : 명)

2차 \ 1차	쉬움	보통	어려움	합계
쉬움	( )	8	1	52
보통	97	44	3	144
어려움	213	75	16	( )
합계	353	( )	20	500

52 **다음 중 자료에 대한 설명으로 옳은 것은?**

① 2차 시험이 쉬웠다고 응답한 사람은 1차 시험이 보통이었다고 응답한 사람보다 많다.
② 2차 시험이 보통이었다고 응답한 사람은 전체 응답자의 30% 이상이다.
③ 1차 시험은 쉬었으나 2차 시험은 보통이라고 느낀 사람은 1차 시험은 보통이었으나 2차 시험이 어려웠다고 느낀 사람의 약 1.3배이다.
④ 1차 시험은 쉬웠으나 2차 시험은 어려웠다고 응답한 사람은 전체 응답자의 절반 이상이다.
⑤ 대체적으로 1차 시험이 2차 시험보다 어려웠다고 할 수 있다.

53 1차 시험과 2차 시험의 난이도를 같다고 느낀 사람은 전체의 몇 %인가?

① 3.2%
② 8.8%
③ 12%
④ 19.4%
⑤ 20.6%

54 다음은 2020년부터 2024년까지의 계절별 강수량 변화 현황에 대한 통계 자료이다. 연도별 강수량 합계의 전년 대비 증가량이 두 번째로 많은 연도에서의 겨울 강수량 비율은 몇 %인가?

[표] 강수량 변화 현황

(단위 : mm)

구분	2020년	2021년	2022년	2023년	2024년
봄	195	321	478	532	575
여름	691	915	955	996	1,312
가을	98	196	286	194	301
겨울	78	122	153	183	210
합계	1,062	1,554	1,872	1,905	2,398

① 7.34%
② 7.85%
③ 8.17%
④ 8.75%
⑤ 9.61%

[55 – 56] 다음은 A국가의 2024년도 월별 실내 안전사고에 대한 자료이다. 자료를 참고하여 물음에 답하시오.

[표] 2024년도 월별 실내 안전사고 현황

구분	사고건수(건)	사망자수(명)	부상자수(명)
1월	3,357	74	177
2월	2,826	54	131
3월	3,438	33	170
4월	2,658	43	187
5월	2,394	35	139
6월	2,176	(㉠)	130
7월	1,969	33	(㉡)
8월	2,323	20	114
9월	2,241	25	134
10월	2,537	28	147
11월	2,638	29	118
12월	3,221	41	152
합계	31,778	446	1,734

※ 피해자수＝사망자수＋부상자수

※ 사고건수당 평균 피해자수$=\frac{\text{피해자수}}{\text{사고건수}}$

55 다음 중 빈칸에 들어갈 수를 바르게 짝지은 것은?

	㉠	㉡
①	30	130
②	31	135
③	32	140
④	33	145
⑤	34	150

56 다음 중 자료에 대한 설명으로 옳은 것은?

① 사고건수가 가장 많은 달의 건수는 전체 사고건수의 12% 이상이다.
② 짝수 달의 사망자수가 홀수 달의 사망자수보다 더 많다.
③ 전체 부상자수 중 가장 작은 비율을 차지하는 달의 사망자수는 전체의 5% 이상이다.
④ 6월과 12월 중 부상자수 대비 사망자수가 더 큰 달은 6월이다.
⑤ 2월의 사고건수당 평균 피해자수는 4월의 사고건수당 평균 피해자수보다 적다.

57 다음은 2024년의 월별 화재현황에 대한 자료이다. 이에 대한 〈보기〉의 설명 중 옳은 것을 모두 고르면?

[표] 2024년 월별 화재현황

구분	재산피해액 (백만 원)	이재가구수 (가구)	이재민수 (명)
1월	17,627	178	438
2월	14,387	167	395
3월	15,139	16	394
4월	12,072	111	278
5월	11,256	85	200
6월	10,373	116	296
7월	8,131	55	13
8월	9,836	101	215
9월	10,090	114	325
10월	11,518	277	469
11월	14,418	121	298
12월	15,945	149	389
합계	150,792	1,635	3,836

※ 동절기 : 12월, 1월, 2월/하절기 : 6월, 7월, 8월

보기

ㄱ. 10월의 이재가구당 재산피해액은 5천만 원 이하이다.

ㄴ. 동절기(12, 1, 2월)에 화재로 피해를 입은 이재민수는 2020년에 화재로 피해를 입은 이재민 전체인원 수의 30% 이상이다.

ㄷ. 가장 많은 재산피해를 입은 달의 재산피해액은 가장 적은 재산피해를 입은 달의 재산피해액의 2배 이하이다.

① ㄱ
② ㄱ, ㄴ
③ ㄱ, ㄷ
④ ㄴ, ㄷ
⑤ ㄱ, ㄴ, ㄷ

58 다음은 행복의 가장 중요한 요건에 대한 설문조사 결과이다. 이에 대한 설명으로 옳은 것은?

[표] 행복의 가장 중요한 요건

구분		응답자 수 (명)	건강 (%)	가족 간 화목 (%)	돈 (%)	인간관계 (%)	사회적 지위 (%)
전체		1,634	60.3	18.1	10.6	3.2	2.5
성별	남자	813	56.7	16.7	13.5	3.2	3.8
	여자	821	63.8	19.6	7.7	3.2	1.3
연령별	10대	161	34.4	19.5	13.9	15.1	3.1
	20대	336	47.9	17.7	17.3	4.1	5.4
	30대	346	65.7	16.7	9.9	1.2	3.1
	40대	339	63.8	23.5	8.1	1.0	0.5
	50세 이상	452	72.0	14.9	6.7	1.4	1.3

① 10대이면서 인간관계를 가장 중요하게 생각하는 응답자는 전체 응답자의 1.5% 이상이다.
② 돈을 가장 중요하게 생각하는 여자 응답자의 수는 돈을 가장 중요하게 생각하는 남자 응답자 수의 절반 정도이다.
③ 인간관계의 중요성을 다른 연령대보다 낮게 생각하는 연령대에서, 가족 간 화목을 중요한 요건으로 답한 응답자 수는 70명 이상이다.
④ 사회적 지위를 가장 중요하게 생각하는 응답자 수는 10대와 30대가 같다.
⑤ 응답자의 나이가 많을수록 건강을 중요한 요건으로 선택하는 비중이 높아진다.

[59 – 60] 다음은 A시의 교육여건을 나타낸 자료이다. 자료를 참고하여 물음에 답하시오.

[표] A시의 교육여건

구분	전체 학교 수	학교당 학급 수	학급당 주간 수업시수 (시간)	학급당 학생 수	학급당 교원 수	교원당 학생 수
초등학교	150	30	28	32	1.3	25
중학교	70	36	34	35	1.8	19
고등학교	60	33	35	32	2.1	15

59 중학교와 고등학교의 총 학생 수의 차이는 얼마인가?

① 24,810명
② 24,820명
③ 24,830명
④ 24,840명
⑤ 24,850명

60 전체 초등학교의 주간 수업시수 합은 얼마인가?

① 69,300시간
② 85,680시간
③ 85,680시간
④ 10,300시간
⑤ 126,000시간

61 다음은 A국의 과학기술 논문 발표 현황에 대한 자료이다. 이에 대한 〈보기〉의 설명 중 옳은 것을 모두 고르면?

[표] A국의 과학기술 논문 발표 현황

(단위 : 편, %)

연도	2018년	2019년	2020년	2021년	2022년	2023년	2024년
발표 수	29,565	34,353	37,742	41,481	45,588	49,374	51,051
세계 점유율	2.23	2.40	2.50	2.62	2.68	2.75	2.77

보기

ㄱ. 2024년의 논문 발표 수는 전년대비 약 3.4% 증가하였다.

ㄴ. A국의 과학기술 논문 발표 수의 세계 점유율은 꾸준히 증가하고 있다.

ㄷ. 2020년의 전세계 과학기술 논문 발표 수는 1,509,680편이다.

① ㄱ
② ㄱ, ㄴ
③ ㄱ, ㄷ
④ ㄴ, ㄷ
⑤ ㄱ, ㄴ, ㄷ

[62 – 63] 다음은 지난 기간 규제개혁 프로그램의 실행 결과를 중앙행정기관별로 정리한 자료이다. 자료를 참고하여 물음에 답하시오.

[표] 규제개혁 프로그램 실행 결과

(단위 : 건)

중앙행정 기관	최초등록 규제 수	규제 수 변경					현재등록 규제 수
		증가			감소		
		신설	누락등록	기타	폐지	기타	
조달청	27	4	2	0	22	0	11
통계청	10	0	1	0	7	0	4
병무청	29	3	0	0	2	1	29
경찰청	382	14	2	30	141	51	236
기상청	28	1	0	0	14	1	14
농촌진흥청	14	1	0	1	8	0	8
산림청	254	17	8	58	118	85	134
중소기업청	84	10	16	0	46	2	62
특허청	60	1	7	0	27	2	39
식품의약품 안전청	256	22	0	2	132	6	142
철도청	53	0	2	0	26	1	28
해양경찰청	122	21	0	0	57	13	73
문화재청	133	8	3	0	55	2	87
방송위원회	0	32	1	0	0	0	33

※ 규제폐지율 $= \frac{\text{폐지한 규제 수}}{\text{최초 등록 규제 수}} \times 100$

※ 순규제폐지 수 = 감소한 규제 수 − 증가한 규제 수

62 경찰청과 조달청의 규제폐지율은 얼마인가? (단, 소수 셋째 자리에서 반올림한다.)

	경찰청	조달청
①	36.91%	81.48%
②	36.91%	81.49%
③	36.92%	81.48%
④	36.92%	81.49%
⑤	36.93%	81.48%

63 식품의약품안전청과 산림청의 순규제폐지 수 차이는 얼마인가?

① 4건
② 5건
③ 6건
④ 7건
⑤ 8건

[64 – 65] 다음은 최근 5년(2019~2023년) 간의 임금 동향에 대한 자료이다. 자료를 참고하여 물음에 답하시오.

[표] 최근 5년간 임금 동향

(단위 : 원, 시간)

구분	2019년	2020년	2021년	2022년	2023년
월 평균 소득	642,000	671,000	659,000	726,000	723,000
평균 시급	6,030	6,470	7,530	8,350	8,590
주간 평균 근로시간	24.5	24	22	21	19.5

※ 한 달은 4주로 계산함

64 다음 중 자료에 대한 설명으로 옳은 것은?

① 5년 동안 월 평균 소득은 지속적으로 증가하였다.
② 2023년 평균 시급은 2019년의 1.5배 이상이다.
③ 2021년 월 평균 근로시간은 100시간 이상이다.
④ 평균 시급과 주간 평균 근로시간을 고려하여 월 평균 소득을 계산하였을 때, 제시된 자료의 월 평균 소득보다 계산한 값이 더 큰 해는 2022년이다.
⑤ 5년 동안 월 평균 소득 및 평균 시급의 변동과 관계없이 주간 평균 근로시간은 꾸준히 감소하였다.

65 2024년 평균 시급이 전월대비 1.5% 인상된다면 2024년의 평균 시급은 얼마가 되겠는가? (단, 일의 자리에서 반올림한다.)

① 8,620원
② 8,650원
③ 8,670원
④ 8,720원
⑤ 8,750원

66 다음은 2024년 1월 1일부터 10일까지 A의 다이어트 기록에 대한 자료이다. 이에 대한 〈보기〉의 설명 중 옳은 것을 모두 고르면?

〈A의 다이어트 일지〉

구분	몸무게	섭취 열량	소비 열량	걸음 수	요가 수업 참석 유무
1일	65.6	2,300	2,350	8,100	○
2일	64.9	2,200	2,300	9,000	×
3일	64.0	2,100	2,200	11,000	×
4일	63.0	2,050	2,100	8,000	○
5일	62.7	2,300	2,300	7,800	×
6일	62.5	2,400	2,500	7,950	×
7일	64.0	2,350	2,010	8,200	○
8일	63.8	2,500	2,550	9,600	×
9일	64.7	2,460	2,300	8,500	×
10일	65.9	2,600	2,400	8,150	○

보기

ㄱ. 요가를 간 날은 항상 8,000보 이상을 걸었다.
ㄴ. 몸무게의 일의 자리가 4일 때에는 요가 수업을 참석하지 않았다.
ㄷ. 섭취 열량이 소비 열량보다 큰 날은 몸무게가 바로 전날보다 1kg 이상 증가하였다.

① ㄱ
② ㄷ
③ ㄱ, ㄴ
④ ㄴ, ㄷ
⑤ ㄱ, ㄴ, ㄷ

[67 – 68] 다음은 2024년 어느 나라의 지방법원(A~E)의 배심원 출석 현황에 관한 자료이다. 자료를 참고하여 물음에 답하시오.

[표] 2024년 지방법원(A~E)의 배심원 출석 현황

(단위 : 명)

구분	소환인원	송달 불능자	출석취소 통지자	출석의무자	출석자
A	1,880	533	573	(㉠)	411
B	1,740	495	508	(㉡)	453
C	716	160	213	343	189
D	191	38	65	88	57
E	420	126	120	174	115

※ 출석의무자 수=소환인원−송달 불능자 수−출석취소 통지자 수

※ 출석률(%)$=\frac{\text{출석자 수}}{\text{소환인원}}\times 100$

※ 실질출석률(%)$=\frac{\text{출석자 수}}{\text{출석의무자 수}}\times 100$

67 다음 중 ㉠+㉡의 값으로 가장 알맞은 것은 얼마인가?

① 1,491
② 1,511
③ 1,531
④ 1,551
⑤ 1,581

68 다음 〈보기〉의 설명 중 옳은 것을 모두 고르면?

보기

ㄱ. D지방법원의 출석률은 30% 이상이다.
ㄴ. C~E 중 실질출석률이 가장 높은 것은 E지방법원이다.
ㄷ. A~E지방법원 전체 소환인원에서 A지방법원의 소환인원이 차지하는 비율은 35% 이상이다.

① ㄱ
② ㄷ
③ ㄱ, ㄴ
④ ㄴ, ㄷ
⑤ ㄱ, ㄴ, ㄷ

69 다음은 혼인종류별 혼인건수에 대한 자료이다. 이에 대한 설명으로 옳지 않은 것은?

[표] 혼인종류별 건수

(단위 : 천 건)

구분		2023년	2024년
합계		281.6	264.5
남자	초혼	238.1	222.5
	재혼	43.3	41.7
여자	초혼	232.4	216.8
	재혼	48.9	47.4
남(초)+여(초)		221.1	206.1
남(재)+여(초)		11.1	10.5
남(초)+여(재)		16.7	16.2
남(재)+여(재)		32.1	31.1

※ 합계에는 미상도 포함되어 있음

※ 남(초) : 남자 초혼, 여(초) : 여자 초혼, 남(재) : 남자 재혼, 여(재) : 여자 재혼

① 2024년 혼인의 모든 종류가 전년대비 감소했다.

② 2024년 남자의 초혼은 전년대비 약 6.6% 감소했다.

③ 여자의 경우 2023년 전체 혼인 중 초혼이 약 82.5%이다.

④ 2024년 둘 중 한 명만 재혼인 경우는 전년대비 약 4% 감소했다.

⑤ 2024년 여자의 재혼은 전년대비 약 6.7% 감소했다.

70 **다음은 국가별 기대수명에 대한 자료이다. 이에 대한 내용으로 옳지 않은 것은?**

[표] 국가별 기대수명

(단위 : 세)

구분	2000년	2010년	2020년
한국	76.0	79.4	82.8
일본	80.5	82.7	84.4
영국	77.2	79.4	81.2
미국	76.5	78.2	78.8
호주	78.8	81.5	83.2

① 2000년 대비 2020년 기대 수명이 가장 큰 비율로 증가한 국가는 한국이다.

② 2000년 대비 2020년 기대 수명의 변화율이 가장 작은 국가는 미국이다.

③ 2020년 기준 기대수명이 가장 높은 국가와 낮은 국가의 차이는 5세 이상이다.

④ 호주의 경우 2010년 대비 2020년 기대수명 증가율은 2.5% 이상이다.

⑤ 제시된 국가의 기대수명은 해가 갈수록 지속적으로 증가하였다.

[71 – 72] 다음은 미세먼지의 인식에 관한 자료이다. 자료를 참고하여 물음에 답하시오.

[표] 미세먼지의 인식

(단위 : %)

구분		전혀 불안하지 않음	별로 불안하지 않음	보통	약간 불안함	매우 불안함
성별	남자	0.9	4.2	17.6	44.9	32.4
	여자	0.6	3.3	14.7	44.6	36.8
연령	10대	1.4	5.5	22.4	44.9	25.8
	20대	1.0	3.4	18.6	41.0	36.0
	30대	0.5	2.5	12.4	39.7	44.9
	40대	0.5	3.1	14.5	43.7	38.2
	50대	0.7	3.3	15.3	47.3	33.4
	60세 이상	0.9	4.9	17.0	49.9	27.3
혼인 상태	미혼	1.1	4.2	19.1	43.8	31.8
	기혼	0.6	3.2	14.1	44.8	37.3
	사별	0.6	5.3	20.3	48.1	25.7
	이혼	0.6	4.4	17.0	45.3	32.7

71 미세먼지에 대한 인식을 남녀 각각 1,000명에게 조사했을 때, 매우 불안하다고 느낀 남녀는 각각 몇 명인가?

	남자	여자
①	368명	324명
②	340명	350명
③	324명	368명
④	300명	386명
⑤	243명	395명

72 **다음 중 자료에 대한 설명으로 옳은 것은?**

① 미세먼지에 대한 불안감은 남자보다 여자가 더 크다.
② 60세 이상에서 미세먼지에 대해 '별로 불안하지 않음'의 비율이 가장 낮다.
③ 미혼인 경우 기혼보다 미세먼지에 대한 매우 불안함의 비율이 높다.
④ 사별인 경우 미세먼지에 대해 약간 불안함이 보통보다 3배 높다.
⑤ 나이가 어릴수록 미세먼지에 대해 전혀 불안하지 않음의 비율이 높다.

73 **다음은 연도별 농기구 보유 대수에 대한 자료이다. 이에 대한 설명으로 옳지 않은 것은?**

[표] 연도별 농기구 보유 대수

(단위 : 대)

구분	2022년	2023년	2024년
경운기	711,095	666,897	639,517
트랙터	258,662	267,871	277,649
이앙기	282,854	253,660	235,612
콤바인	79,561	79,188	78,854
관리기	406,055	398,596	407,571
곡물건조기	75,944	77,151	78,282
스피드스프레이어	44,064	43,369	49,069
농산물건조기	198,304	204,522	221,405

① 2023년에 비해 2024년 보유 대수가 가장 줄어든 것은 경운기이다.
② 트랙터는 꾸준히 증가하고 있으나, 콤바인은 감소하고 있다.
③ 이앙기와 관리기는 같은 증감 추이를 나타내고 있다.
④ 곡물건조기와 농산물건조기는 모두 증가하고 있다.
⑤ 2022년에 비해 2024년 보유 대수가 가장 많이 증가한 농기구는 농산물건조기이다.

74 다음은 ○○오디션 결승전에 진출한 네 사람의 점수에 대한 자료이다. 이에 대한 설명으로 옳은 것은?

〈○○오디션 결승전 점수표〉

참가자	무대	심사위원				평균 점수	최종 점수
		A	B	C	D		
갑	1차	84	87	87	88	87	( )
	2차	28	40	41	39	39.5	
	3차	81	77	79	79	79	
을	1차	74	73	85	89	79.5	167.5
	2차	89	88	87	( )	88.0	
	3차	68	69	73	74	71.0	
병	1차	79	82	80	85	81.0	175.5
	2차	37	45	39	41	( )	
	3차	94	95	93	96	94.5	
정	1차	88	90	89	92	89.5	183.5
	2차	48	55	60	45	51.5	
	3차	95	96	92	93	94.0	

※ 각 무대의 평균점수는 심사위원 A~D의 점수 중 최고점과 최저점을 제외한 2개 점수의 평균임

※ 각 참가자의 최종점수는 각 참가자의 1~3차 무대 평균점수 중 최저점을 제외한 2개 점수의 합임

① 최종점수는 을이 갑보다 낮다.

② 2차 무대의 평균점수는 병이 갑보다 낮다.

③ 네 명의 심사위원의 점수를 통틀어 최저점을 부여한 사람은 C이다.

④ 병이 1차 무대에서 심사위원 A~D에게 10점씩 더 높은 점수를 받는다면, 최종점수가 가장 높다.

⑤ 3차 무대에서 심사위원 D는 4명의 참가자 모두에게 심사위원 B보다 높은 점수를 부여했다.

[75 – 76] 다음은 출소자 수와 재복역자 수에 관한 자료이다. 자료를 참고하여 물음에 답하시오.

[표] 출소자 수와 재복역자 수

(단위 : 명)

구분	4년 전 출소자 수	4년 전 출소자 중 3년 이내 재복역자 수
2018년	24,626	5,553
2019년	24,151	5,396
2020년	25,802	5,737
2021년	25,725	5,699
2022년	25,066	5,547
2023년	23,045	4,936
2024년	22,028	5,465

※ 재범률(3년 이내 재복역률) $= \frac{\text{4년 전 출소자 중 3년 이내 재복역자 수}}{\text{4년 전 출소자 수}} \times 100$

75 2024년 재범률은 전년대비 얼마나 증가했는가? (단, 소수 둘째 자리에서 반올림한다.)

① 약 1.8%p
② 약 2.2%p
③ 약 2.9%p
④ 약 3.4%p
⑤ 약 3.8%p

76 2018년부터 2022년까지 재범률이 가장 높은 연도는 언제인가?

① 2018년
② 2019년
③ 2020년
④ 2021년
⑤ 2022년

77 다음은 A회사의 부서별 사원수 현황에 대한 자료이다. 이에 대한 설명으로 옳지 않은 것은?

[표] A회사 부서별 사원수 현황

(단위 : 명)

구분	영업부	기획부	지원부
2020년	132	102	55
2021년	138	95	64
2022년	141	103	68
2023년	175	118	72
2024년	170	110	75

※ A회사의 사원은 영업부, 기획부, 지원부로만 구분됨

① 지원부의 사원은 꾸준히 증가하고 있다.
② 전체 사원수는 꾸준히 증가하다가 2024년에 감소했다.
③ 영업부 사원수는 기획부와 지원부 사원수의 합보다 매년 적다.
④ 지원부 사원의 비중이 20% 미만인 해는 두 번이다.
⑤ 전체 사원수가 가장 많은 해는 모든 부서의 사원수도 가장 많다.

78 **다음은 A레스토랑의 지점별 고객 불만사항과 관련된 자료이다. 이에 대한 설명으로 옳지 않은 것은?**

[표] A레스토랑 지점별 고객 불만사항 통계

(단위 : 건)

구분		홀담당 직원	주방 직원	매니저	점장	합계
강남점	식사 중	768	22	3	43	836
	식사 외	365	4	0	5	374
	합계	1,133	26	3	48	1,210
부산점	식사 중	142	7	0	8	157
	식사 외	69	7	0	11	87
	합계	211	14	0	19	244
제주점	식사 중	1,764	13	0	19	1,796
	식사 외	518	13	0	15	546
	합계	2,282	26	0	34	2,342

① 세 지점의 전체 불만사항 건수는 3,700건 이상이다.

② 각 지점별로 가장 많은 불만사항을 접수받는 직책은 홀담당 직원이다.

③ 주방 직원에 대한 불만사항 건수는 강남점과 제주점이 서로 같다.

④ 부산점의 주방 직원에 대한 불만사항 건수는 점장에 대한 불만사항 건수보다 많다.

⑤ 매니저에 대한 불만사항은 하나의 지점에서만 발생하였다.

79 다음은 어느 지역 조사 대상지에 대한 A, B 두 기관의 토지 피복 분류 결과를 상호비교한 것이다. 이에 대한 설명으로 옳은 것은?

[표] 토지피복 분류 결과

(단위 : 개소)

구분			B기관				
A기관	세부분류		농업 지역		산림 지역		합계
			논	밭	활엽수림	혼합림	
	농업 지역	논	840	25	55	45	965
		밭	50	315	30	30	425
	산림 지역	활엽수림	70	25	3,680	250	4,025
		혼합림	40	30	420	4,160	4,650
	합계		1,000	395	4,185	4,485	10,065

① A기관이 밭으로 분류한 대상지 중 B기관이 혼합림으로 분류한 대상지의 비율은 7%가 넘는다.

② B기관이 밭으로 분류한 대상지 중 10% 이하를 A기관은 다른 세부분류로 분류하였다.

③ B기관이 논으로 분류한 대상지 중 A기관도 논으로 분류한 대상지의 비율은, A기관이 논으로 분류한 대상지 중 B기관도 논으로 분류한 대상지의 비율과 같다.

④ 두 기관 모두 활엽수림으로 분류한 대상지는 4,160개소이다.

⑤ 두 기관 모두에서 혼합림보다는 활엽수림이 더 많은 개소를 차지한다고 분류하였다.

80 다음은 A호텔의 상반기 룸 이용 현황에 대한 자료이다. 이에 대한 설명으로 옳지 않은 것은?

[표] 2024년 상반기 A호텔 룸 이용 현황

(단위 : 건)

구분	스탠다드싱글룸	스탠다드더블룸	슈페리어	디럭스	이그제큐티브	합계
1월	22	79	8	61	(　)	199
2월	15	(　)	7	(　)	18	160
3월	29	97	15	26	28	195
4월	31	99	(　)	30	21	213
5월	(　)	79	24	43	36	202
6월	11	51	26	12	21	121
합계	128	463	112	234	153	(㉠)

※ A호텔의 룸 급은 스탠다드 싱글룸 → 스탠다드 더블룸 → 슈페리어 → 디럭스 → 이그제큐티브 순으로 높아짐

① 2월에는 디럭스의 이용실적이 가장 많았다.
② 4월의 슈페리어 이용실적은 30건 이상이다.
③ 5월의 스탠다드 싱글룸의 이용실적은 21건이다.
④ 1월에 슈페리어 이상급의 이용실적은 98건이다.
⑤ ㉠에는 1,090(건)이 들어가야 한다.

4 연계 자료 분석

| 정답 및 해설 p.296

01 다음은 ○○회사의 팀별 성과급 지급 기준이다. 1팀의 성과평가결과를 참고하면 1팀에 지급되는 성과급의 1년 총액은 얼마인가?

〈성과급 지급 방법〉

- 성과급 지급은 성과평가 결과와 연계함
- 성과평가는 효율성, 안전성, 봉사성의 총합으로 평가하며, 효율성, 안전성, 봉사성의 가중치를 각각 0.4, 0.4, 0.2로 부여함

[표] 성과평가 결과를 활용한 성과급 지급 기준

성과평가 점수	성과평가 등급	분기별 성과급 지급액
9.0 이상	A	100만 원
8.0 이상 9.0 미만	B	90만 원
7.0 이상 8.0 미만	C	70만 원
7.0 미만	D	40만 원

〈1팀의 성과평가 결과〉

구분	1분기	2분기	3분기	4분기
효율성	7	6	10	8
안전성	9	7	8	9
봉사성	7	8	9	7

① 290만 원
② 300만 원
③ 310만 원
④ 320만 원
⑤ 330만 원

[02 – 03] **다음은 소득세산출액을 계산하는 방법이다. 개인별 연소득 현황을 보고 물음에 알맞은 답을 고르시오.**

〈소득세 결정기준〉

- 5천만 원 이하의 금융소득에 대해서는 15%의 '금융소득세'를 부과함
- 과세표준은 금융소득 중 5천만 원을 초과하는 부분과 근로소득의 합이고, 〈과세표준에 따른 근로소득세율〉에 따라 '근로소득세'를 부과함(금융소득 5천만 원에 대하여 금융소득세를 부과)
- 소득세산출액은 '금융소득세'와 '근로소득세'의 합임

[표] 과세표준에 따른 근로소득세율

(단위 : %)

과세표준	세율
1,000만 원 이하분	5
1,000만 원 초과 5,000만 원 이하분	10
5,000만 원 초과 1억 원 이하분	15
1억 원 초과 2억 원 이하분	20
2억 원 초과분	25

※ 예를 들어, 과세표준이 2,500만 원인 사람의 '근로소득세'는 다음과 같음
1,000만 원×5%+(2,500만 원−1,000만 원)×10%=200만 원

〈개인별 연소득 현황〉

(단위 : 만 원)

개인	근로소득	금융소득
A	19,000	5,000
B	23,000	0
C	21,000	3,000
D	0	30,000

※ 근로소득과 금융소득 이외의 소득은 존재하지 않음
※ 모든 소득은 과세대상이고, 어떤 종류의 공제 · 감면도 존재하지 않음

02 A~C 중 소득세산출액이 가장 많은 사람과 가장 적은 사람을 순서대로 바르게 나열한 것은?

① A, C
② B, A
③ B, C
④ C, A
⑤ C, B

03 다음 중 D의 소득세산출액으로 알맞은 것은?

① 3,950만 원
② 4,500만 원
③ 5,200만 원
④ 5,850만 원
⑤ 6,100만 원

[04 – 05] **다음 글을 읽고 물음에 알맞은 답을 고르시오.**

A국과 B국은 대기오염 정도를 측정하여 통합지수를 산정하고 이를 바탕으로 경보를 한다.

A국은 5가지 대기오염 물질 농도를 각각 측정하여 대기환경지수를 산정하고, 그 평균값을 통합지수로 한다. 통합지수의 범위에 따라 호흡 시 건강에 미치는 영향이 달라지며, 이를 기준으로 그 등급을 아래와 같이 6단계로 나눈다.

〈A국 대기오염 등급 및 경보기준〉

등급	좋음	보통	민감군에게 해로움	해로움	매우 해로움	심각함
통합지수	0~50	51~100	101~150	151~200	201~300	301~500
경보색깔	초록	노랑	주황	빨강	보라	적갈
행동지침	외부활동 가능		외부활동 자제			

※ 민감군 : 노약자, 호흡기 환자 등 대기오염에 취약한 사람

B국은 A국의 5가지 대기오염 물질을 포함한 총 6가지 대기오염 물질의 농도를 각각 측정하여 대기환경지수를 산정하고, 이 가운데 가장 높은 대기환경지수를 통합지수로 사용한다. 다만 오염물질별 대기환경지수 중 101 이상인 것이 2개 이상일 경우에는 가장 높은 대기환경지수에 20을 더하여 통합지수를 산정한다. 통합지수는 그 등급을 아래와 같이 4단계로 나눈다.

〈B국 대기오염 등급 및 경보기준〉

등급	좋음	보통	나쁨	매우 나쁨
통합지수	0~50	51~100	101~250	251~500
경보색깔	파랑	초록	노랑	빨강
행동지침	외부활동 가능		외부활동 자제	

04 **A국의 5가지 대기오염 물질의 대기환경지수가 각각 '80, 50, 110, 90, 70'이고, B의 대기환경지수 산정에서 추가된 대기오염 물질의 대기환경지수가 '110'이라 할 때, A국과 B국의 통합지수를 모두 맞게 연결한 것은?**

	A국 통합지수	B국 통합지수
①	80	85
②	110	105
③	110	110
④	80	110
⑤	80	130

05 **다음 〈보기〉에서 옳은 설명을 모두 맞게 고른 것은?**

보기

ㄱ. A국과 B국의 통합지수가 동일하더라도, 각 대기오염 물질의 농도는 다를 수 있다.
ㄴ. A국이 대기오염 등급을 '해로움'으로 경보한 경우, 그 정보만으로는 특정 대기오염 물질 농도에 대한 정확한 수치를 알 수 없다.
ㄷ. B국의 대기오염 물질의 대기환경지수가 각각 '90, 40, 101, 100, 90, 99'일 때의 경보색깔은 노랑이며 외부활동이 가능하다.

① ㄴ
② ㄱ, ㄴ
③ ㄱ, ㄷ
④ ㄴ, ㄷ
⑤ ㄱ, ㄴ, ㄷ

06 **다음은 보훈 보상금 지급 현황에 관한 자료이다. 이에 대한 설명으로 옳지 <u>않은</u> 것은? (단, 소수 둘째 자리에서 반올림한다.)**

[표1] 보훈 보상금 지급 현황(인원)

(단위 : 천 명)

구분	2020년	2021년	2022년	2023년	2024년
계	522	524	527	526	502
독립유공자	6	6	6	6	6
국가유공자	227	228	237	246	237
고엽제후유의증환자	37	37	37	37	37
참전유공자	252	253	247	237	222

[표2] 보훈 보상금 지급 현황(금액)

(단위 : 억 원)

구분	2020년	2021년	2022년	2023년	2024년
계	32,747	34,370	35,610	36,672	37,306
독립유공자	776	799	863	896	910
국가유공자	25,212	26,085	26,967	27,570	27,948
고엽제후유의증환자	2,209	2,309	2,430	2,512	2,590
참전유공자	4,550	5,177	5,350	5,694	5,858

① 2020년 대비 2024년 전체 지급 대상자 인원이 감소한 것은 참전유공자 인원의 감소에 기인한다.

② 2021년 고엽제후유의증 환자의 1인당 보상금액은 참전유공자 1인당 보상금액의 3배 이상이다.

③ 2022년 보훈 대상자는 전년 대비 약 3천 명 증가하였고, 보상금액은 약 1,240억 원 증가하였다.

④ 2023년 국가유공자 1인당 보상금액은 전년 대비 20만 원 이상 감소하였다.

⑤ 2024년 독립유공자의 보상금액은 전년 대비 약 14억 원 증가하였다.

[07 – 08] 다음은 ○○회사 워크샵을 위해 진행 업체에 대해 조사한 자료이다. 자료를 참고하여 물음에 답하시오.

〈○○회사 워크샵 계획〉

- 팀 미션형 참여 인원 : 8명, 액티비티형 참여 인원 : 12명, 힐링형 : 3명
- 20개월 전에는 B업체, 8개월 전에는 C업체를 이용하였다.
- 프로그램은 하루만 진행한다.

[표1] 진행 프로그램 가격표(1일 기준)

구분	A업체	B업체	C업체
팀 미션형	28,000원	35,000원	37,000원
액티비티형	40,000원	38,000원	39,000원
힐링형	25,000원	28,000원	30,000원

※ 1인 기준 가격임

※ 액티비티형은 장비 비용 추가(15,000/1인)

[표2] 업체별 이벤트

A업체	B업체	C업체
• 20인 이상 전체 가격의 10% 할인 • 팀 미션형 프로그램 5% 할인 • 2년 이내 재등록 시 전체 가격의 20% 할인	• 20인 이상 전체 가격의 10% 할인 • 힐링형 프로그램 5% 할인 • 2년 이내 재등록 시 전체 가격의 25% 할인	• 25인 이상 전체 가격의 10% 할인 • 액티비티형 장비 비용 무료 • 2년 이내 재등록 시 전체 가격의 15% 할인

[표3] 업체별 만족도

구분	A업체	B업체	C업체
팀 미션형	8점	8점	9점
액티비티형	9점	9점	8점
힐링형	7점	8점	9점

07 업체를 선정하기 전 서과장이 전체 프로그램 만족도가 24점 이하인 곳은 선택하지 말라고 지시하였다. 이때 가장 저렴하게 업체를 선정할 수 있는 비용은 얼마인가?(단, 1원 단위는 버림한다.)

① 약 650,360원
② 약 661,260원
③ 약 672,160원
④ 약 683,060원
⑤ 약 725,900원

08 자료 조사 중 ○○회사가 프로그램 비용의 일부를 지원해주는 서비스인 사업주 할인제도의 자격이 된다는 것을 알게 되었다. 이 제도를 시행하고 있는 A업체를 선정한다고 할 때, ○○회사가 할인받게 되는 비용은 얼마인가?(단, 1원 단위 이하는 버림한다.)

〈사업주 할인제도〉

구분	5인 미만	5인~10인	10인 초과
팀 미션형	5%	8%	10%
액티비티형	8%	10%	12%
힐링형	5%	8%	10%

※ 1일 기준 할인이며, 추가할인도 가능함

※ 액티비티 장비는 할인에서 제외됨

① 약 70,530원

② 약 71,030원

③ 약 72,130원

④ 약 73,230원

⑤ 약 74,130원

09 다음은 A공사의 주요 실적에 대한 자료이다. 이에 대한 설명으로 옳지 않은 것은?

[표1] 주요 재무 실적

(단위 : 백만 원)

구분	2022년	2023년	2024년
매출	830,297	883,196	909,556
영업이익	235,880	227,328	152,398

[표2] 주요 운영 실적

구분	2022년	2023년	2024년
운항실적(편)	481,184	489,919	498,458
이용여객 실적(만 명)	7,852	8,125	8,226

[표3] 연구개발 실적

(단위 : 건)

구분	2022년	2023년	2024년
특허출원 건수	206	219	229
국제특허출원 건수	37	51	53

① 매출은 매년 지속적으로 증가하였으나, 영업이익은 매년 감소하였다.
② 2023년 특허출원 건수는 전년 대비 6% 이상 증가하였다.
③ 2024년 항공기 운항실적은 2022년보다 17,000편 이상 증가하였다.
④ 2024년 국제특허출원 건수는 2022년 대비 40% 이상 증가하였다.
⑤ 2024년 이용여객 실적은 전년 대비 2% 이상 증가하였다.

10 ○○회사는 분기마다 각 부서에게 회식비를 제공한다. 다음 표를 참고했을 때, 회식비를 많이 사용한 부서 순으로 바르게 나열한 것은?

[표1] 회식비 사용 장소

구분	사용 장소	인원수
영업부	A식당	14명
	B식당	8명
	C식당	5명
회계부	A식당	3명
	B식당	10명
	C식당	3명
기획부	A식당	8명
	B식당	10명
	C식당	12명
총무부	A식당	6명
	B식당	10명
	C식당	7명

[표2] 식당별 가격

식당	가격
A	• 1인당 12,000원 • 10인 이상 주문 시 10% 할인
B	• 1인당 9,000원 • 5인 이상 주문 시 5% 할인
C	• 1인당 15,000원 • 60,000원 이상 계산 시 8% 할인

※ 모든 식당은 1인당 요금으로 계산함

① 영업부－회계부－기획부－총무부
② 기획부－총무부－영업부－회계부
③ 총무부－영업부－기획부－회계부
④ 영업부－총무부－회계부－기획부
⑤ 기획부－영업부－총무부－회계부

11 **다음은 A시의 민원 접수건수 및 처리건수에 대한 자료이다. 다음 중 자료에 대한 설명으로 옳지 않은 것은?**

[표1] 2020~2024년 민원 접수건수 및 처리건수

(단위 : 건)

구분	접수건수	처리건수
2020년	15,693	14,492
2021년	18,258	16,125
2022년	19,498	16,404
2023년	19,670	16,630
2024년	22,310	19,774

[표2] 2024년 민원 접수건수 및 처리건수

(단위 : 건)

구분	접수건수	처리건수
서류발급 관련	5,753	5,481
공공시설물 관련	132	122
공익신고	1,647	1,646
기타분야	14,778	12,525
합계	22,310	19,774

① 2021년 이후, 전년대비 민원 접수건수 증가율이 가장 낮은 연도와 전년대비 민원 처리건수 증가율이 가장 낮은 연도는 동일하다.

② 2024년 접수건수 대비 처리건수 비율이 가장 낮은 민원 유형은 기타분야이다.

③ 2024년 서류발급 관련 민원과 공공시설물 관련 민원의 접수건수의 합이 2024년 전체 접수건수에서 차지하는 비율은 2024년 서류발급 관련 민원과 공공시설물 관련 민원의 처리건수의 합이 2024년 전체 처리건수에서 차지하는 비율보다 높다.

④ 민원의 접수건수와 처리건수는 매년 증가하고 있다.

⑤ 2024년에는 공공시설물 관련 민원의 접수가 가장 적었다.

12 신입사원 연수 자료 준비를 위해 4개의 인쇄소 중 비용이 가장 저렴한 인쇄소를 선택하려 한다. 다음 주어진 표를 보고 선택할 인쇄소와 지급해야할 금액을 바르게 짝지은 것은?

〈신입사원 연수 자료 준비사항〉

- 참석 인원은 총 120명이다.
- 사원 전체와 진행 요원 15명의 자료를 모두 준비해야 한다.
- 인쇄해야 하는 연수 자료는 표지 제외 120장이다.
- 연수 자료의 앞과 뒤에 컬러 표지 한 장씩 처리해야 한다.
- 연수 자료는 무선제본 처리를 해야 한다.

[표] 각 인쇄소의 비용 및 이벤트

구분	A인쇄소	C인쇄소	D인쇄소
페이지당 비용	35원	38원	45원
컬러 표지 한 장당 비용	500원	550원	400원
무선제본 처리 비용	1,800원	1,500원	1,000원
이벤트	5만 원할인 쿠폰 지급	컬러 표지비용 무료	전체 가격의 10% 할인

	인쇄소	금액
①	A인쇄소	818,000원
②	B인쇄소	810,800원
③	B인쇄소	818,100원
④	C인쇄소	810,800원
⑤	C인쇄소	818,100원

13 ○○회사의 신입사원 연수 자료 준비를 위해 3개의 인쇄소 중 비용이 가장 저렴한 인쇄소를 선택하려 한다. 다음 주어진 표를 보고 선택할 인쇄소와 지급해야할 금액을 바르게 짝지은 것은?

〈○○회사 신입사원 연수 자료 준비사항〉

- 참석 인원은 총 15명이다.
- 내지는 총 120페이지이고 앞에 20페이지는 컬러, 남은 페이지는 흑백이다.
- 자료의 앞과 뒤에 하드커버를 한 장씩 처리해야 한다.
- 자료는 스프링제본 처리를 해야 한다.
- 6개월 전 B인쇄소에서 연수 자료를 인쇄한 적이 있다.

[표] 각 인쇄소의 비용 및 이벤트

구분		A인쇄소	B인쇄소	C인쇄소
내지	흑백	30원	35원	38원
	컬러	45원	42원	40원
표지	코칭지	410원	420원	400원
	하드커버	500원	480원	420원
제본형	무선	800원	700원	750원
	스프링	1,000원	1,500원	1,200원
이벤트		20권 이상 구매 시 10% 할인	1년 이내 재주문 시 15% 할인	30권 이상 인쇄 시 무선제본 무료

※ 내지와 표지는 페이지당 가격임

※ 제본 형태는 권당 가격임

	인쇄소	금액
①	A인쇄소	85,400원
②	A인쇄소	88,500원
③	B인쇄소	86,700원
④	B인쇄소	88,500원
⑤	C인쇄소	87,500원

[14 – 15] 다음은 어느 나라의 기업 기부금 순위 상위 기업의 현황과 연도별 기부금 추이를 나타낸 것이다. 물음에 알맞은 답을 고르시오.

[표1] 2024년 기부금 순위 상위 5개 기업 현황

순위	기업명	총기부금(억 원)	현금기부율(%)
1	A	350	20
2	B	300	24
3	C	280	26
4	D	250	15
5	E	240	29

[표2] 연도별 기부금 추이

구분	2020	2021	2022	2023	2024
기부금 총액(억 원)	5,520	6,240	7,090	7,820	8,220
기업 기부금 총액(억 원)	1,980	2,190	2,350	2,610	2,760

14 다음 중 2024년의 현금기부금 액수가 가장 많은 기업은 어디인가?

① A기업
② B기업
③ C기업
④ D기업
⑤ E기업

15 다음 〈보기〉의 설명 중 옳은 것을 모두 고르면?

보기

ㄱ. 기부금 총액과 기업의 기부금 총액은 매년 지속적으로 증가하였다.
ㄴ. 기부금 총액에서 기업의 기부금이 차지하는 비중은 매년 지속적으로 증가하였다.
ㄷ. 2024년 상위 5개 기업의 총기부금은 기부금 총액의 17% 이하이다.

① ㄱ
② ㄷ
③ ㄱ, ㄷ
④ ㄴ, ㄷ
⑤ ㄱ, ㄴ, ㄷ

16 정부는 농어민의 소득증대를 지원하기 위하여 농가 부업소득과 전통주 제조소득 중 일정 부분에 대하여는 과세하지 않고 있다. 과세규칙을 참고하여, 연간소득이 표와 같은 농민의 소득세 과세 대상 소득을 계산하면 얼마인가?

〈과세규칙〉

- 농가 부업소득의 경우(농가 부업소득이란 농어민이 부업으로 영위하는 축산 · 양어 · 고공품제조 · 민박 · 음식 · 물판매 · 특산물제조 · 전통차 제조소득을 말함)
  - [표2] 규모 이내의 사육두수에서 발생하는 소득은 전액 비과세한다.
  - [표2] 규모를 초과하는 사육두수에서 발생하는 축산 부업소득과 기타 부업소득을 합하여 연간 1,200만 원까지 비과세한다.
- 전통주 제조 소득의 경우 전통주 제조에서 발생하는 소득이란 법 소정 요건을 구비하는 주류를 농어촌 지역에서 제조함으로써 발생하는 소득으로서 소득금액의 합계액 중 연간 1,200만 원까지 비과세한다.

[표1] 농민의 소득

축산 부업소득	4,000만 원(젖소 40마리)
고공품 제조소득	500만 원
전통차 제조소득	600만 원
전통주 제조소득	1,800만 원

[표2] 가축과 사육두수

(단위 : 마리)

가축	사육두수	가축	사육두수
젖소	30	면양	300
소	30	토끼	5,000
돼지	200	닭	10,000
산양	300	오리	10,000

※ 축산 부업에 있어서 가출별로 각각의 마리당 발생하는 소득은 동일하다고 가정함

① 900만 원
② 1,000만 원
③ 1,500만 원
④ 1,600만 원
⑤ 1,800만 원

[17 – 18] 다음은 저작물 구입 경험이 있는 초 · 중 · 고등학생 각각 1,000명을 대상으로 저작물 구입 실태에 관한 설문조사를 실시한 결과이다. 자료를 참고하여 물음에 답하시오.

[표1] 저작물 구입 경험 현황

(단위 : %)

구분	초등학교	중학교	고등학교
음악	29.3	41.5	58.6
영상물	31.2	34.3	39.6
컴퓨터 프로그램	45.6	45.2	46.7
게임	58.9	57.7	56.8
사진	16.2	20.5	27.3
만화/캐릭터	73.2	53.3	62.6
책	68.8	66.3	82.8
지도, 도표	11.8	14.6	15.0

※ 설문조사에서는 구입 경험이 있는 모든 저작물 종류를 선택하도록 하였음

[표2] 저작물 구입 현황

(단위 : %)

구분	초등학교	중학교	고등학교
10회 중 10회	35.3	55.9	51.8
10회 중 8~9회	34.0	27.2	25.5
10회 중 6~7회	15.8	8.2	7.3
10회 중 4~5회	7.9	4.9	6.8
10회 중 2~3회	3.3	1.9	5.0
10회 중 0~1회	3.7	1.9	3.6
전체	100.0	100.0	100.0

17 제시된 자료에 대한 설명 중 옳은 것을 고르면?

① 전반적으로 '책'은 초등학생이 중학생이나 고등학생보다 구입 경험의 비율이 높은 것으로 나타났다.
② '컴퓨터 프로그램'이나 '게임'은 학교급 간의 차이가 모두 2%p 미만이다.
③ '게임'을 제외한 나머지 항목에서는 모두 고등학생의 구입 경험의 비율이 높다.
④ 초 · 중 · 고 각각 응답자의 절반 이상이 모두 정품만을 구입했다고 응답하였다.
⑤ 모두 정품으로 구입했다고 응답한 학생의 비율은 중학교에서 가장 높았다.

18 10회 중 5회 이하로 정품을 구입하였다고 응답한 학생의 비율이 가장 높은 학교급과 가장 낮은 학교급 간의 해당 응답 학생 수 차이는 얼마인가?

① 62명
② 63명
③ 67명
④ 68명
⑤ 70명

[19 – 20] 다음은 18세 미만 자녀가 있는 맞벌이 가구의 현황에 관한 자료이다. 자료를 참고하여 물음에 답하시오.

[표1] 자녀 연령별 맞벌이 가구

(단위 : 천 가구)

구분	2023년		2024년	
	유배우 가구	맞벌이 가구	유배우 가구	맞벌이 가구
6세 이하	2,090	827	2,062	857
7~12세	1,308	690	1,285	659
13~17세	1,267	741	1,190	691
합계	4,665	2,258	4,537	2,207

※ 막내자녀 18세 미만 기준, 18세 미만 자녀가 없는 경우는 제외함

[표2] 자녀수별 맞벌이 가구

(단위 : 천 가구)

구분	2023년		2024년	
	유배우 가구	맞벌이 가구	유배우 가구	맞벌이 가구
1명	2,108	1,027	2,112	1,043
2명	2,152	1,051	2,059	1,005
3명 이상	405	180	366	159
합계	4,665	2,258	4,537	2,207

19 다음 중 자료에 대한 설명으로 옳은 것은?

① 2024년 자녀의 연령이 어릴수록 맞벌이 가구의 비중이 높다.
② 2023년 자녀가 13~17세인 가구의 맞벌이 비중이 가장 높다.
③ 자녀가 3명 이상인 가구의 맞벌이 비중이 2년 사이 높아졌다.
④ 자녀가 6세 이하인 가구의 맞벌이 비중이 2년 사이 낮아졌다.
⑤ 2024년 자녀가 1명에서 2명으로 늘어나면 맞벌이 가구의 비중은 약 0.6%p 높아진다.

20 **2024년 전체 맞벌이 가구의 비중보다 낮은 비중을 차지하는 것을 유형별로 각각 고르면?**

	자녀 연령별 맞벌이 가구	자녀수별 맞벌이 가구
①	6세 이하	1명
②	7~12세	2명
③	13~17세	2명
④	7~12세	3명 이상
⑤	6세 이하	3명 이상

21 **다음은 ○○서비스센터 직원인 A와 B를 대상으로 실시한 서비스제공 설문점수의 변화를 나타낸 표이다. 〈보기〉의 설명 중 옳은 것을 모두 고르면?**

[표1] A의 점수 변화

년/월	2021/6	2022/6	2023/6	2024/6
점수(점)	82	87	90	93

[표2] B의 점수 변화

년/월	2021/6	2021/12	2022/6	2022/12	2023/6	2023/12	2024/6
점수(점)	70	71	73	75	76	79	81

보기

ㄱ. 조사 기간 동안 A와 B의 점수 총 변화량은 같다.
ㄴ. 연중 점수 변화의 흐름을 살펴보기에는 B의 자료가 A의 자료보다 더 적절하다.
ㄷ. 2021년 6월 대비 2024년 동월의 A의 점수 증가율은 B의 점수 증가율보다 더 높다.

① ㄴ
② ㄷ
③ ㄱ, ㄴ
④ ㄴ, ㄷ
⑤ ㄱ, ㄴ, ㄷ

[22 – 23] 다음은 고속열차의 운임 할인제도에 대한 표이다. 자료를 참고하여 물음에 답하시오.

[표1] 고속열차 운행

출발시간	목적지	첫차	막차	운행간격
매시 정각	부산	6시	22시	1시간
05분	익산	6시 05분	21시 05분	3시간
15분	동대구	7시 15분	22시 15분	1시간 (단, 11시 15분과 21시 15분은 없음)
30분	밀양	5시 30분	20시 30분	1시간 (단, 8시 30분과 11시 30분은 없음)
35분	광주 · 목포	5시 35분	21시 35분	1시간 (단, 8시 35분과 11시 35분은 없음)
45분	대전	7시 45분	21시 45분	2시간

[표2] 고속열차 운임 할인제도

할인제도		내용	할인
예매		출발 20일 전부터 출발 당일 3시간 전까지 결제 시 할인	• 월~금 : 20% 할인 • 토~일 : 10% 할인
할인 카드 사용	동반 카드	• 동반 카드 : 가족 등 소규모 일행의 여행이 많은 경우에 유리함 • 비지니스 카드 : 출장이 많은 경우에 유리함 • 청소년 카드 : 만 13~24세가 대상 • 경로 카드 : 만 65세 이상이 대상	• 월~금 : 30% • 토~일 : 15%
	비즈니스 카드		
	청소년 카드		
	경로 카드		
단체 할인		10명 이상	10%
인터넷 예약 할인		예매 할인 · 카드 할인 추가	2%

22 서울에서 출발하여 각 지역으로 가는 고속열차의 하루 운행 횟수 중 두 번째로 자주 가는 지역은?

① 목포
② 동대구
③ 밀양
④ 대전
⑤ 부산

23 A는 매주 토요일마다 아침 9시에 인터넷 예매를 하고 오후 1시에 목포로 출장을 간다. 받을 수 있는 혜택을 모두 받는다면, 최대로 받을 수 있는 할인율은?

① 10%
② 15%
③ 12%
④ 17%
⑤ 27%

24 다음의 A, B, C, D가 퇴직할 때 받게 되는 연금액수는 근무연수와 최종평균보수월액에 의해 결정된다. 아래의 연금액수 산출방법을 따를 때 〈보기〉의 예상 중 옳은 것으로 묶은 것은? (다만, 연금은 본인에게만 지급되며 물가는 변동이 없다고 가정한다.)

〈연금액수 산출방법〉

연금액수 산출방법에는 월별연금 지급방식과 일시불연금 지급방식이 있다.

- 월별연금지급액＝최종평균보수월액×{0.5＋0.02×(근무연수－20)}
  (다만, 월별연금지급액은 최종평균보수월액의 80%를 초과할 수 없다.)
- 일시불연금지급액＝(최종평균보수월액×근무연수×2)＋{최종평균보수월액×(근무연수－5)×0.1}

[표] 퇴직자 연금액수 산출자료

퇴직자	근무연수(년)	최종평균보수월액(만 원)
A	20	100
B	35	100
C	37	100
D	10	200

보기

ㄱ. A의 일시불연금지급액은 D의 일시불연금지급액보다 많을 것이다.
ㄴ. A가 100개월밖에 연금을 받을 수 없다면 월별연금보다 일시불연금을 선택하는 것이 유리할 것이다.
ㄷ. B가 C보다 월별연금지급액을 4만 원 더 받게 될 것이다.
ㄹ. D가 월급에 변화없이 10년을 더 근무한다면 D의 일시불연금지급액은 현재 받을 수 있는 일시불연금 지급액의 두 배가 넘을 것이다.

① ㄱ, ㄴ
② ㄱ, ㄹ
③ ㄴ, ㄷ
④ ㄴ, ㄹ
⑤ ㄷ, ㄹ

[25 – 26] 다음은 A국가의 2016년부터 2024년까지 보육시설 수 및 보육아동 수 현황에 관한 자료이다. 자료를 참고하여 물음에 답하시오.

[표1] 연도별 보육시설 수 및 아동 수 현황

(단위 : 개소, 명)

연도	보육시설 수(비중)							보육 아동 수
	국공립	개인	법인 외	법인	직장	놀이방	계	
2016	1,029	3,175	22	928	87	3,844	9,085	293,747
2017	1,158	6,388	150	1,634	158	5,887	15,375	520,959
2018	1,295	8,970	324	2,010	204	6,473	19,276	686,000
2019	1,306	9,490	313	1,991	196	6,801	20,097	734,192
2020	1,330	10,471	575	1,633	199	7,939	22,147	800,991
2021	1,329	11,225	787	1,632	236	8,933	24,142	858,345
2022	1,349	12,225	966	1,537	243	10,583	26,903	930,252
2023	1,473	12,769	979	1,495	305	11,346	28,367	989,390
2024	1,643	12,864	1,066	1,475	357	11,828	29,233	1,040,361

[표2] 연도별 보육시설 비중 현황

(단위 : %)

구분	2016	2017	2018	2019	2020	2021	2022	2023	2024
국공립	11.3	7.5	6.7	6.5	6.0	5.5	5.0	5.2	5.6
개인	34.9	41.6	46.5	47.2	47.0	46.5	45.4	45.0	44.0
법인	10.2	10.6	10.4	9.9	7.0	6.8	5.7	5.3	5.0
놀이빙	42.3	38.3	33.6	33.8	36.0	37.0	39.4	40.0	40.5

25 **다음 중 전년대비 직장 보육시설 수의 증가율이 가장 큰 연도의 전년대비 증가율을 구하면 얼마인가? (단, 소수 둘째 자리에서 반올림한다.)**

① 51.6%
② 61.6%
③ 71.6%
④ 81.6%
⑤ 91.6%

26 **다음 중 자료에 대한 설명으로 옳은 것은?**

① 2016년에 비해 2024년의 보육아동 수는 증가하였지만 보육시설 1개소당 보육아동 수는 감소하였다.
② 개인보육시설이 차지하는 비중은 매년 국공립보육시설과 법인보육시설을 합한 비중보다 크고, 놀이방 보육시설의 비중보다 크다.
③ 2020년부터 2024년까지 법인 외 보육시설은 500개소 이상이 증가하였다.
④ 2024년 국공립보육시설의 수는 2016년 대비 50% 이상 증가하였으며, 국공립보육시설의 수는 2016년 이후 매년 증가하였다.
⑤ 2022년부터 2024년까지 법인보육시설을 제외한 모든 보육시설의 수가 증가하였다.

[27 – 28] 다음은 성 · 연령별 이혼에 대한 자료이다. 자료를 참고하여 물음에 답하시오.

[표1] 남성의 연령별 이혼건수

(단위 : 천 건)

구분	2022년	2023년	2024년
19세 이하	0.0	0.0	0.0
20대	4.4	4.3	4.4
30대	24.6	24.1	23.4
40대	39.8	38.1	36.5
50대	28.8	28.5	28.1
60세 이상	11.6	12.3	13.6
합계	109.2	107.3	106.0

[표2] 여성의 연령별 이혼건수

(단위 : 천 건)

구분	2022년	2023년	2024년
19세 이하	0.2	0.2	0.2
20대	10.4	10.2	9.9
30대	31.3	30.3	29.8
40대	39.5	38.1	37.4
50대	21.5	21.5	20.7
60세 이상	6.3	7.0	8.0
합계	109.2	107.3	106.0

27 **위의 자료에 대한 설명으로 옳은 것은?**

① 2024년 남성의 이혼 수는 전년대비 모두 감소했다.
② 2022년 여성의 이혼율은 50대가 가장 높다.
③ 2024년 30대 여성의 이혼 수는 전년대비 감소했다.
④ 여성의 이혼 건수는 매년 늘어나고 있다.
⑤ 2024년 남성의 연령별 이혼율은 40대가 20대 후반보다 약 10배 높다.

28 **20대 남성의 이혼율과 20대 여성의 이혼율이 가장 높은 연도는 각각 언제인가?**

	20대 남성	20대 여성
①	2024년	2022년
②	2024년	2023년
③	2023년	2024년
④	2023년	2022년
⑤	2022년	2023년

29 **다음은 지역별, 등급별, 병원유형별 요양기관 수를 나타낸 자료이다. 이에 대한 설명으로 옳지 않은 것은?**

[표1] 지역별, 등급별 요양기관 수

(단위 : 개소)

구분	1등급	2등급	3등급	4등급	5등급
서울	22	2	1	0	4
경기	17	2	0	0	1
경상	16	0	0	1	0
충청	5	2	0	0	2
전라	4	2	0	0	1
강원	1	2	0	1	0
제주	2	0	0	0	0
합계	67	10	1	2	8

[표2] 병원유형별, 등급별 요양기관 수

(단위 : 개소)

구분	1등급	2등급	3등급	4등급	5등급	합계
상급종합병원	37	5	0	0	0	42
종합병원	30	5	1	2	8	46

① 1등급 상급종합병원 요양기관 수는 5등급을 제외한 '종합병원' 요양기관 수의 합보다 적다.

② 경상지역 요양기관 중 1등급 요양기관의 비중은 서울지역 요양기관 중 1등급 요양기관의 비중보다 작다.

③ 5등급 요양기관 중 서울지역 요양기관의 비중은 2등급 요양기관 중 충청지역 요양기관의 비중보다 크다.

④ 상급종합병원 요양기관 중 1등급 요양기관의 비중은 1등급 요양기관 중 상급종합병원 요양기관의 비중보다 크다.

⑤ 전체 지역에서 2등급 요양기관의 수는 전체의 약 11%이다.

[30 – 31] 다음은 2024년 1월부터 2024년 5월까지의 특허 심사건수 및 등록률에 대한 자료이다. 자료를 참고하여 물음에 답하시오.

[표1] 2024년 특허 심사건수 및 등록률 추이

(단위 : 건, %)

구분	1월	2월	3월	4월	5월
심사건수	840	860	920	945	1,000
등록률	55.0	51.5	58.0	61.0	63.0

[표2] 2021년 특허 심사건수 및 등록률 증감 추이(전년 동월 대비)

(단위 : 건, %p)

구분	1월	2월	3월	4월	5월
심사건수 증감	125	100	130	145	190
등록률 증감	1.3	−1.2	−0.5	1.6	3.3

※ 등록률 $= \frac{\text{등록건수}}{\text{심사건수}} \times 100$

30 2024년 5월의 심사건수는 전월대비 몇 % 증가하였는가?

① 1.25%
② 2.43%
③ 3.95%
④ 5.82%
⑤ 7.61%

31 2023년 1월부터 5월까지의 기간 중 등록률이 가장 낮았던 시기는 언제인가?

① 1월
② 2월
③ 3월
④ 4월
⑤ 5월

[32 – 33] 다음은 서울본부와 전체본부의 요양기간별 요양환자 현황에 대한 자료이다. 자료를 참고하여 물음에 답하시오.

[표1] 서울본부 요양기간별 요양환자 현황

(단위 : 명)

구분	6개월 미만	6개월~1년	1년~2년	2년~3년	3년~5년	5년~10년	10년 이상	합계
입원	24	9	8	7	6	17	(㉠)	86
통원	(㉡)	54	38	12	17	7	151	483
재가	0	0	0	0	0	0	0	0
합계	228	63	46	19	23	24	166	569

[표2] 전체본부 요양기간별 요양환자 현황

(단위 : 명)

구분	6개월 미만	6개월~1년	1년~2년	2년~3년	3년~5년	5년~10년	10년 이상	합계
입원	2,955	881	752	439	(㉢)	1,167	1,863	8,626
통원	16,160	5,383	2,287	764	658	743	1,937	27,932
재가	2	1	1	0	1	0	0	5
합계	19,117	6,265	3,040	1,203	1,228	1,910	3,800	36,563

32 다음 중 ㉠+㉡+㉢의 값을 구하면 얼마인가?

① 782
② 784
③ 786
④ 788
⑤ 790

33 다음 중 자료에 대한 설명으로 옳은 것은?

① 전체본부 통원 환자 중 6개월 미만 환자의 수가 50%가 넘는다.
② 서울본부에서 5년 미만인 입원 환자는 52명이다.
③ 전체본부에 비해 서울본부의 입원 환자의 비율이 높다.
④ 전체본부에 비해 서울본부의 통원 환자의 비율이 낮다.
⑤ 서울본부에는 재가 환자가 5명 있다.

[34 – 35] 다음은 층간소음 배상에 대한 자료이다. 자료를 참고하여 물음에 답하시오.

〈층간소음 배상 기준 및 금액〉

1. 층간소음 수인한도
   - 주간 최고소음도 : 55dB(A)
   - 야간 최고소음도 : 50dB(A)
   - 주간 등가소음도 : 40dB(A)
   - 야간 등가소음도 : 35dB(A)

2. 층간소음 배상 기준금액

   수인한도 중 하나라도 초과 시 층간소음 배상을 해야 한다.

피해기간	피해자 1인당 배상 기준금액
6개월 이내	500,000원
6개월 초과~1년 이내	750,000원
1년 초과~2년 이내	900,000원

3. 배상금액 가산기준
   - 주간 혹은 야간에 최고소음도와 등가소음도가 모두 수인한도를 초과한 경우에는 30% 가산
   - 최고소음도 혹은 등가소음도가 주간과 야간에 모두 수인한도를 초과한 경우에는 30% 가산
   - 피해자가 환자, 1세 미만 유아, 수험생인 경우에는 해당 피해자 개인에게 20% 가산

4. 둘 이상의 가산기준에 해당하는 경우 기준금액을 기준으로 각각의 가산금액을 산출한 후 합산

   (예 피해기간은 3개월이고, 주간의 최고소음도와 등가소음도가 수인한도를 모두 초과하였고, 피해자가 1인이며 환자인 경우 최대 배상금액 : 500,000원+(500,000원×0.3)+(500,000원×0.2)

※ 등가소음도 : 변동하는 소음의 평균치

34 다음의 상황에서 A가 배상해야 하는 금액은 얼마인가?

아파트 7층에 거주하는 A가 7개월 전부터 지속적으로 소음을 발생시키자, 6층의 부부가 문제를 제기하였다. 소음을 측정한 결과 주간과 야간 모두 최고소음도는 수인한도를 초과하지 않았으나, 주간 등가소음도는 42dB(A)였으며, 야간 등가소음도는 37dB(A)였다. 부부는 모두 건강했으며, 현재 자녀 없이 두 사람만 거주하고 있는 상태였다.

① 1,500,000원
② 1,560,000원
③ 1,800,000원
④ 1,950,000원
⑤ 2,100,000원

35 다음의 상황에서 B가 배상해야 할 금액은 얼마인가?

김 씨 가족은 1년 3개월 전에 한 아파트로 이사를 왔다. 그런데 이사 온 첫날부터 바로 윗집에 사는 B가 야간에 지속적으로 소음을 발생시켰다. 모두 5인으로 구성된 김 씨 가족들 중에는 몸이 아파 병원에 계속 다니고 있는 할머니 한 분과 수험생인 큰 아들이 하나 있었다. 김 씨 가족의 문제제기로 야간에 소음을 측정한 결과 등가소음도는 40dB(A)였으며, 최고소음도는 52dB(A)이었다.

① 5,850,000원
② 6,030,000원
③ 6,210,000원
④ 6,390,000원
⑤ 6,540,000원

36 ○○은행의 고객인 A는 자신의 예금상품이 만기가 되어 은행을 방문하였다. 다음의 조건을 토대로 할 때, A가 ○○은행으로부터 수령할 수 있는 이자는 얼마인가?

〈가입 상품의 조건〉

- 상품명 : ○○은행 행복한 예금상품
- 가입자 : A(본인)
- 계약기간 : 24개월
- 저축금액 : 2천만 원
- 저축방법 : 거치식
- 이자지급방식 : 만기일시지급, 단리식
- 기본이자율(계약당시, 세전)

1개월	6개월	12개월	24개월	36개월	48개월
0.5%	1%	1.3%	1.6%	1.8%	1.9%

- 우대금리(세전)
  - 계약당시 자신이 세운 목표 또는 꿈을 성취했을 경우 : 0.1%
  - 본인의 추천으로 타인이 해당 상품을 가입한 경우 : 0.05%
  - 타인의 추천으로 해당 상품을 본인이 가입한 경우 : 0.05%
- 기타 사항
  - 갑은 지인의 추천으로 해당 상품을 가입함
  - 해당 상품 계약 시 세운 목표를 성취하여 은행이 이를 확인함
  - 해당 상품에서 발생하는 이자는 15%가 과세됨

① 272,000원
② 280,500원
③ 289,000원
④ 292,000원
⑤ 297,500원

[37 – 38] 다음은 인터넷 쇼핑 동향에 관한 자료이다. 자료를 참고하여 물음에 답하시오.

[표1] 인터넷 쇼핑 거래액 동향

(단위 : 억 원, %)

구분	2022년		2023년		2024년			
	12월	구성비	12월	구성비	11월	구성비	12월	구성비
총 거래액	53,976	100.0	62,096	100.0	75,850	100.0	75,311	100.0
모바일 거래액	27,347	50.7	35,707	57.5	47,595	62.7	47,698	63.3

[표2] 상품군별 인터넷 쇼핑 거래액

(단위 : 억 원, %)

구분	2024년			
	11월		12월	
	온라인	모바일	온라인	모바일
컴퓨터 및 주변기기	4,159	1,480	4,418	1,522
가전 · 전자 · 통신기기	9,343	4,857	8,046	4,202
소프트웨어	61	16	60	14
서적	1,143	421	1,434	540
사무 · 문구	519	233	576	266
의복	9,963	7,087	8,224	5,903
패션용품 및 액세서리	1,434	1,158	1,389	1,062
화장품	6,227	4,169	5,720	3,882
아동 · 유아용품	2,698	2,064	3,438	2,618
음 · 식료품	9,098	6,874	9,701	7,377
생활 · 자동차용품	6,995	4,658	6,561	4,356
가구	2,105	1,355	1,897	1,226
여행 및 예약서비스	13,271	5,441	11,395	6,418

37 [표1]에 대한 〈보기〉의 설명 중 옳지 않은 것을 고르면? (단, 소수 둘째 자리에서 반올림한다.)

보기

ㄱ. 2024년 12월 인터넷 쇼핑 총 거래액은 전년 동월 대비 약 21.3% 증가하였다.
ㄴ. 2023년 12월 인터넷 쇼핑 모바일 거래액은 전년 동월 대비 약 20.6% 증가하였다.
ㄷ. 2024년 12월 인터넷 쇼핑 모바일 거래액은 전월대비 약 0.2% 감소하였다.
ㄹ. 2024년 12월 인터넷 쇼핑 총 거래액은 2022년 12월보다 약 39.5% 증가하였다.

① ㄱ, ㄴ
② ㄱ, ㄹ
③ ㄴ, ㄷ
④ ㄴ, ㄹ
⑤ ㄷ, ㄹ

38 2024년 12월 상품군별 인터넷 쇼핑 거래액 전월대비 온라인과 모바일에서 가장 큰 폭으로 증가한 상품에 대해 바르게 짝지은 것은? (단, 소수 둘째 자리에서 반올림한다.)

	온라인	모바일
①	아동 · 유아용품	여행 및 예약서비스
②	서적	컴퓨터 및 주변 기기
③	아동 · 유아용품	서적
④	음 · 식료품	사무 · 문구
⑤	서적	사무 · 문구

39 **다음은 A패스트푸드점의 스낵, 음료 메뉴의 영양 성분에 관한 자료이다. 이에 대한 설명으로 옳은 것은?**

[표1] 스낵 메뉴 단위당 영양성분표

구분	중량(g)	열량(kcal)	성분함량		
			당(g)	단백질(g)	나트륨(mg)
감자튀김	114	352	0	4	181
조각치킨	68	165	0	10	313
치즈스틱	47	172	0	6	267

[표2] 음료 메뉴 단위당 영양성분표

구분	중량(g)	열량(kcal)	성분함량		
			당(g)	단백질(g)	나트륨(mg)
콜라	425	143	34	0	19
커피	400	10	0	0	0
우유	230	130	9	6	100
주스	175	84	18	0	5

① 중량 대비 열량의 비율이 가장 낮은 스낵 메뉴는 치즈스틱이다.

② 모든 스낵 메뉴는 나트륨 함량이 단백질 함량의 40배 이상이다.

③ 스낵과 음료를 각각 한 단위씩 주문하는 조합 중에서 감자튀김과 콜라를 먹을 때 열량이 가장 크다.

④ 음료 메뉴 각각의 단위당 중량은 모든 스낵 메뉴의 단위당 중량 합보다 크다.

⑤ 단백질 성분함량이 0인 음료 메뉴는 커피가 유일하다.

40 다음은 A국의 전기자동차 충전요금 산정기준과 계절별 부하 시간대에 대한 자료이다. 이에 대한 설명으로 옳은 것은?

[표1] 전기자동차 충전요금 산정기준

월 기본요금(원)	전력량 요율(원/kWh)			
	시간대 \ 계절	여름	봄, 가을	겨울
2,390	경부하	57.6	58.7	80.7
	중간부하	145.3	70.5	128.2
	최대부하	232.5	75.4	190.8

※ 월 충전요금(원) = 월 기본요금 + (경부하 시간대 전력량 요율 × 경부하 시간대 충전 전력량) + (중간부하 시간대 전력량 요율 × 중간부하 시간대 충전 전력량) + (최대부하 시간대 전력량 요율 × 최대부하 시간대 충전 전력량)

※ 월 충전요금은 해당 월 1일에서 말일까지의 충전 전력량을 사용하여 산정함

※ 1시간에 충전되는 전기자동차의 전력량은 5kWh임

[표2] 계절별 부하 시간대

시간대 \ 계절	여름	봄, 가을	겨울
경부하	00 : 00~09 : 00 23 : 00~24 : 00	00 : 00~09 : 00 23 : 00~24 : 00	00 : 00~09 : 00 23 : 00~24 : 00
중간부하	09 : 00~10 : 00 12 : 00~13 : 00 17 : 00~23 : 00	09 : 00~10 : 00 12 : 00~13 : 00 17 : 00~23 : 00	09 : 00~10 : 00 12 : 00~17 : 00 20 : 00~22 : 00
최대부하	10 : 00~12 : 00 13 : 00~17 : 00	10 : 00~12 : 00 13 : 00~17 : 00	10 : 00~12 : 00 17 : 00~20 : 00 22 : 00~23 : 00

※여름(6~8월), 겨울(1~2월, 11~12월)

① 모든 시간대에서 봄, 가을의 전력량 요율이 가장 낮다.

② 월 100kWh를 충전했을 때 월 충전요금의 최댓값과 최솟값 차이는 16,000원 이하이다.

③ 중간부하 시간대의 총 시간은 6월 1일과 12월 1일이 동일하다.

④ 22시 30분의 전력량 요율이 가장 높은 계절은 여름이다.

⑤ 12월 중간부하 시간대에만 100kWh를 충전한 월 충전요금은 6월 경부하 시간대에만 100kWh를 충전한 월 충전요금의 2배 이상이다.

Part 03

정답 및 해설

CHAPTER 1 **기초연산능력**

01 기초연산

01 ③	02 ④	03 ③	04 ④	05 ①	06 ④	07 ④	08 ④	09 ①	10 ③
11 ②	12 ③	13 ④	14 ①	15 ③	16 ①	17 ②	18 ④	19 ②	20 ③
21 ③	22 ③	23 ③	24 ②	25 ④	26 ②	27 ①	28 ②	29 ②	30 ③
31 ③	32 ②	33 ①	34 ④	35 ③	36 ①	37 ③	38 ④	39 ③	40 ①
41 ③	42 ④	43 ①	44 ②	45 ③	46 ①	47 ①	48 ④	49 ③	50 ②

01 **정답 ③**

$12.5\times8-25\times3+7$

$=100-75+7$

$=32$

02 **정답 ④**

$342.2+25.08\times60$

$=342.2+1{,}504.8$

$=1{,}847$

03 **정답 ③**

$36.8\div20\times100=184$

04 **정답 ④**

$45+172\div\{(35-8\times3)+32\}$

$=45+172\div\{11+32\}$

$=45+172\div43$

$=45+4$

$=49$

05 **정답 ①**

$\frac{3}{20}\times2-\frac{7}{15}\div3$

$=\frac{3}{10}-\frac{7}{45}$

$=\frac{27}{90}-\frac{14}{90}$

$=\frac{13}{90}$

06 **정답 ④**

$\frac{1}{2}\div\frac{1}{4}\div\frac{1}{8}\div\frac{1}{16}\times\frac{1}{32}\times\frac{1}{64}\times\frac{1}{128}$

$=\frac{1}{2}\times4\times8\times16\times\frac{1}{32}\times\frac{1}{64}\times\frac{1}{128}$

$=\frac{1}{2}\times\frac{1}{2}\times\frac{1}{8}\times\frac{1}{32}$

$=\frac{1}{1{,}024}$

07 **정답 ④**

$(-1)^{35}+(-1)^{62}+(-1)^{14}+(-1)^{32}$

$=(-1)+1+1+1$

$=2$

-1에 관한 지수 법칙(n은 자연수)

지수가 짝수일 때	지수가 홀수일 때
$(-1)^{2n}=+1$	$(-1)^{2n-1}=-1$
$(-1^{2n})=-1$	$(-1^{2n-1})=-1$
$-(-1)^{2n}=-1$	$-(-1)^{2n-1}=+1$
$-(-1^{2n})=+1$	$-(-1^{2n-1})=+1$

08 **정답 ④**

$(-1)^{101}\times(-1)^{11}-(-1)^{110}\div(-1)^{10}+(-1)^{100}$

$=(-1)\times(-1)-1\div1+1$

$=1-1+1$

$=1$

09 정답 ①

126^2-117^2
$=(126+117)(126-117)$
$=243\times9$
$=2,187$

10 정답 ③

$(2+1)(2^2+1)(2^4+1)(2^8+1)(2^{16}+1)$
$=(2-1)(2+1)(2^2+1)(2^4+1)(2^8+1)(2^{16}+1)$
$=(2^2-1)(2^2+1)(2^4+1)(2^8+1)(2^{16}+1)$
$=(2^4-1)(2^4+1)(2^8+1)(2^{16}+1)$
$=(2^8-1)(2^8+1)(2^{16}+1)$
$=(2^{16}-1)(2^{16}+1)$
$=2^{32}-1$

11 정답 ②

$1.19\times30+3.31\times30$
$=(1.19+3.31)\times30$
$=4.5\times30$
$=135$

12 정답 ③

$25\times(2021+2021+2021+2021)$
$=25\times(4\times2021)$
$=100\times2021$
$=202100$

13 정답 ④

$2.2\times2+3.3\times3+4.4\times4+5.5\times5+6.6\times6$
$=(1.1\times2\times2)+(1.1\times3\times3)+(1.1\times4\times4)+(1.1\times5\times5)$
$+(1.1\times6\times6)$
$=1.1\times(4+9+16+25+36)$
$=1.1\times90$
$=99$

14 정답 ①

- $43+4\times7=71$
- $8^2+3^2-2=71$

오답 해설

② $9^2=81$
③ $273\div3-30=61$
④ $(6^3-40)\div2=88$

15 정답 ③

- $1^2+2^2+3^2-11^2-12^2-13^2$
  $=(1^2-11^2)+(2^2-12^2)+(3^2-13^2)$
  $=(1+11)(1-11)+(2+12)(2-12)+(3+13)(3-13)$
  $=12\times(-10)+14\times(-10)+16\times(-10)$
  $=(12+14+16)\times(-10)$
  $=-420$
- $10^2\times2+5-25^2$
  $=100\times2+5-625$
  $=205-625$
  $=-420$

오답 해설

① $6\times(13+4)-6\times(30\div3)$
$=6\times17-6\times10$
$=6\times(17-10)$
$=6\times7$
$=42$
② 14^3-15^3
$=2,744-3,375$
$=-631$
④ $514+103-725=-108$

16 정답 ①

$3\times25+20-\{(5\square3)\times2\}\div4=91$
$75+20-\{(5\square3)\times2\}\div4=91$
$95-\{(5\square3)\times2\}\div4=91$
$\{(5\square3)\times2\}\div4=4$
$(5\square3)\times2=16$
$(5\square3)=8$
그러므로 □에 들어갈 기호는 $+$이다.

17 정답 ②

$1.25\times0.4+5.8\square3=3.3$
$0.5+5.8\square3=3.3$
$5.8\square3=2.8$
그러므로 □에 들어갈 기호는 $-$이다.

18 정답 ④

$325-\square+51=330$
$325+51-330=\square$
그러므로 □에 들어갈 수는 46이다.

19 정답 ②

$1,025-352\times\square+86=55$

$1,025+86-55=352\times\square$

$1,056=352\times\square$

$\square=1,056\div352$

그러므로 □에 들어갈 수는 3이다.

20 정답 ③

$178-36\times\square\div6=106$

$178-106=36\times\square\div6$

$72=6\times\square$

그러므로 □에 들어갈 수는 12이다.

21 정답 ③

소수점 첫째 자리를 '할', 소수점 둘째 자리를 '푼', 소수점 셋째 자리를 '리'라 하므로 제시된 수를 정리하면 다음과 같다.

① 1.097

② 10할 9푼 7리=1.097

③ 1할 9푼 7리=0.197

④ 109.7%=1.097

22 정답 ③

소수점 첫째 자리를 '할', 소수점 둘째 자리를 '푼', 소수점 셋째 자리를 '리'라 하므로 210의 3할 4푼 5리는 210×0.345를 구하라는 뜻이다. $210\times0.345=72.45$이다.

23 정답 ③

전체 직원의 수는 $45+80=125$명이다. 전체 직원 수에 대한 안경을 낀 사람의 비율은 $\frac{45}{125}$이므로 이를 소수로 나타내면 0.36이다. 0.36을 할푼리로 나타내면 3할 6푼이다.

24 정답 ②

길이의 단위환산은 '1cm=10mm, 1m=100cm, 1km=1,000m=100,000cm'이므로

0.0035km=3.5m=350cm=3500mm이다.

25 정답 ④

가로의 길이가 7m, 세로의 길이가 12m인 직사각형의 넓이는 $84m^2$이다.

이때, $84m^2=84000000mm^2=840000cm^2=0.000084km^2$=가 되어야 옳다.

26 정답 ②

$1cm^3=1,000mm^3$, $1m^3=1,000,000cm^3$, $1km^3=1,000,000,000m^3$이고, $1mL=1cm^3$, $1dL=100cm^3=100mL$, $1L=1,000cm^3=10dL$이므로 제시된 단위를 m^3로 환산하면 다음과 같다.

① $27000m^3$

② $0.00027km^3=270000m^3$

③ $2700000dL=270m^3$

④ $27000L=27m^3$

그러므로 부피(들이)가 가장 큰 것은 $270000m^3$에 해당하는 $0.00027km^3$이다.

27 정답 ①

1kg=1,000g, 1t=1,000kg=1,000,000g이므로 제시된 단위를 kg으로 환산하면 다음과 같다.

① 3102g=3.102kg

② 3.2kg

③ 0.00312t=3.12kg

④ 31.2kg

그러므로 무게가 가장 작은 것은 3.102kg인 3102g이다.

28 정답 ②

1분=60초, 1시간=60분=3,600초이므로 제시된 단위를 분으로 환산하면 다음과 같다.

① 36분

② 360초=6분

③ 0.2시간=12분

④ 1200초=20분

그러므로 가장 짧은 시간은 6분에 해당하는 360초이다.

29 정답 ②

1페소=22.95이므로 30페소=$30\times22.95=688.5$원이다.

30 정답 ③

100엔=1,025원이므로 1엔=10.25원이다. 그러므로 80엔=$80\times10.25=820$원이다.

31 정답 ③

앞의 수에 2부터 2씩 늘어나며 더해지는 규칙을 가지고 있다.

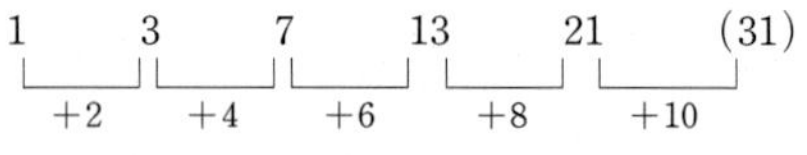

그러므로 $21+10=31$이다.

32 정답 ②

앞의 수에 3을 곱한 뒤 1을 빼는 규칙을 가지고 있다.

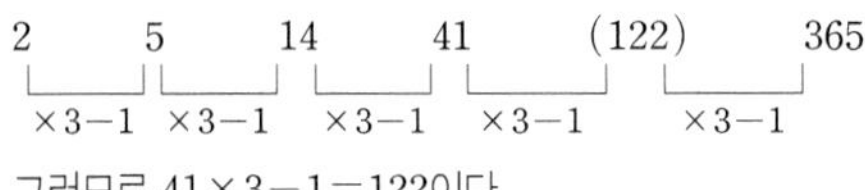
2 5 14 41 (122) 365
×3−1 ×3−1 ×3−1 ×3−1 ×3−1

그러므로 $41\times3-1=122$이다.

33 정답 ①

앞의 수에 +7과 −3을 반복하는 규칙을 가지고 있다.

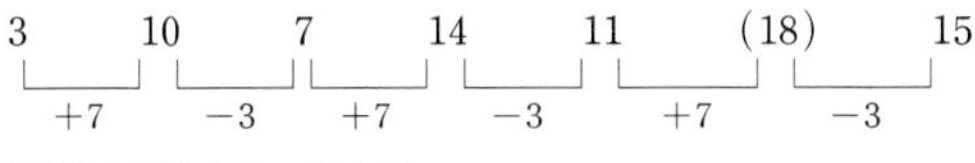
3 10 7 14 11 (18) 15
+7 −3 +7 −3 +7 −3

그러므로 $11+7=18$이다.

34 정답 ④

분모는 +2씩, 분자는 ×2씩 반복하는 규칙을 가지고 있다.

분자	1	2	4	8	(16)
분모	3	5	7	9	(11)

그러므로 $\frac{8}{9}$의 분모인 9에는 +2를, 분자인 8에는 ×2를 하여 $\frac{16}{11}$이다.

35 정답 ③

36의 양의 약수들이 작은 수부터 나열되어 있다.
36의 양의 약수는 1, 2, 3, 4, 6, 9, 12, 18, 36이므로 빈칸에 들어갈 수는 9이다.

36 정답 ①

알파벳을 숫자로 치환한 후, 앞의 수에 4를 더하는 규칙을 가지고 있다.

2	6	10	(14)	18	22
B	F	J	(N)	R	V

그러므로 $10+4=14$이고 14는 알파벳 N이다.

Tip

알파벳의 숫자 치환

A	B	C	D	E	F	G	H	I	J
1	2	3	4	5	6	7	8	9	10
K	L	M	N	O	P	Q	R	S	T
11	12	13	14	15	16	17	18	19	20
U	V	W	X	Y	Z				
21	22	23	24	25	26				

37 정답 ③

알파벳을 숫자로 치환한 후, 앞의 수에 ×2, −1, −1을 반복하는 규칙을 가지고 있다.

4	8	7	6	12	(11)	10	20
D	H	G	F	L	(K)	J	T

그러므로 $12-1=11$이고 11은 알파벳 K이다.

38 정답 ④

합성수란 1과 자신 이외의 다른 수를 약수로 가지는 수, 즉 약수가 3개 이상인 수를 말하는데 1은 합성수도 소수도 아니며 2와 3은 소수이다. 4는 약수로 1, 2, 4를 가지고 있기 때문에 합성수이다.

39 정답 ③

60과 6을 각각 소인수분해하면

$60=2^2\times3\times5$, $6=2\times3$이므로 두 자연수 a와 b는 (2×3)을 공통 소인수로 가지면서 2^2과 5 역시 소인수로 가져야한다. $a>b$라 하였으므로 가능한 a와 b의 쌍은 $(2^2\times3\times5,\ 2\times3)$과 $(2\times3\times5,\ 2^2\times3)$이다. $a=60(=2^2\times3\times5)$, $b=6(=2\times3)$일 때의 $a+b=66$이고 $a=30(=2\times3\times5)$, $b=12(=2^2\times3)$일 때의 $a+b=42$이므로 $a+b$의 최솟값은 42이다.

40 정답 ①

360을 소인수분해하면

$360=2^3\times3^2\times5$이므로 약수의 개수는

$(3+1)\times(2+1)\times(1+1)=4\times3\times2=24$(개)이다.

약수의 개수

자연수 A가 '$A=a^m \times b^n$(a와 b는 서로 다른 소수, m과 n은 자연수)'으로 소인수분해될 때, A의 약수의 개수는 '$(m+1) \times (n+1)$'이 된다.

41 정답 ③

약수가 3개 이상인 수는 합성수이다. 그러므로 1부터 100까지의 자연수 중 1과 소수의 개수를 빼면 합성수의 개수를 구할 수 있다. 1부터 100까지의 자연수 중 소수는 2, 3, 5, 7, 11, 13, 17, 19, 23, 29, 31, 37, 41, 43, 47, 53, 59, 61, 67, 71, 73, 79, 83, 89, 97로 25개이다. 그러므로 합성수의 개수는 $100-25-1=74$(개)이다.

42 정답 ④

서로소는 최대공약수가 1인 두 자연수, 즉 1 이외의 공약수가 존재하지 않는 둘 이상의 자연수를 의미하는데, $91=7\times13$이므로 13과 91은 서로소 관계가 아니다.

43 정답 ①

A : $\frac{5}{7}$의 $\frac{3}{4}=\frac{5}{7}\times\frac{3}{4}=\frac{15}{28}=\frac{375}{700}$

B : $\frac{8}{15}$의 $\frac{3}{5}=\frac{8}{15}\times\frac{3}{5}=\frac{8}{25}=\frac{224}{700}$

그러므로 A>B이다.

44 정답 ②

A와 B를 통분하면

A : $\frac{27\times10}{95\times10}=\frac{270}{950}$

B : $\frac{19\times19}{50\times19}=\frac{361}{950}$

그러므로 A<B이다.

45 정답 ③

A : $(3^{10}\times3^{-6})^2\div3^4=(3^4)^2\div3^4=3^8\div3^4=3^4$

B : $(3^{-2})^3\times3^{10}=3^{-6}\times3^{10}=3^4$

그러므로 A=B이다.

46 정답 ①

A : $\frac{1}{(0.1)^4}=\frac{1}{0.0001}=10{,}000$

B : $\left(\frac{1}{\sqrt{0.001}}\right)^2=\frac{1}{0.001}=1{,}000$

그러므로 A>B이다.

47 정답 ①

A와 B를 4제곱하면

$A^4=(2\sqrt{3\sqrt{2}})^4=2^4\times3^2\times2=288$

$B^4=(\sqrt{\sqrt{48\sqrt{15}}})^4=48\sqrt{15}$

$\sqrt{16}=4$이므로 $\sqrt{15}=3.\times\times$임을 알 수 있다.

$48\times4=192$이므로 $48\sqrt{15}<192$, 즉 A>B이다.

48 정답 ④

$a>0$이므로 $-\sqrt{a^2}=-a$이다.

오답해설

① $\sqrt{a^2}=a$

② $\sqrt{(-a)^2}=a$

③ $(-\sqrt{a})^2=a$

49 정답 ③

$a<0$이므로 $-\sqrt{a^2}=a$이다.

오답해설

① $\sqrt{a^2}=-a$

② $\sqrt{(-a)^2}=-a$

④ $|-\sqrt{a^2}|=-a$

50 정답 ②

$-1<x<1$이면

$$\sqrt{(x-1)^2}+\sqrt{(x+1)^2}=-(x-1)+x+1$$
$$=-x+1+x+1=2$$

오답해설

① $x>1$이면 $\sqrt{(x-1)^2}+\sqrt{(x+1)^2}=(x-1)+(x+1)=2x$

③ $x<-1$이면

$$\sqrt{(x-1)^2}+\sqrt{(x+1)^2}=-(x-1)-(x+1)$$
$$=-x+1-x-1=-2x$$

④ $x=1$ 또는 $x=-1$이면 $\sqrt{(x-1)^2}+\sqrt{(x+1)^2}=0+2=2$

CHAPTER 1 기초연산능력

02 응용계산

PART 03

01 ④	02 ②	03 ①	04 ③	05 ③	06 ④	07 ②	08 ③	09 ①	10 ③
11 ①	12 ②	13 ④	14 ②	15 ④	16 ①	17 ④	18 ③	19 ③	20 ③
21 ②	22 ④	23 ③	24 ②	25 ④	26 ③	27 ③	28 ④	29 ④	30 ①
31 ②	32 ②	33 ④	34 ①	35 ②	36 ③	37 ④	38 ②	39 ③	40 ③
41 ②	42 ①	43 ③	44 ①	45 ②	46 ③	47 ③	48 ③	49 ①	50 ③
51 ②	52 ③	53 ②	54 ①	55 ①	56 ③	57 ②	58 ④	59 ②	60 ③
61 ②	62 ②	63 ②	64 ①	65 ④	66 ③	67 ①	68 ①	69 ④	70 ①
71 ③	72 ③	73 ③	74 ③	75 ②	76 ②	77 ③	78 ③	79 ④	80 ②
81 ③	82 ④	83 ①	84 ③	85 ①					

01 정답 ④

A가 올라간 거리를 x라 하면 내려온 거리는 $x+3$이라 할 수 있다. 올라간 시간과 내려온 시간을 각각 구해서 더하면 총 시간인 4시간 12분이 나와야 한다.

$\frac{x}{4}+\frac{x+3}{5}=4\frac{12}{60}$

$\therefore x=8$

올라간 거리가 8km이므로 내려온 거리는 11km이다. A가 올라간 거리와 내려온 거리를 합치면 19km이다.

Tip

거리 · 속력 · 시간

- 거리=속력×시간
- 속력=$\frac{거리}{시간}$
- 시간=$\frac{거리}{속력}$

02 정답 ②

열차가 다리를 완전히 통과하려면 열차가 이동한 총 거리가 다리의 길이+열차의 길이가 되어야 한다. 그러므로 거리는 300m, 시간은 20초이므로 속력=$\frac{300}{20}$=15(m/s)이다.

03 정답 ①

두 사람이 이동한 시간을 x시간이라 하고 두 사람이 이동한 거리를 구하는 식을 세우면 두 집 사이의 거리인 36km가 나와야 한다.

$2x+4x=36$

$\therefore x=6$

그러므로 두 사람은 출발한지 6시간 후에 만나게 된다.

04 정답 ③

편의점에서 마트까지의 거리를 x라 하고, A와 B가 걸린 시간의 차이는 7분임을 이용하여 식을 세운다.

$\frac{x}{40}-\frac{x}{60}=7$

$\therefore x=840$

그러므로 편의점에서 마트까지의 거리는 840m이다.

05 정답 ③

A자동차와 B자동차가 움직인 거리를 구하면 다음과 같다.

- A자동차 : 70×1.5=105(km)
- B자동차 : 50×1.5=75(km)

그러므로 두 자동차 사이의 거리는 105−75=30(km)이다.

06 정답 ④

회사에서 집까지의 거리를 x로 놓고 35분을 시간으로 바꾸어 시간의 식을 구하면

$\frac{x}{20}-\frac{x}{45}=\frac{35}{60}$

$\therefore x=21$

그러므로 회사에서 집까지의 거리는 21km이다.

07 정답 ②

A는 분속 50m의 속력으로 달리므로 600m를 달리는 데 $\frac{600}{50}=12$분이 걸린다. 12분 동안 B가 달린 거리는 12(분)×30(m/분)=360m이므로 총 600m의 거리에서 남은 거리를 계산해주면 된다.

$600-360=240(\text{m})$

그러므로 B는 240m를 더 가야 도착할 수 있다.

08 정답 ③

A와 B가 반대 방향으로 걷다가 만나려면 총 걸어간 시간이 같아야 한다. A가 걸어간 거리를 x라고 놓으면 B가 걸어간 거리는 $1500-x$가 된다(1.5km=1500m). 시간을 구하는 식을 세우면

$\frac{x}{20}=\frac{1500-x}{30}$

$\therefore x=600\text{m}$

그러므로 A는 600m, B는 900m를 걸었으며 A가 600m를 가는 데 걸리는 시간은 $\frac{600}{20}=30$(분)이므로 두 사람은 오전 10시 30분에 처음으로 만나게 된다.

09 정답 ①

정지한 물에서의 배의 속력을 x, 강물의 속력을 y로 놓고 식을 세우는데, 강을 거슬러 올라갈 때에는 배의 속력에서 강물의 속력을 빼준 값이 속력이 되고, 강을 내려올 때에는 배의 속력과 강물의 속력을 더한 값이 속력이 된다.

- 강을 올라갈 때 : $2\times(x-y)=20$
- 강을 내려올 때 : $\frac{5}{3}\times(x+y)=20$

위의 두 식을 연립하면 $x=11$, $y=1$이 나오므로 강물의 속력(y)은 1km/시이다.

강물과 배의 속력

정지한 물에서의 배의 속력 : x, 강물의 속력 : y

- 강을 거슬러 올라갈 때의 속력 : $x-y$
- 강을 타고 내려올 때의 속력 : $x+y$

10 정답 ③

A가 걸어간 거리를 x라고 하면 뛰어간 거리는 $1200-x$라 할 수 있다. 시간을 구하는 식을 세우면

$\frac{x}{60}+\frac{1200-x}{150}=16$

$\therefore x=800$

그러므로 A가 걸어간 거리는 800m, 뛰어간 거리는 400m이다.

11 정답 ①

농도$=\frac{\text{소금의 양}}{\text{물의 양}+\text{소금의 양}}\times100$이므로

$\frac{60}{240+60}\times100=20(\%)$이다.

12 정답 ②

35% 소금물 300g에 들어있는 소금의 양

: $300\times\frac{35}{100}=105(\text{g})$

물을 120g 더 넣었으므로 구하고자 하는 용액의 농도는

$\frac{105}{300+120}\times100=25(\%)$이다.

소금물의 농도

- 소금물의 농도$=\frac{\text{소금의 양}}{\text{소금물의 양}}\times100$
- 소금의 양=소금물의 양$\times\frac{\text{소금물의 농도}}{100}$
- 소금물의 양=소금의 양+물의 양

13 정답 ④

5%의 소금물 100g에 들어있는 소금의 양

: $100\times\frac{5}{100}=5(\text{g})$

15%의 소금물 300g에 들어있는 소금의 양

: $300\times\frac{15}{100}=45(\text{g})$

구하고자 하는 용액의 소금의 양 : $5+45=50(\text{g})$

그러므로 구하고자 하는 용액의 농도는 $\frac{50}{100+300}=12.5(\%)$이다.

14 정답 ②

32%의 소금물 200g에 들어있는 소금의 양

: $200\times\frac{32}{100}=64(\text{g})$

58%의 소금물 100g에 들어있는 소금의 양

: $100\times\frac{58}{100}=58(\text{g})$

구하고자 하는 용액의 소금의 양 : $64+87=122$

그러므로 구하고자 하는 용액의 농도는 $\frac{122}{100+200}=40.666\cdots$ 이므로 약 40.7%이다.

15 정답 ④

3%의 소금물 300g에 들어있는 소금의 양

: $300\times\frac{3}{100}=9(g)$

증발시키는 물의 양을 y라고 놓고 다시 식을 세우면

$\frac{9}{300-y}\times100=9$, $y=200(g)$

그러므로 200g의 물을 증발시켜야 한다.

16 정답 ①

24%의 소금물 500g에 들어있는 소금의 양

: $500\times\frac{24}{100}=120(g)$

증발시키는 물의 양을 y라고 놓고 다시 식을 세우면

$\frac{120}{500-y}\times100=32$, $y=125(g)$

그러므로 125g의 물을 증발시켜야 한다.

17 정답 ④

13%의 소금물 600g에 들어있는 소금의 양

: $600\times\frac{13}{100}=78(g)$

더 넣은 물의 양을 y라 놓고 다시 식을 세우면

$\frac{78}{600+y}\times100=10$, $y=180(g)$

그러므로 180g의 물을 더 넣어야 한다.

18 정답 ③

36%의 소금물 300g에 들어있는 소금의 양

: $300\times\frac{36}{100}=108(g)$

더 넣은 물의 양을 y라 놓고 다시 식을 세우면

$\frac{108}{300+y}\times100=20$, $y=240(g)$

그러므로 240g의 물을 더 넣어야 한다.

19 정답 ③

넣어야 하는 8% 소금물의 양을 x라고 두면 넣어야 하는 12%의 소금물의 양은 $400-x$이다. 이를 이용하여 소금의 양을 구하는 식을 세우면

$\frac{8x}{100}+\frac{12\times(400-x)}{100}=\frac{9\times400}{100}$, $x=300(g)$

그러므로 8%의 소금물은 300g 더 넣어야 한다.

20 정답 ③

소금물 A의 농도를 x, 소금물 B의 농도를 y로 놓고 'A의 소금의 양+B의 소금의 양=A와 B를 섞은 용액의 소금의 양'임을 이용해서 식을 세운다.

$$\begin{cases}\frac{200}{100}x+\frac{300}{100}y=\frac{500}{100}\times14\\\frac{300}{100}x+\frac{200}{100}y=\frac{500}{100}\times12\end{cases}$$

연립방정식을 풀면 $x=8(\%)$, $y=18(\%)$이다.

21 정답 ②

정가는 원가+이윤이므로 리어카의 정가는 다음과 같이 구할 수 있다.

$30,000+30,000\times0.2=36,000$(원)

이 정가의 30%를 할인하여 가격을 다시 정했다고 하였으므로 $36,000\times(1-0.3)=25,200$(원)이 리어카의 가격이다.

금액

- 정가=원가+이윤
- 판매가=정가−할인금액
- 원가 x원에 a%의 이윤을 붙이면 $x\times\left(1+\frac{a}{100}\right)$원
- 원가 x원에 a%의 할인을 하면 $x\times\left(1-\frac{a}{100}\right)$원

22 정답 ④

원가를 x원이라고 하면 30%의 이윤을 붙여서 정가를 정한다고 했으므로 정가는 $x\times(1+0.3)=1.3x$이다. 이때 팔리지 않아 이 가격에서 800원을 할인한다고 했으므로 실제 판매한 가격은 $1.3x-800$(원)

이때, 위의 가격으로 팔았을 때 개당 1,000원의 이익이 남는다고 했으므로 이는 원가에 1,000원을 더 받은 것과 같다.

$1.3x-800=x+1,000$

$\therefore x=6,000$

그러므로 이 제품의 원가는 6,000원이다.

23 정답 ③

원가에 $x\%$ 이윤을 붙여 정가를 정하면 정가는 $500\times\left(1+\frac{x}{100}\right)$ 원이다. 이를 이용하여 문제의 식을 세워보면

$500\times\left(1+\frac{x}{100}\right)\times(1-0.4)=500\times(1+0.05)$

$300+300\times\frac{x}{100}=525$

$\therefore x=75$

그러므로 원가에 75%의 이윤을 붙여서 정가를 정해야 한다.

24 정답 ②

150,000원에서 우선 10%를 할인했을 때의 가격은 $150{,}000\times0.9=135{,}000$원이다. 여기서 20%를 추가 할인해주면 $135{,}000\times0.8=108{,}000$원이다.

25 정답 ④

800원에 $a\%$를 인상하면 $800\times(1+\frac{a}{100})$원이고, 이를 다시 $a\%$할인하면 $\left\{800\times\left(1+\frac{a}{100}\right)\right\}\times\left(1-\frac{a}{100}\right)$이다. 처음 가격보다 4% 저렴해졌다고 하였으므로 $800\times\frac{96}{100}$이고, 식을 세우면 다음과 같다.

$\left\{800\times\left(1+\frac{a}{100}\right)\right\}\times\left(1-\frac{a}{100}\right)=800\times\frac{96}{100}$

양변을 800으로 나누고 식을 정리하면

$1-\frac{a^2}{100^2}=\frac{96}{100}$

$\therefore a=20$

26 정답 ③

주어진 내용을 정리하면 다음과 같다.

떡볶이+순대+어묵=26,000 … ㉠

순대=어묵+1,500 … ㉡

떡볶이=순대+어묵−1,000 … ㉢

㉢의 식에 ㉡을 대입하면

떡볶이=(어묵+1,500)+어묵−1,000

=2어묵+500 … ㉣

㉠의 식에 ㉡과 ㉣을 대입하면

(2어묵+500)+(어묵+1,500)+어묵=26,000

4어묵=24,000

∴ 어묵=6,000(원), 순대=7,500원, 떡볶이=12,500(원)

27 정답 ③

일주일은 7일이고 100일÷7=14…2, 나머지가 2이므로 100일 후에는 수요일보다 이틀 후인 금요일이 된다.

28 정답 ④

전체 일의 양이 1일 때, A기계는 하루에 $\frac{1}{15}$만큼, B기계는 하루에 $\frac{1}{9}$만큼 일을 한다. A기계와 B기계를 함께 작동시킨다고 할 때 걸리는 시간을 x라 놓고 식을 세우면

$\left(\frac{1}{15}+\frac{1}{9}\right)\times x=1,\ x=\frac{45}{8}$

$\frac{45}{8}=5\frac{5}{8}$이므로 A기계와 B기계가 같이 일을 하면 5일하고도 15시간$\left(=24\text{시간}\times\frac{5}{8}\right)$이 걸린다. 그러므로 2021년 5월 1일 오전 7시로부터 5일 15시간이 지난 시점인 5월 6일 오후 10시에 일을 모두 마칠 수 있다.

일의 양

- 작업량$=\frac{1}{\text{걸리는 시간}}$
- 걸리는 시간$=\frac{1(=\text{일의 양})}{\text{작업량}}$

29 정답 ④

전체 일의 양이 1일 때, A와 B가 하루에 일하는 양을 각각 x, y라 하면

$6(x+y)=1$, $3x+12y=1$이라는 식을 세울 수 있다. 이를 연립하여 풀면 $x=\frac{1}{9}$, $y=\frac{1}{18}$이다. 그러므로 B는 하루에 $\frac{1}{18}$씩 일을 할 수 있으므로 혼자서 이 일을 마치려면 18일이 걸린다.

30 정답 ①

전체 일의 양이 1일 때, A는 하루에 $\frac{1}{14}$만큼, B는 하루에 $\frac{1}{35}$만큼 일을 한다. B는 쉬지 않고 일을 하였으므로 총 30일을 일하였고, A가 일을 한 날을 x라 하고 식을 세우면 다음과 같다.

$\frac{1}{14}x+\frac{1}{35}\times30=1$

$\therefore x=2$

그러므로 A는 2일을 일하고 쉬었다.

31 정답 ②

전체 일의 양이 1일 때, A는 1시간에 $\frac{1}{60}$만큼, B는 1시간에 $\frac{1}{90}$만큼 일을 한다. 이때 A와 B가 함께 일을 하면 20%의 분업 효과를 얻을 수 있다고 하였으므로 A와 B가 함께 일할 때의 1시간에 하는 일의 양은 $\left(\frac{1}{60}+\frac{1}{90}\right)\times\frac{120}{100}=\frac{1}{30}$

그러므로 A와 B가 함께 일을 한다면 30시간 만에 일을 마칠 수 있다.

32 정답 ②

A꼭지는 1분 동안 $\frac{1}{6}$만큼을, B꼭지는 1분 동안 $\frac{1}{10}$만큼을, C꼭지는 1분 동안 $\frac{1}{15}$만큼을 채운다. 3개의 꼭지를 동시에 열면 1분 동안 $\frac{1}{6}+\frac{1}{10}+\frac{1}{15}=\frac{10}{30}=\frac{1}{3}$만큼을 채울 수 있다. 그러므로 기름통을 꽉 채우기 위해서는 $1\div\frac{1}{3}=3$(분)이 걸린다.

33 정답 ④

A관이 1분 동안에 채울 수 있는 물의 양을 x(L)라 하면

$15x=400\times\frac{60}{100}=240$, $x=16$(L)이다.

A관은 1분에 16(L)의 물을 채울 수 있으므로 600L짜리 물통을 가득 채우려면 $600\div16=37.5$(분)이 소요된다.

34 정답 ①

A가 끈의 $\frac{1}{3}$을 가져가고 남은 끈의 길이는 $\frac{2}{3}$M이다. B가 그 절반을 가져갔으므로 남은 끈의 길이는 $\frac{1}{3}$M이고 C가 다시 그 끈의 $\frac{1}{3}$을 가져갔으므로 남은 끈은 $\frac{2}{9}$M이다. 마지막으로 D가 남은 끈의 절반을 가져갔으므로 남은 끈의 길이는 $\frac{1}{9}$M이다.

$\frac{1}{9}\text{M}=60(\text{cm})$, $\text{M}=540(\text{cm})$이다.

35 정답 ②

해야 할 전체 일의 양을 x로 둔다면

- 첫째 날 이후 남은 양 : $\frac{3}{4}x$
- 둘째 날 이후 남은 양 : $\frac{3}{4}x\times\frac{3}{5}=\frac{9}{20}x$

이므로 $\frac{9}{20}x$의 절반씩을 셋째 날과 마지막 날에 나누어서 해야 한다. 그러므로 마지막 날에 해야 할 일의 양은 $\frac{9}{40}x$이므로 전체의 22.5%이다.

36 정답 ③

지난달에 생산한 물건 A의 개수를 x라 하면 B의 개수는 $1500-x$가 된다. 이번 달에 더 생산하려는 물건의 개수는 각각 $0.08x$, $0.13\times(1{,}500-x)$이므로 식을 세우면

$0.08x+0.13\times(1{,}500-x)=150$

$\therefore x=900$

그러므로 지난달에 생산한 물건 A의 개수는 900개, 물건 B의 개수는 600개이다.

37 정답 ④

작년의 남직원 수를 x명, 여직원 수를 y명이라 하고 작년과 올해의 직원 수에 대한 식을 세우면

$$\begin{cases} x+y=780 \\ 0.95x+1.07y=789 \end{cases}$$

연립방정식을 풀면 $x=380$, $y=400$이다. 그러므로 올해 여자 직원의 수는 $400\times1.07=428$(명)이다.

38 정답 ②

지난달 A, B 두 제품의 생산량을 각각 x개, y개라 하고 지난달과 이번 달의 생산량에 대한 식을 세우면

$$\begin{cases} x+y=700 \\ 0.2x-0.125y=49 \end{cases}$$

연립방정식을 풀면 $x=420$, $y=280$이다. 그러므로 이번 달의 B 제품의 생산량은 $280\times0.125=35$(개) 감소하였으므로 $280-35=245$(개)이다.

39 정답 ③

현재 형과 동생의 나이 비에 따라 형과 동생의 나이를 각각 $4x$, $3x$라 하고 8년 뒤의 나이 비례식을 세우면 된다.

$(4x+8):(3x+8)=5:4$

비례식을 풀면 $x=8$이므로 현재 형의 나이는 32살, 동생의 나이는 24살로 나이차는 8살이다.

40 정답 ③

작년 남녀 비율에 따라 남자 직원을 $8x$, 여자 직원을 $5x$라 하고, 올해 추가된 여자 직원의 수를 y라 하여 올해 남녀 비율과 총 직원 수를 식으로 세우면 된다.

$$\begin{cases} 8x+(5x+y)=560 \\ 8x:(5x+y)=4:3 \end{cases}$$

연립방정식을 풀면 $x=y=40$이므로 올해 뽑은 여자 직원은 40명, 작년 남자 직원 수는 320명$(=8\times40)$, 여자 직원 수는 200명$(=5\times40)$이다.

41 정답 ②

작년 A회사의 매출액을 x, B회사의 매출액을 y로 놓고 작년과 올해의 매출액에 대한 식을 세우면 다음과 같다.

$$\begin{cases} x+y=90\text{억} \\ 1.2x:0.9y=16:15 \end{cases}$$

연립방정식을 풀면 $x=40$억(원), $y=50$억(원)이다.

42 정답 ①

A요금제는 초과 요금이 1시간당 3,000원씩 붙고, B요금제는 초과 요금이 1시간당 4,000원씩 붙는다. 이를 참고하여 4시간 사용 시 A와 B요금제의 요금을 구하면 다음과 같다.

- A요금제 : $10{,}000+3\times3{,}000=19{,}000$(원)
- B요금제 : $15{,}000+2\times4{,}000=23{,}000$(원)

그러므로 4시간 사용 시 A요금제가 $23{,}000-19{,}000=4{,}000$(원)만큼 더 저렴하다.

43 정답 ③

전체 인원을 x(명)이라고 하면 x명의 개별 입장료는 $4{,}500x$, 30명의 단체 입장료는 $(4{,}500\times30)\times0.85=114{,}750$(원)이다. 30명의 단체 입장료를 내고 입장하는 것이 유리하기 위해서는 (x명의 개별 입장료)>(30명의 단체 입장료)이어야 한다. 이를 식으로 세우면

$4{,}500x>114{,}750$

$x>25.5$

따라서 최소한 26명 이상일 때 30명의 단체 입장료를 내는 것이 유리하다.

44 정답 ①

빨간 펜은 2개, 파란 펜은 6개, 검은 펜은 3개가 남았으므로 사람들에게 나누어준 펜들의 개수는 각각 빨간 펜 78개, 파란 펜 54개, 검은 펜 72개이다. 78, 54, 72의 최대공약수는 6이므로 6명의 사람들에게 각각 $78\div6=13$(개), $54\div6=9$(개), $72\div6=12$(개)의 펜을 나누어 준 것이다.

45 정답 ②

닭의 수를 x라고 하면 돼지의 수는 $300-x$이다. 다리를 구하는 식을 세우면

$4\times(300-x)+2x=940$

$\therefore x=130$

그러므로 닭은 모두 130마리이다.

46 정답 ③

하루에 8시간씩 일을 하므로 하루에 $8\times8{,}800=70{,}400$(원)을 벌 수 있다. 160만 원을 70,400원으로 나누면 22.7272…이므로 A는 최소 23일 이상 아르바이트를 해야 노트북을 살 수 있다.

47 정답 ③

텐트의 개수를 x로 놓고 사람 수를 구하는 식을 세우면

$3x+4=4(x-1)+2$

$\therefore x=6$

그러므로 텐트의 개수는 6개이고, 캠핑장에 간 A동호회 사람의 수는 $3\times6+4=4\times5+2=22$(명)이다.

48 정답 ③

저번 달에 주문한 아메리카노를 x잔으로 놓으면 저번 달에 주문한 딸기 주스의 수량은 $300-x$잔이다. 이를 이용해 이번 달의 주문 수량을 식으로 세워보면

$\frac{x}{2}+3\times(300-x)=600$

$\therefore x=120$

그러므로 저번 달에 아메리카노는 120잔, 딸기 주스는 $300-120=180$(잔)을 주문하였다.

49 정답 ①

원형으로 연결되어 있을 때의 간격 수는 나무의 그루 수와 같다. 그러므로 $\frac{A}{B}$그루가 필요하다.

50 정답 ③

두 기둥 사이의 12m짜리 간격은 총 $120\div12=10$(개)이고, 양 기둥에도 포스터를 붙인다고 하였으므로 $10+1=11$(개)이다.

51 정답 ②

한 변에 들어갈 간격은 $10 \div 2 = 5$(개)이고, 양 끝에 해당하는 모서리에는 깃발을 꽂지 않으므로 한 변에 필요한 깃발의 수는 $5-1=4$(개)이다. 정사각형이므로 필요한 깃발은 모두 $4 \times 4 = 16$(개)이다.

52 정답 ③

연속하는 두 자연수를 $x-1$, x라고 놓으면
$x^2-(x-1)^2=63$
$\therefore x=32$
그러므로 연속하는 두 자연수는 31, 32이고 큰 수는 32이다.

53 정답 ②

연속하는 세 짝수를 $x-2$, x, $x+2$로 놓으면
$(x-2)+x+(x+2)=366$, $x=122$가 되어 연속하는 세 짝수는 120, 122, 124이다.
연속하는 세 홀수를 $y-2$, y, $y+2$로 놓으면
$(y-2)^2+y^2+(y+2)^2=83$, $y=5$가 되어 연속하는 세 홀수는 3, 5, 7이다.
그러므로 두 수의 합은 $120+7=127$이다.

54 정답 ①

처음 회원의 수를 x라 하고, 새로운 회원이 들어온 후의 평균 나이를 구하는 식을 세우면
$(30x+26) \div (x+1)=29$
$\therefore x=3$
그러므로 처음 회원의 수는 3명이다.

55 정답 ①

현재 동생의 나이를 x(살)이라 하면 현재 형의 나이는 $x+7$(살)이다. 8년 후 동생의 나이는 $x+8$(살)이고 8년 후 형의 나이는 $(x+7)+8=x+15$(살)이 된다. 이때 두 사람의 나이의 비가 6 : 5이므로
$x+15 : x+8=6 : 5$
$\therefore x=27$
그러므로 현재 동생의 나이는 27살이다.

56 정답 ③

직원의 수를 x라 놓고 식을 세우면
$3x+7=4x-14$
$\therefore x=21$
직원이 21명이므로 샤프의 총 개수는 $21 \times 3+7=21 \times 4-14=70$(개)이다.

57 정답 ②

오후 1시 5분에 시작하여 2시간 30분 동안 진행되었으므로 회의는 3시 35분에 끝났다. 3시 35분에서의 분침과 시침의 각도를 각각 구하면

- 분침 : $6° \times 35=210°$
- 시침 : $30° \times 3+0.5° \times 35=107.5°$

그러므로 시침과 분침 사이의 각도는 $210°-107.5°=102.5°$이다.

시계의 각도

- 시침이 1시간 동안 이동하는 각도 : $\frac{360°}{12}=30°$
- 시침이 1분 동안 이동하는 각도 : $\frac{360°}{12 \times 60}=0.5°$
- 분침이 1분 동안 이동하는 각도 : $\frac{360°}{60}=6°$

58 정답 ④

시침과 분침이 겹친다는 것은 시침의 각도와 분침의 각도가 일치한다는 뜻이다. 9시로부터 x분이 지났다고 보면 시침과 분침은 각각 다음과 같이 움직인다.

- 시침 : $270°+0.5x$
- 분침 : $6x$

그러므로 $270+0.5x=6x$로 놓고 계산하면 $x=\frac{270}{5.5}=\frac{540}{11}$(분)이 된다.

시침과 분침의 관계

A시 B분일 경우

- 시침과 분침이 일치 : $30A+0.5B=6B$
- 시침과 분침이 일직선 : $|30A+0.5B-6B|=180°$

59 정답 ②

1시간마다 5분씩 빨리 가는 시계의 실제 시간은 다음과 같이 구할 수 있다. 이 시계상에서 2시로부터 5시까지 총 3시간이 지났으므로, 실제 시간보다 5분×3=15분이 빨리 지나있는 상태이다. 그러므로 이 시계가 나타내는 시각인 5시에서 15분을 뺀 4시 45분이 현재의 실제 시간이라 볼 수 있다.

늦게 가는 시계

만약 반대로 1시간마다 5분씩 늦게 가는 시계의 실제 시간을 구하는 문제였다면 다음과 같이 구할 수 있다. 이 시계상에서 2시로부터 5시까지 총 3시간이 지났으므로, 실제 시간보다 5분×3=15분이 덜 지나있는 상태이다. 그러므로 이 시계가 나타내는 시각인 5시에서 15분을 더한 5시 15분이 현재의 실제 시간이라 볼 수 있다.

60 정답 ③

전체 사원수를 x라 하면

- 여름휴가를 미리 사용할 사원의 수 : $\frac{5}{12}x$
- 그중에 해외로 갈 예정인 사원의 수 : $\left(\frac{5}{12}x\right)\times\frac{2}{5}=\frac{1}{6}x$
- 해외는 가지 않고 여름 휴가를 미리 사용할 사원의 수
  : $\frac{5}{12}x-\frac{1}{6}x=12$

$\therefore x=48$

그러므로 이 팀의 전체 사원은 48명이다.

61 정답 ②

부서의 전체 직원의 수를 x라 하면

- 자동차를 이용하는 사람의 수 : $\frac{3}{8}x$
- 버스를 이용하는 사람의 수 : $\frac{1}{5}x$
- 둘 다 이용하지 않는 사람의 수 : $x-(\frac{3}{8}x+\frac{1}{5}x)=17$

$\therefore x=40$

그러므로 이 부서 전체 직원은 40명이다.

62 정답 ②

처음 승진 대상자 : 40명

1단계 통과자 : $40\times60\%=40\times\frac{60}{100}=24$명

2단계 응시자 : $24\times\frac{2}{3}=16$명

2단계에 응시한 16명 중 10명이 떨어졌으므로 6명이 최종 승진한 것이다.

그러므로 최종 승진자는 처음 40명의 $\frac{6}{40}\times100=15\%$이다.

63 정답 ②

1차 시험의 합격자는 $200\times\frac{70}{100}=140$(명)이고, 이 중에서 2차 시험에 응시한 사람은 $140\times\frac{80}{100}=112$(명)이다. 2차 시험에서 17명이 떨어졌으므로 마지막 면접 시험을 응시한 사람은 95명이고, 40%가 떨어졌으므로 최종 합격자는 95명의 60%인 $95\times\frac{60}{100}=57$명이다. 처음 응시자가 200명이었으므로 최종 합격자는 $\frac{57}{200}\times100=28.5(\%)$이다.

64 정답 ①

지난 분기에 A가 판매한 TV 개수를 x로 놓으면 지난 분기에 B가 판매한 TV 개수는 $450-x$이다. A의 판매량은 15% 증가하였고 B의 판매량은 10% 감소하여서 두 사람의 이번 분기 판매량의 합은 480대이다(=450+30). 이를 이용하여 식을 세우면

$(1+0.15)x+(1-0.1)\times(450-x)=480$

$\therefore x=300$

이를 표로 정리하면 다음과 같다.

구분	지난 분기	이번 분기
A	300대	300+45=345대
B	150대	150−15=135대

그러므로 이번 분기에 B가 판매한 TV의 수량은 135(대)이다.

65 정답 ④

A가 10번 중 6번 이기고 1번은 비겼다면 3번은 진 것이다. 반대로 B는 10번 중 3번 이기고 1번은 비기고 6번은 진 것이다. 이를 표로 정리하면 다음과 같다.

	A	B
이김(+5)	5×6=30	5×3=15
비김(0)	0	0
짐(−3)	−3×3=−9	−3×6=−18
계단위치	30−9=21	15−18=−3

즉, A는 처음 위치보다 21칸 위로 올라갔고, B는 처음 위치보다 3칸 아래로 내려갔으므로 A와 B의 계단 차는

$21+|-3|=24$(칸)이다.

66 정답 ③

맞힌 문제를 x개라 하면 틀린 문제는 $20-x$개이다. 이를 식으로 세우면

$5x-2(20-x)\geq 80$

$7x\geq 120$

$x\geq 17.14\cdots$

그러므로 적어도 18문제를 맞혀야 80점을 넘길 수 있다 $(5\times 18-2\times 2=86(\text{점}))$.

오답해설

① $5\times 16-2\times 4=72(\text{점})$

② $5\times 17-2\times 3=79(\text{점})$

67 정답 ①

처음 공을 떨어뜨린 높이를 x라고 놓고 식을 세우면

• A의 공이 두 번째 튀어 오른 높이 : $\left(\frac{2}{5}\right)^2 x=\frac{4}{25}x$

• B의 공이 두 번째 튀어 오른 높이 : $\left(\frac{7}{10}\right)^2 x=\frac{49}{100}x$

이 둘의 차이가 165cm라고 하였으므로

$\frac{49}{100}x-\frac{4}{25}x=165$

$\frac{33}{100}x=165$

$\therefore x=500$

그러므로 처음 공을 떨어뜨린 높이는 500(cm)이다.

68 정답 ①

음료수의 가격을 x라고 놓고 식을 세우면

$5x+500=7x-1{,}300$

$\therefore x=900$

그러므로 음료수의 가격은 900원임을 알 수 있고, A가 가진 돈은 $5\times 900+500=7\times 900-1{,}300=5{,}000(\text{원})$임을 알 수 있다. 900원짜리 음료수를 6개 사면 $900\times 6=5{,}400(\text{원})$이므로 400원이 부족함을 알 수 있다.

69 정답 ④

집에서 회사까지의 거리가 3,250m이므로 이때의 요금을 계산하면 다음과 같다.

$3{,}250=2{,}000+1{,}250$

$\quad =2{,}000+(250\times 5)$

그러므로 2km까지의 요금과 추가 요금을 더하여 2,700원+500원=3,200원임을 알 수 있다.

회사에서 백화점까지의 요금 4,500원은 다음과 같이 구할 수 있다.

$4{,}500=2{,}700+1{,}800$

$\quad =2{,}700+(100\times 18)$

그러므로 기본 거리 2km에 추가로 250m씩 18번 더 갔으므로 2,000m+(250m×18)=6,500m=6.5km 임을 알 수 있다.

70 정답 ①

A의 x개월 후의 적금 금액은 $840{,}000+80{,}000x$

B의 x개월 후의 적금 금액은 $180{,}000+60{,}000x$

$840{,}000+80{,}000x=3(180{,}000+60{,}000x)$

$300{,}000=100{,}000x$

$\therefore x=3$

그러므로 3개월 후에 A의 적금 금액이 B의 적금 금액의 3배가 된다.

71 정답 ③

형이 매달 입금한 금액을 x(만 원)라고 하면 동생이 매달 입금한 금액은 $x-30$이라 할 수 있다. 5개월 뒤 형이 모은 돈은 $5x$이고 동생이 모은 돈은 $5(x-30)$일 때 각자 쓰고 남은 돈을 식으로 세우면 다음과 같다.

$5x\times\frac{2}{3}=5(x-30)\times\frac{5}{6}$

$\therefore x=150$

그러므로 형은 매달 150만 원을, 동생은 매달 120만 원을 입금했음을 알 수 있다.

72 정답 ③

A부서의 응시 인원 수를 x라고 놓는다면,

• B부서의 응시 인원 수 : $x-15$

• C부서의 응시 인원 수 : $x+22$

• D부서의 응시 인원 수 : 25

$257=x+(x-15)+(x+22)+25$

$\therefore x=75$

그러므로 A부서에서 75명, B부서에서 60명, C부서에서 97명, D부서에서 25명이 응시했음을 알 수 있다.

73 정답 ③

C조 참석자 수를 x명이라고 하면

B조는 $\frac{1}{3}x$명, A조는 $\left(\frac{1}{3}x-5\right)$명이다.

그러므로 $x+\frac{1}{3}x+\left(\frac{1}{3}x-5\right)=105$

$\therefore x=66(\text{명})$

C조는 66명, B조는 22명, A조는 17명이 참석하였다.

74 정답 ③

1층에서 6층까지 5개 층을 오르는 데 걸린 시간이 12초이므로 1개 층을 오르는 데 걸리는 시간은 $12\div5=2.4$(초)이다.
$36\div2.4=15$이므로 1층에서부터 15층을 올라간 16층까지 엘리베이터를 타고 간 것이다.

75 정답 ②

위아래로는 2cm의 여백을 남기고 양옆으로는 3cm의 여백을 남긴다고 하였으므로 타일이 붙여지는 캔버스의 크기는 세로 $44-(2\times2)=40$cm, 가로 $66-(3\times2)=60$cm이다.
한 변의 길이가 5cm인 정사각형 타일을 붙인다고 하였으므로 세로로는 $40\div5=8$(줄), 가로에는 $60\div5=12$(칸)이 필요하게 되어 총 $8\times12=96$(개)의 타일이 필요하다.

76 정답 ②

타일들이 차지하는 가로 길이는 25(cm)×23(장)=575(cm)
타일 사이의 간격을 x(cm)라 하면, 타일 사이의 간격 수는 $(23-1)=22$(개)이므로 총 $22x$(cm).
사무실 벽 양 끝에는 타일 사이 간격의 1.5배만큼의 공간이 있으므로 $1.5x\times2=3x$이다.
그러므로 모두 값들을 더한 길이와 사무실 벽의 가로 길이인 20m(=2,000cm)의 길이가 같아야 한다.
$575+22x+3x=2{,}000$(cm)
$\therefore x=57$(cm)
그러므로 타일과 타일 사이의 간격은 57cm이다.

77 정답 ③

두 기차가 서로 동시에 출발하는 시각의 간격은 15와 20의 최소공배수인 60(분)이다. 즉, 오전 6시에 A기차와 B기차가 동시에 출발하였다면 매 정각마다 두 기차가 동시에 출발함을 알 수 있다. 그러므로 두 기차는 오전 6시, 7시, 8시, 9시, 10시, …에 동시에 출발하므로 오전 9시 30분 이후에 처음으로 동시에 출발하는 시각은 오전 10시이다.

78 정답 ③

신입사원의 수를 x라 하면 $x-3$은 5, 6, 8의 공배수이므로 x가 될 수 있는 수는 120, 240, 360, …이다. 그런데 숙소 수용 최대 인원이 200명이라고 하였으므로 $x-3=120$, $x=123$(명)이 된다.

79 정답 ④

답과 서술내용 모두 맞힌 문항 수를 x, 답이나 서술 내용만 맞은 문항 수를 y라 하고, ㉠과 ㉡의 방법으로 채점한 식을 세우면 다음과 같다.
㉠ $3x+2y=81$
㉡ $30+2x-y-3=81$
두 식을 연립하여 풀면 $x=27$, $y=0$이 나온다. 그러므로 이 시험의 총 문항 수는
$27+0+3=30$(개)이다.

80 정답 ②

합격자의 수를 x, 불합격자의 수를 y라고 두고 식을 세우면
$\begin{cases} x+y=400 \\ 85x+45y=54\times400 \end{cases}$
연립방정식을 풀면 $x=90$, $y=310$이므로 합격자의 수는 90(명)이다.

평균과 점수

평균$=\dfrac{\text{전체 사례값들의 합}}{\text{총 사례 수}}$이므로
어느 시험의 총 점수는 시험 응시자의 수와 평균을 이용하여 구할 수 있다.
예 합격자의 총 점수=합격자의 평균×합격자 수

81 정답 ③

볼펜과 공책 한 세트의 가격은
$500+1{,}300=1{,}800$(원)
$500{,}000\div1{,}800≒277.8$(명)이므로 278명에게 줄 경우에는 세트가 모자라므로 277.8을 소수점 아래 버림한 277명에게 나누어 줄 수 있다.

82 정답 ④

계산 실수한 식을 세워보면
$x\div3-13=33$
$\therefore x=138$
다시 올바르게 계산해보면
$138\times3+13=427$

83 정답 ①

우선 아무 곳에도 가입하지 않은 사람을 제외하고 어디든 동호회에 가입한 사람은 $54-7=47$(명)이다. 두 동호회 모두 가입한 사람을 x명이라 하면

$32+23-x=47$

$\therefore x=8$(명)

그러므로 두 동호회에 모두 가입한 사람은 8명이다.

집합 원소의 개수

- $n(A\cup B)=n(A)+n(B)-n(A\cap B)$
- $n(A\cup B\cup C)=n(A)+n(B)+n(C)-n(A\cap B)-n(B\cap C)-n(C\cap A)+n(A\cap B\cap C)$
- $n(A-B)=n(A)-n(A\cap B)$
- $n(A^c)=n(U)-n(A)$

84 정답 ③

자동차 연비는 16km/L이므로, 560km를 달려 휘발유가 모두 소진된 경우 주유한 휘발유의 양은 $560\div16=35$(L)이다.

그러므로 주유한 휘발유의 가격은 $35\times2{,}000=70{,}000$(원)이 된다.

85 정답 ①

사과 1kg은 24,000원이고, 배는 사과의 절반 가격이므로 배 1kg은 12,000원이다.

사과 1개가 200g일 때 사과 5개는 1kg이고, 배 2개는 사과 5개와 무게가 같으므로 배 2개가 1kg이다.

배를 72,000원만큼 샀다면 6kg만큼 산 것이므로 배는 12개를 샀다.

사과도 72,000원 만큼 샀다면 3kg 만큼 산 것이므로 사과는 15개를 샀다.

그러므로 구매한 사과와 배는 $12+15=27$, 총 27개이다.

CHAPTER 1 기초연산능력

03 경우의 수와 확률

01 ③	02 ②	03 ③	04 ①	05 ③	06 ④	07 ④	08 ③	09 ①	10 ④
11 ④	12 ①	13 ④	14 ④	15 ③	16 ③	17 ②	18 ②	19 ③	20 ④
21 ②	22 ③	23 ③	24 ①	25 ②	26 ①	27 ②	28 ②	29 ③	30 ③
31 ②	32 ④	33 ②	34 ③	35 ④	36 ④	37 ②	38 ④	39 ①	40 ①
41 ③	42 ②	43 ①	44 ③	45 ③	46 ④	47 ③	48 ③	49 ③	50 ④
51 ②	52 ②	53 ①	54 ④	55 ②					

01 정답 ③

눈의 합이 5 : (1, 4), (2, 3), (3, 2), (4, 1)

눈의 합이 7 : (1, 6), (2, 5), (3, 4), (4, 3), (5, 2), (6, 1)

그러므로 $4+6=10$(가지)이다.

02 정답 ②

십의 자리에 올 수 있는 수는 0을 제외한 1부터 9까지이므로 9가지, 일의 자리에 올 수 있는 수는 십의 자리에 들어간 수를 제외한 나머지 9가지이다. 그러므로 만들 수 있는 두 자리 자연수의 개수는 $9\times9=81$(가지)이다.

03 정답 ③

짝수이므로 일의 자리에 0, 2, 4가 올 때의 경우를 각각 나누어 생각한다.

ⅰ) 일의 자리에 0이 올 때

백의 자리에 0을 제외한 5개의 수가 올 수 있고, 십의 자리에는 0과 백의 자리에 들어간 수를 제외한 4개의 수가 올 수 있으므로

$5\times4=20$가지이다.

ⅱ) 일의 자리에 2가 올 때

백의 자리에 0과 2를 제외한 4개의 수가 올 수 있고, 십의 자리에는 2와 백의 자리에 들어간 수를 제외한 4개의 수가 올 수 있으므로

$4\times4=16$가지이다.

ⅲ) 일의 자리에 4가 올 때

백의 자리에 0과 4를 제외한 4개의 수가 올 수 있고, 십의 자리에는 4와 백의 자리에 들어간 수를 제외한 4개의 수가 올 수 있으므로

$4\times4=16$가지이다.

그러므로 ⅰ, ⅱ, ⅲ의 경우를 모두 더한 $20+16+16=52$(가지)이다.

04 정답 ①

- 4의 배수 개수 : $50\div4=12\cdots2\rightarrow12$개
- 7의 배수 개수 : $50\div7=7\cdots1\rightarrow7$개
- 4와 7의 공배수 개수 : $50\div28=1\cdots22\rightarrow1$개

그러므로 $12+7-1=18$(가지)이다.

05 정답 ③

아빠와 엄마가 서로 이웃하여 사진을 찍는다 했으므로 아빠와 엄마를 하나로 생각하여 경우의 수를 구하면 된다. 할아버지, 할머니, (아빠, 엄마), 손자, 손녀이므로 줄을 서는 방법의 수는

$5!=5\times4\times3\times2\times1=120$(가지)

이때 아빠와 엄마끼리도 자리를 바꾸는 경우(2가지)도 생각해야 하므로 구하고자 하는 모든 경우의 수는

$5!\times2=120\times2=240$(가지)이다.

06 정답 ④

여사건의 경우의 수를 이용하면

A를 맨 앞에 세우는 경우의 수에서 A를 맨 앞에 세우면서 A, B가 이웃한 경우의 수를 빼주면 된다.

- A를 맨 앞에 세우는 경우의 수 : $5!=120$
- A와 B가 이웃하는 경우의 수

AB□□□□ : $4!=24$

그러므로 구하는 경우의 수는 $120-24=96$(가지)이다.

여사건

어떠한 사건이 발생하지 않을 사건을 의미한다. 즉, 어떤 사건 A가 발생하지 않을 경우를 A의 여사건이라고 한다. 전체에서 해당 사건을 빼면 여사건을 구할 수 있다.

07 정답 ④

100원, 50원, 10원을 조합하여 500원이 되도록 나열하면 된다.
100원 5개
100원 4개+50원 2개
100원 4개+50원 1개+10원 5개
100원 3개+50원 4개
100원 3개+50원 3개+10원 5개
100원 2개+50원 5개+10원 5개
총 6가지이다.

08 정답 ③

50원짜리 동전을 지불하는 방법의 수
: 0, 1, 2, 3 → 4가지
100원짜리 동전을 지불하는 방법의 수
: 0, 1, 2, 3, 4 → 5가지
500원짜리 동전을 지불하는 방법의 수
: 0, 1, 2 → 3가지
1000원짜리 지폐를 지불하는 방법의 수
: 0, 1 → 2가지
아무 것도 지불하지 않는 경우는 1가지이므로
∴ $(4\times5\times3\times2)-1=119$(가지)

09 정답 ①

만들 수 있는 모든 금액의 수를 표로 나타내면 다음과 같다.

50원	100원	500원	금액
0	0	1	500원
0	1	1	600원
0	2	1	700원
1	0	1	550원
1	1	1	650원
1	2	1	750원
2	0	1	~~600원~~(중복!)
2	1	1	~~700원~~(중복!)
2	2	1	800원
3	0	1	~~650원~~(중복!)
3	1	1	~~750원~~(중복!)
3	2	1	850원
0	1	0	100원
0	2	0	200원
1	0	0	50원
1	1	0	150원
1	2	0	250원
2	0	0	~~100원~~(중복!)
2	1	0	~~200원~~(중복!)
2	2	0	300원
3	0	0	~~150원~~(중복!)
3	1	0	~~250원~~(중복!)
3	2	0	350원

그러므로 만들 수 있는 모든 금액은 50원, 100원, 150원, 200원, 250원, 300원, 350원, 500원, 550원, 600원, 650원, 700원, 750원, 800원, 850원으로 총 15가지이다.

10 정답 ④

빨간 주사위와 파란 주사위를 동시에 던지므로 곱의 법칙을 이용한다.
빨간 주사위에서 4 이상의 수가 나오는 경우는 4, 5, 6으로 3가지이고, 파란 주사위에서 3의 배수가 나오는 경우는 3, 6으로 2가지이다.
그러므로 구하고자 하는 경우의 수는 $3\times2=6$(가지)이다.

11 정답 ④

세 주사위에서 나오는 눈의 수를 각각 a, b, c라 할 때, 세 수 a, b, c가 모두 홀수이면 세 수의 곱 a, b, c는 홀수이고, 세 수 a, b, c 중 짝수가 하나라도 있으면 세 수의 곱 a, b, c는 짝수이다.
그러므로 구하는 경우의 수는
(전체 경우의 수)−(세 수의 곱이 홀수인 경우의 수)
=(전체 경우의 수)−(a, b, c 모두 홀수인 경우의 수)
$=(6\times6\times6)-(3\times3\times3)$
$=216-27$
$=189$
그러므로 189(가지)이다.

12 정답 ①

7개의 문자 A, A, B, B, B, C, C를 일렬로 배열하는 방법의 수는

$$\frac{7!}{2!\times3!\times2!}=\frac{7\times6\times5\times4\times3\times2\times1}{(2\times1)\times(3\times2\times1)\times(2\times1)}$$
$$=210$$

A와 A를 한 덩어리로 보고 (A, A), B, B, B, C, C를 일렬로 배열하는 방법의 수는

$$\frac{6!}{3! \times 2!} = \frac{6\times5\times4\times3\times2\times1}{(3\times2\times1)\times(2\times1)} = 60$$

그러므로 구하고자 하는 경우의 수는 $210-60=150$(가지)이다.

13 정답 ④

같은 회사의 제품 2개는 한 덩어리로 보면 5개의 음료를 나열하는 경우가 된다.

$5!=5\times4\times3\times2\times1=120$

이때 같은 회사의 제품끼리 서로 자리를 바꾸는 경우의 수는 $2!=2$이므로

구하고자 하는 경우의 수는 $120\times2=240$(가지)이다.

14 정답 ④

ⅰ) $y=1$일 때 $\rightarrow x+z=6$

(x, z) : (1, 5), (2, 4), (3, 3), (4, 2), (5, 1)로 5개

ⅱ) $y=2$일 때 $\rightarrow x+z=4$

(x, z) : (1, 3), (2, 2), (3, 1)로 3개

ⅲ) $y=3$일 때 $\rightarrow x+z=2$

(x, z) : (1, 1)로 1개

그러므로 $5+3+1=9$(가지)이다.

15 정답 ③

들어가는 출입구가 6개이고 나오는 출입구는 들어간 출입구를 제외한 5개이다. 그러므로 가능한 경우의 수는 $6\times5=30$(가지)이다.

16 정답 ③

B의 발령지가 A의 발령지보다 본사로부터 거리가 멀어야 하므로 B가 발령받는 지사를 기준으로 생각해보면

ⅰ) B가 (마)지사에 발령받은 경우

A가 (마)를 제외한 모든 지사에 발령받을 수 있으므로 B를 제외한 4명을 발령하는 경우의 수와 같으므로 $4!=24$

ⅱ) B가 (라)지사에 발령받은 경우

A가 (가), (나), (다)지사에 발령받을 수 있으므로 A를 발령하는 경우는 3가지이고 나머지 3명을 발령하는 경우의 수는 $3!$

그러므로 $3\times3!=18$

ⅲ) B가 (다)지사에 발령받은 경우

A가 (가), (나)지사에 발령받을 수 있으므로 A를 발령하는 경우는 2가지이고 나머지 3명을 발령하는 경우의 수는 $3!$

그러므로 $2\times3!=12$

ⅳ) B가 (가) 또는 (나) 지사에 발령받은 경우

B는 A보다 본사에서 먼 지사의 지사장이 될 수 없다.

그러므로 ⅰ~ⅳ에서 구하는 경우의 수는 $24+18+12=54$ (가지)이다.

17 정답 ②

열차는 부산에서 서울을 왕복하므로 출발역과 도착역을 선택해야 한다. 따라서 출발역을 선택하는 경우의 수는 6이고, 도착역은 출발역을 제외한 역 중 선택해야 하므로 경우의 수는 5이다. 그러므로 준비해야 하는 서로 다른 승차권의 종류는 $6\times5=30$(개)이다.

18 정답 ②

A, B, C, D, E가 한 줄로 서는 방법의 수는

$5!=5\times4\times3\times2\times1=120$

이때 B와 C가 서로 이웃하여 서는 방법의 수는

$(4\times3\times2\times1)\times2!=48$

그러므로 구하고자 하는 경우의 수는

$120-48=72$(가지)이다.

19 정답 ③

6명 중에서 2명을 뽑아 나열하는 방법을 구하는 문제이므로 순열 공식을 사용한다.

${}_6P_2=6\times5=30$

그러므로 30(가지)이다.

순열

서로 다른 n개에서 $r(r\leq n)$개를 택하여 일렬로 나열하는 것을 n개에서 r개를 택하는 순열이라고 하고, 그 순열의 수를 기호로 ${}_nP_r$과 같이 나타낸다.

• 순열의 수

$: {}_nP_r=n\times(n-1)\times(n-2)\times\cdots\times(n-r+1)$

$= \frac{n!}{(n-r)!}$

• 여러 가지 순열

$- {}_nP_n=n\times(n-1)\times(n-2)\times\cdots\times3\times2\times1=n!$

$- {}_nP_0=1$

$- 0!=1$

20 정답 ④

5개 중에서 3개를 뽑아 나열해야 하므로

${}_5P_3=5\times4\times3$

$=60$

그러므로 60(가지)이다.

PART 03

21 정답 ②

5명 중에서 앞줄에 앉을 2명을 뽑아 배치하는 방법의 수는 ${}_5P_2$이고, 남은 3명을 뒷줄에 배치하는 방법의 수는 ${}_3P_3$이다. 그러므로 식을 세우면

$${}_5P_2 \times {}_3P_3 = (5\times4)\times(3\times2\times1)$$
$$=20\times6$$
$$=120$$

그러므로 구하고자 하는 방법의 수는 120(가지)이다.

22 정답 ③

남자 6명을 원탁에 우선 배치한 후 그 사이사이에 여자를 끼워 넣으면 된다.

남자 6명이 원탁에 앉는 방법은 $(6-1)!=120$가지이다.

남자 6명 사이에 여자가 앉는 경우의 수는

남∨남∨남∨남∨남∨남∨

6개의 자리 중 4명의 여자가 앉을 자리를 고르는 경우의 수는 ${}_6P_4=360$가지이다.

그러므로 $120\times360=43{,}200$(가지)이다.

23 정답 ③

6개의 지역 중에서 4곳을 골라 순서대로 나열하는 문제이므로 순열 공식을 사용한다.

${}_6P_4=6\times5\times4\times3=360$

그러므로 360(가지)이다.

24 정답 ①

10명 중에서 팀장을 먼저 뽑고 부팀장을 뽑는다.

10명 중에서 팀장 1명을 먼저 뽑으면 ${}_{10}P_1=10$

남은 9명 중에서 부팀장 2명을 뽑으면 ${}_9C_2=\dfrac{9\times8}{2\times1}=36$

그러므로 $10\times36=360$(가지)이다.

조합

서로 다른 n개에서 순서를 생각하지 않고 $r(r\le n)$개를 택하는 것을 n개에서 r개를 택하는 조합이라 하고, 이 조합의 수를 기호로 ${}_nC_r$과 같이 나타낸다.

- 조합의 수 : ${}_nC_r=\dfrac{{}_nP_r}{r!}=\dfrac{n!}{r!(n-r)!}$
- 여러 가지 조합
  - ${}_nC_0={}_nC_n=1$
  - ${}_nC_1=n$
  - ${}_nC_r={}_nC_{n-r}$

25 정답 ②

6명 중에서 2명을 순서에 상관없이 고르기만 하면 되므로 조합 공식을 사용한다.

$${}_6C_2=\frac{6\times5}{2\times1}$$
$$=15$$

그러므로 구하고자 하는 방법의 수는 15(가지)이다.

26 정답 ①

점 6개 중에서 삼각형의 꼭짓점이 될 점 3개를 순서에 상관없이 고르면 되므로

$${}_6C_3=\frac{6\times5\times4}{3\times2\times1}$$
$$=20$$

그러므로 만들 수 있는 삼각형의 개수는 20(가지)이다.

원 위에 n개의 점이 있을 때 만들 수 있는 직선과 삼각형의 개수

- 직선의 개수 : ${}_nC_2$
- 삼각형의 개수 : ${}_nC_3$

27 정답 ②

악수는 순서와 관계가 없으므로 순열 공식을 사용한다.

$${}_{10}C_2=\frac{10\times9}{2\times1}=45$$

그러므로 구하고자 하는 경우의 수는 45(번)이다.

28 정답 ②

6가지 물품 중 모니터, 볼펜세트를 제외한 4가지 물품 중에서 2가지를 택하는 경우의 수는 ${}_4C_2=6$

이후 택한 물품의 구매 순서를 정하는 방법의 수는 선택한 4가지 물품 중에서 모니터, 볼펜세트를 같은 것으로 여기고 일렬로 나열한 후 앞에 있는 것을 모니터, 뒤에 있는 것을 볼펜세트라고 하면 된다.

즉, 모니터와 볼펜세트 이외의 다른 업무를 C, D라고 하면

□□CD를 일렬로 나열하는 경우의 수는 $\dfrac{4!}{2!}=12$

그러므로 구하는 경우의 수는 $6\times12=72$(가지)이다.

29 정답 ③

남학생 8명 중 3명을 뽑는 경우의 수는 ${}_8C_3$이고, 여학생 5명 중 2명을 뽑는 경우의 수는 ${}_5C_2$이다. 남학생도 뽑고 여학생도 뽑아야 하므로 식을 세우면

$$_{8}C_{3}\times{}_{5}C_{2}=\frac{8\times7\times6}{3\times2\times1}\times\frac{5\times4}{2\times1}$$
$$=56\times10$$
$$=560$$

그러므로 구하고자 하는 방법의 수는 560(가지)이다.

30 정답 ③

5가지 중에서 3개를 고르는 방법의 수는 $_{5}C_{3}$, 7가지 중에서 3개를 고르는 방법의 수는 $_{7}C_{3}$이다. 식을 세우면

$$_{5}C_{3}\times{}_{7}C_{3}=\frac{5\times4\times3}{3\times2\times1}\times\frac{7\times6\times5}{3\times2\times1}$$
$$=10\times35$$
$$=350$$

그러므로 350(가지)이다.

31 정답 ②

6명을 2명, 2명, 2명으로 3개의 조로 편성하는 방법의 수는

$$_{6}C_{2}\times{}_{4}C_{2}\times{}_{2}C_{2}\times\frac{1}{3!}$$
$$=15\times6\times1\times\frac{1}{6}$$
$$=15$$

그러므로 15(가지)이다.

32 정답 ④

5명이 엘리베이터에 타고 있고, 2개의 층에 직원이 모두 내려야 하므로 직원을 두 그룹으로 나누는 경우의 수를 구하면

ⅰ) 1명, 4명으로 나누는 경우 : $_{5}C_{1}\times{}_{4}C_{4}=5$(가지)

ⅱ) 2명, 3명으로 나누는 경우 : $_{5}C_{2}\times{}_{3}C_{3}=10$(가지)

그러므로 직원을 두 그룹으로 나누는 경우의 수는

$5+10=15$(가지)이다.

이때 3개의 층 중에서 2개의 층을 선택하는 경우의 수는

$_{3}C_{2}=3$(가지)이다.

두 그룹이 2개의 층에 각각 내리는 경우의 수는 2이므로 구하고자 하는 경우의 수는

$15\times3\times2=90$(가지)이다.

33 정답 ②

8가지 업무 중 A, B, C를 제외한 5가지 업무 중에서 2가지를 택하는 경우의 수는 $_{5}C_{2}=10$

이후 택한 업무의 처리 순서를 정하는 방법의 수는 선택한 5가지 업무 중에서 A, C를 같은 것으로 여기고 일렬로 나열 한 후 앞에 있는 것을 A, 뒤에 있는 것을 C라고 하면 된다.

즉, A, C 이외의 다른 업무를 D, F라고 하면

□□BDF를 일렬로 나열하는 경우의 수는 $\frac{5!}{2!}=60$

그러므로 구하는 경우의 수는 $10\times60=600$(가지)이다.

34 정답 ③

주사위 눈에서 소수는 2, 3, 5 세 가지이다.

첫 번째 던진 주사위에서 소수가 나올 확률은 $\frac{3}{6}=\frac{1}{2}$이고, 두 번째 던진 주사위에서 소수가 나올 확률도 $\frac{1}{2}$이다.

그러므로 두 번 모두 소수가 나올 확률은 $\frac{1}{2}\times\frac{1}{2}=\frac{1}{4}$이다.

35 정답 ④

ⅰ) A주머니에서 검은 공, B주머니에서 흰 공이 나올 경우

A주머니에서 검은 공이 나올 확률 : $\frac{4}{7}$

B주머니에서 흰 공이 나올 확률 : $\frac{5}{7}$

그러므로 $\frac{4}{7}\times\frac{5}{7}=\frac{20}{49}$

ⅱ) A주머니에서 흰 공, B주머니에서 검은 공이 나올 경우

A주머니에서 흰 공이 나올 확률 : $\frac{3}{7}$

B주머니에서 검은 공이 나올 확률 : $\frac{2}{7}$

그러므로 $\frac{3}{7}\times\frac{2}{7}=\frac{6}{49}$

ⅰ 또는 ⅱ의 경우이므로 A와 B주머니에서 하나는 검은 공, 하나는 흰 공이 나올 확률은 $\frac{20}{49}+\frac{6}{49}=\frac{26}{49}$이다.

36 정답 ④

주사위에 짝수는 2, 4, 6 세 개이므로 짝수가 나올 확률은 $\frac{1}{2}$

주사위에 6의 약수는 1, 2, 3, 6 네 개이므로 6의 약수가 나올 확률은 $\frac{2}{3}$

주사위에 3의 배수는 3, 6 두 개이므로 3의 배수가 나올 확률은 $\frac{1}{3}$

그러므로 $\frac{1}{2}\times\frac{2}{3}\times\frac{1}{3}=\frac{1}{9}$이다.

37 정답 ②

전체 지폐가 10장이고 이 중 위조지폐는 2장이 있으므로, 먼저 A가 고른 지폐가 위조지폐일 확률은 $\frac{2}{10}$가 된다. 이 경우 남은 지폐는 9장이며, 이 중 위조지폐는 모두 1장이 남게 되므로, B가 고른 지폐도 위조지폐일 확률은 $\frac{1}{9}$이 된다. 따라서 갑, 을 두 사람이 고른 지폐가 모두 위조지폐일 확률은 $\frac{2}{10}\times\frac{1}{9}=\frac{1}{45}$이 된다.

38 정답 ④

적어도 1장이 안건에 반대하는 의견일 확률은 전체 확률에서 안건에 찬성하는 의견만을 뽑을 확률을 빼주면 된다.

- 첫 번째 용지가 찬성일 확률 : $\frac{7}{10}$
- 두 번째 용지가 찬성일 확률 : $\frac{6}{9}$
- 세 번째 용지가 찬성일 확률 : $\frac{5}{8}$

그러므로 3장 모두 찬성하는 의견일 확률은 $\frac{7}{10}\times\frac{6}{9}\times\frac{5}{8}=\frac{7}{24}$이다. 전체 확률 1에서 이 확률을 빼주면

$1-\frac{7}{24}=\frac{17}{24}$이다.

확률의 여사건

사건 A가 발생할 확률이 p라면 A가 발생하지 않을 확률은 $1-p$이다.

39 정답 ①

적어도 1명이 배송비 무료 쿠폰을 뽑을 확률은 전체에서 2명 모두 1000원 할인 쿠폰을 뽑는 경우를 빼주면 된다. 40장의 쿠폰 중 15%가 배송비 무료 쿠폰이라 하였으므로 $40\times\frac{15}{100}=6$(장)이 배송비 무표 쿠폰이고, $40-6=34$(장)이 1000원 할인 쿠폰이다.

- 첫 번째 쿠폰이 1000원 할인 쿠폰일 확률 : $\frac{34}{40}$
- 두 번째 쿠폰이 1000원 할인 쿠폰일 확률 : $\frac{33}{39}$

그러므로 2장 모두 1000원 할인 쿠폰일 확률은 $\frac{34}{40}\times\frac{33}{39}=\frac{187}{260}$이다. 전체 확률 1에서 이 확률을 빼주면

$1-\frac{187}{260}=\frac{73}{260}$이다.

40 정답 ①

첫 번째 게임에서 여학생이 사회자를 맡을 확률은 $\frac{5}{9}$이고, 동일인이 다시 사회자를 할 수 있다고 하였으므로 두 번째 게임에서도 여학생이 사회자를 맡을 확률은 $\frac{5}{9}$이다. 마찬가지로 세 번째 게임에서도 여학생이 사회자를 맡을 확률은 $\frac{5}{9}$이므로, 3번 모두 여학생이 사회자를 맡을 확률은 $\frac{5}{9}\times\frac{5}{9}\times\frac{5}{9}=\frac{125}{729}$이다.

41 정답 ③

내일 비가 올 확률이 40%이므로 내일 비가 오지 않을 확률은 60%이고, 모레 비가 올 확률이 55%이므로 모레 비가 오지 않을 확률은 45%이다. 그러므로 내일과 모레 모두 비가 오지 않을 확률은

$60\%\times45\%=0.6\times0.45=0.27$

0.27을 백분율로 바꾸면 27%이다.

42 정답 ②

월요일에 눈이 왔으므로 화, 수, 목에 미칠 확률을 표로 나타내면 다음과 같다.

화	수	목	확률
눈 옴 $\left(\frac{1}{3}\right)$	눈 옴 $\left(\frac{1}{3}\right)$	눈 옴 $\left(\frac{1}{3}\right)$	$\frac{1}{3}\times\frac{1}{3}\times\frac{1}{3}$
	눈 안 옴 $\left(\frac{2}{3}\right)$	눈 옴 $\left(\frac{3}{5}\right)$	$\frac{1}{3}\times\frac{2}{3}\times\frac{3}{5}$
눈 안 옴 $\left(\frac{2}{3}\right)$	눈 옴 $\left(\frac{3}{5}\right)$	눈 옴 $\left(\frac{1}{3}\right)$	$\frac{2}{3}\times\frac{3}{5}\times\frac{1}{3}$
	눈 안 옴 $\left(\frac{2}{5}\right)$	눈 옴 $\left(\frac{3}{5}\right)$	$\frac{2}{3}\times\frac{2}{5}\times\frac{3}{5}$

그러므로 목요일에 눈이 올 확률은 $\frac{1}{27}+\frac{2}{15}+\frac{2}{15}+\frac{4}{25}=\frac{313}{675}$이다.

43 정답 ①

ⅰ) 내년 겨울의 평균 기온이 예년보다 낮을 경우

$0.3\times0.7=0.21$

ⅱ) 내년 겨울의 평균 기온이 예년과 비슷할 경우

$0.5\times0.5=0.25$

ⅲ) 내년 겨울의 평균 기온이 예년보다 높을 경우

$0.1\times0.2=0.02$

ⅰ~ⅲ에서 세 사건이 동시에 일어나지 않으므로 구하는 확률은 $021+0.25+0.02=0.48$이다.

44 정답 ③

3명 중 적어도 2명이 시험에 합격할 확률은 세 명 모두 합격할 확률과 A, B, C 각각 한 명씩 떨어지고 나머지는 합격할 확률을 더한 값으로 구할 수 있다.

ⅰ) 세 명 모두 합격할 확률 : $\frac{1}{3}\times\frac{5}{8}\times\frac{4}{5}=\frac{1}{6}$

ⅱ) A, B만 합격할 확률 : $\frac{1}{3}\times\frac{5}{8}\times\frac{1}{5}=\frac{1}{24}$

ⅲ) A, C만 합격할 확률 : $\frac{1}{3}\times\frac{3}{8}\times\frac{4}{5}=\frac{1}{10}$

ⅲ) B, C만 합격할 확률 : $\frac{2}{3}\times\frac{5}{8}\times\frac{4}{5}=\frac{1}{3}$

그러므로 적어도 2명이 시험에 합격할 확률은

$\frac{1}{6}+\frac{1}{24}+\frac{1}{10}+\frac{1}{3}=\frac{77}{120}$이다.

45 정답 ③

남학생 수와 여학생 수의 비가 3 : 2이므로 남학생 수를 $3a$, 여학생 수를 $2a$라 하면 전체 학생은 $5a$이다. 학생 중에서 임의로 선택한 한 명이 정시로 들어온 여학생일 확률이 $\frac{1}{5}$이므로 정시로 들어온 여학생의 수는 $5a\times\frac{1}{5}=a$(명)이다.

또한 전체 학생 중 70%가 정시로 들어왔으므로 정시로 들어온 학생 수는 $5a\times0.7=3.5a$이고, 정시로 들어온 남학생 수는 정시로 들어온 학생 수－정시로 들어온 여학생 수$(3.5a-a=2.5a)$로 구할 수 있다.

이를 표로 정리하면 다음과 같다.

구분	남학생	여학생
정시	$2.5a$	a
수시	$3a-2.5a=0.5a$	$2a-a=a$

그러므로 전체 학생 중에서 수시로 들어온 학생의 수는 $0.5a+a=1.5a$이고, 이 중 남학생의 수는 $0.5a$이므로 구하고자 하는 확률은

$\frac{0.5a}{1.5a}=\frac{1}{3}$이다.

46 정답 ④

A기계에서 생산된 불량품일 확률 : $0.7\times0.04=0.028$

B기계에서 생산된 불량품일 확률 : $0.3\times0.06=0.018$

그러므로 생산된 불량품이 B기계에서 생산된 불량품일 확률은

$$\frac{\text{B기계에서 생산된 불량품일 확률}}{\text{불량품이 생산될 확률}}$$

$$=\frac{0.018}{0.028+0.018}$$

$$=\frac{0.018}{0.046}$$

$$=\frac{9}{23}$$이다.

47 정답 ③

3명의 혈액형이 같은 경우는 전체 19명 중에서 3명을 뽑는 경우 중 A형, B형, O형, AB형에서 각각 3명을 뽑는 경우이므로

$$\frac{{}_4C_3+{}_5C_3+{}_6C_3+{}_4C_3}{{}_{19}C_3}$$

$$=\frac{4+10+20+4}{19\times3\times17}=\frac{38}{19\times3\times17}$$

$$=\frac{2}{3\times17}$$

$$=\frac{2}{51}$$

48 정답 ③

4의 배수가 되려면 마지막 두 자리가 4의 배수이면 된다. 즉, □12, □24, □32, □52인 수가 4의 배수가 된다. □ 안에 들어갈 수 있는 수의 개수가 각각 3개씩이므로 1, 2, 3, 4, 5를 가지고 만들 수 있는 세 자리 4의 배수는 모두 $3\times4=12$개이다. 1, 2, 3, 4, 5를 가지고 만들 수 있는 세 자리 수는 모두 $5\times4\times3=60$이므로 구하고자 하는 확률은

$\frac{12}{60}=\frac{1}{5}$이다.

Tip

배수판정법

- 2의 배수 : 짝수인 수(일의 자리가 0, 2, 4, 6, 8인 수)
- 3의 배수 : 각 자리 숫자의 합이 3의 배수인 수
  - 예 21,873 → 2+1+8+7+3=21이므로 3의 배수임 (21,873÷3=7,291)
- 4의 배수 : 마지막 두 자리 수가 00이거나 4의 배수인 수
  - 예 1,332 → 32가 4의 배수임(1,332÷4=333)
  - 예 1,300 → 00으로 끝남(1,300÷4=325)
- 5의 배수 : 일의 자리 수가 0 또는 5인 수
- 9의 배수 : 각 자리 숫자의 합이 9의 배수인 수
  - 예 4,815 → 4+8+1+5=18이므로 9의 배수임 (4,815÷9=535)

49 정답 ③

두 수를 곱해서 짝수가 나오려면 짝수×짝수 또는 짝수×홀수 또는 홀수×짝수이면 된다. 즉, 전체 1에서 홀수×홀수인 경우를 빼주면 된다.

A도 홀수, B도 홀수인 확률은

$\frac{2}{3}\times\frac{3}{5}=\frac{2}{5}$이므로

구하고자 하는 확률은 $1-\frac{2}{5}=\frac{3}{5}$이다.

다른 풀이

i) 짝수×짝수

$\frac{1}{3}\times\frac{2}{5}=\frac{2}{15}$

ii) 짝수×홀수

$\frac{1}{3}\times\frac{3}{5}=\frac{1}{5}$

iii) 홀수×짝수

$\frac{2}{3}\times\frac{2}{5}=\frac{4}{15}$

그러므로 $\frac{2}{15}+\frac{1}{5}+\frac{4}{15}=\frac{3}{5}$이다.

50 정답 ④

2회전까지 A와 B가 각각 한 번씩 이겼으므로 남은 3경기 중 먼저 2번 이기는 선수가 우승하게 된다. 그러므로 A가 우승을 하려면 다음과 같은 경우의 수가 있을 수 있다.

3회전	4회전	5회전	확률
○	○	–	$\frac{2}{3}\times\frac{2}{3}$
○	×	○	$\frac{2}{3}\times\frac{1}{3}\times\frac{2}{3}$
×	○	○	$\frac{1}{3}\times\frac{2}{3}\times\frac{2}{3}$

구하고자 하는 확률을 구하면 $\frac{4}{9}+\frac{4}{27}+\frac{4}{27}=\frac{20}{27}$이다.

51 정답 ②

1차에서 불량품으로 판정 받을 확률이 3%, 2차에서 불량품이 아닌 것으로 판정될 확률이 99%이다. 그러므로 구하고자 하는 확률은 $0.03\times0.99=0.0297=2.97\%$

그러므로 구하고자 하는 확률은 2.97%이다.

52 정답 ②

6명을 2명, 2명, 2명으로 3개의 조로 편성하는 방법의 수는

${}_6C_2\times{}_4C_2\times{}_2C_2\times\frac{1}{3!}=15\times6\times\frac{1}{6}=15$

A사원과 B사원이 같은 조에 편성되고, C사원과 D사원이 서로 다른 조에 편성되려면 E사원, F사원을 각각 C사원, D사원과 짝을 이루도록 해야 하므로 이때 방법의 수는 2가지이다. 그러므로 구하는 확률은 $\frac{2}{15}$이다.

53 정답 ①

여사건의 확률을 이용하면

1−(세 명 모두 10점 과녁에 맞히지 못할 확률)

$1-\left\{\left(1-\frac{4}{5}\right)\times(1-p)\times\left(1-\frac{2}{5}\right)\right\}=\frac{23}{25}$

$\frac{3}{25}\times(1-p)=\frac{2}{25}$

$\therefore p=\frac{1}{3}$

그러므로 p는 $\frac{1}{3}$이다.

54 정답 ④

5명의 팀원 중 3명을 선발하는 경우의 수는

${}_5C_3=\frac{5\times4}{2}=10$

이 중 신입사원 A가 포함되어 있는 경우의 수는 신입사원 A를 발표자로 먼저 뽑아둔 후 나머지 4명 중 2명의 팀원을 선발하는 경우의 수와 같으므로

$_{4}C_{2}=\frac{4\times3}{2}=6$

그러므로 구하는 확률은 $\frac{6}{10}=\frac{3}{5}$이다.

55 정답 ②

한 번의 가위바위보에서 세 사람이 낼 수 있는 모든 경우의 수는 $3\times3\times3=27$(가지)이다. 그중 승패가 가려지지 않는 경우는 세 사람이 모두 같은 것을 내는 경우(3가지) 또는 세 사람이 모두 다른 것을 내는 경우(6가지)뿐이다. 그러므로 한 번에 승패가 가려질 경우의 수는 $27-(3+6)=18$가지이고, 그 확률은 $\frac{18}{27}=\frac{2}{3}$이다.

01 기초통계

01 ②	02 ②	03 ③	04 ③	05 ②	06 ①	07 ⑤	08 ①	09 ③	10 ④
11 ④	12 ①	13 ③	14 ②	15 ②	16 ④	17 ①	18 ③	19 ③	20 ⑤

01 정답 ②

1반의 학생 수는 30명, 점수 총합은 2,100점이므로 1반의 평균은 $\frac{2,100}{30}=70$점이다. 이를 이용하여 2, 3반의 평균을 구하면

- 2반의 평균 : $70+2=72$(점)
- 3반의 평균 : $70-5=65$(점)

이를 이용하여 2, 3반의 점수 총합을 구하면

- 2반 점수 총합 : 72(점)$\times25$(명)$=1,800$(점)
- 3반 점수 총합 : 65(점)$\times32$(명)$=2,080$(점)

1, 2, 3반의 전체 평균의 식은 다음과 같다.

$$\frac{(\text{1반 점수 총합})+(\text{2반 점수 총합})+(\text{3반 점수 총합})}{\text{1반 학생 수}+\text{1반 학생 수}+\text{3반 학생 수}}$$

$$=\frac{2,100+1,800+2,080}{30+25+32}$$

$$=68.73\cdots$$

소수 둘째 자리에서 반올림한다 하였으므로 1반, 2반, 3반의 전체 평균은 68.7(점)이다.

평균과 점수

평균$=\frac{\text{전체 사례값들의 합}}{\text{총 사례 수}}$이므로

어느 시험의 총 점수는 시험 응시자의 수와 평균을 이용하여 구할 수 있다.

예 1반의 총 점수=1반의 평균×1반 학생의 수

02 정답 ②

한 가구의 평균 가족 수를 4명이라고 하였으므로 $\frac{100}{4}=25$, 인구 100명은 25가구라 할 수 있다. A시의 경우 25가구당 자동차를 26대 보유하고 있으므로 1가구당 $\frac{26}{25}=1.04$(대)를 보유하고 있다. 같은 방법으로 B, C, D를 구해보면

- B : $\frac{21}{25}=0.84$(대)
- C : $\frac{35}{25}=1.4$(대)
- D : $\frac{24}{25}=0.96$(대)

그러므로 가구당 평균 1대 이상의 자동차를 보유하고 있는 도시는 A와 C이다.

03 정답 ③

언어능력 점수가 60점 이상이면서 수리능력 점수는 40점 미만인 지원자는 다음과 같다.

수리 \ 언어	0~19	20~39	40~59	60~79	80~100
0~19	1명	1명			2명
20~39		2명	3명	3명	
40~59	1명		4명	1명	3명
60~79		3명	5명	6명	5명
80~100			1명	4명	2명

그러므로 $2+3=5$(명)이다.

04 정답 ③

2과목 모두 60점 이상인 지원자는 다음과 같다.

수리 \ 언어	0~19	20~39	40~59	60~79	80~100
0~19	1명	1명			2명
20~39		2명	3명	3명	
40~59	1명		4명	1명	3명
60~79		3명	5명	6명 …㉠	5명 …㉢
80~100			1명	4명 …㉡	2명 …㉣

㉠, ㉡, ㉢, ㉣ 모두 두 과목의 평균점수가 70점이 넘는지를 확인하여야 한다.

㉠ 6명이 모두 언어와 수리 점수가 60점대라면 두 과목의 평균점수가 70점이 넘지 않게 된다. 반면, 언어와 수리 점수가 모두 70점대라면 두 과목의 평균점수가 70점 이상이 될 수 있다.
㉡ 언어 점수가 60점이라 하더라도 수리 점수가 최소 80점이라 두 과목의 평균은 70점 이상이 될 수 있다.
㉢ 수리 점수가 60점이라 하더라도 언어 점수가 최소 80점이라 두 과목의 평균은 70점 이상이 될 수 있다.
㉣ 언어와 수리 모두 최소 80점이므로 두 과목의 평균은 70점 이상이다.
㉡, ㉢, ㉣의 지원자는 모두 합격자에 포함되므로 ㉠의 6명이 모두 평균점수 70점 미만일 경우가 합격자 수가 최소일 경우이며, ㉠의 6명이 모두 평균점수 70점 이상일 경우가 합격자 수가 최대일 경우이다. 그러므로 $4+5+2+(0)=11$(명)이 최소, $4+5+2+(6)=17$(명)이 최대이다.

05 정답 ②

D학급의 평균 점수를 x라 하고 전체 학급의 평균 점수를 구하는 식은 다음과 같다.

$$\frac{(60\times20)+(75\times30)+(70\times20)+(x\times30)}{(20+30+20+30)}=65$$

$1{,}200+2{,}250+1{,}400+30x=6{,}500$

$\therefore x=55$

그러므로 D학급의 평균 점수는 55(점)이다.

06 정답 ①

물리학과의 대학당 평균 신입생 수를 구하기 위해서는 물리학과에 진학한 총 학생 수를 대학의 개수로 나누어 주면 된다.

$$\frac{3{,}163+797}{264}=\frac{3{,}960}{264}=15$$

그러므로 물리학과의 대학당 평균 신입생 수는 15(명)이다.

07 정답 ⑤

도수분포표에서의 평균은 $\frac{(\text{계급값}\times\text{도수})\text{의 합}}{\text{도수의 합}}$으로 구할 수 있으며, 계급값은 구간의 평균값(구간의 중앙값)으로 볼 수 있다. 이를 표로 정리하면 다음과 같다.

시청 시간	계급값	도수	계급값×도수
0분~20분	10	2	20
20분~40분	30	3	90
40분~60분	50	4	200
60분~80분	70	11	770
80분~100분	90	8	720
100분~120분	110	6	660
120분~140분	130	1	130

그러므로 평균을 구하면

$$\frac{20+90+200+770+720+660+130}{35}=74(\text{분})\text{이다.}$$

08 정답 ①

자연수 5개의 중앙값이 83이고 최빈값이 85이므로, 자연수의 5개는 a, b, 83, 85, 85이다. 가장 큰 수와 가장 작은 수의 차가 70이므로 가장 작은 수인 a는 15이다. 평균이 69이므로 두 번째로 작은 수인 b를 구하면

$(15+b+83+85+85)\div5=69$, $b=77$

그러므로 자연수 5개는

15, 77, 83, 85, 85이고 두 번째로 작은 수는 77이다.

09 정답 ③

총점이 160점 이상인 지원자는 총 64명(색칠)이다.

면접 점수 / 필기점수	60점	70점	80점	90점	100점
60점	2명	3명	5명	3명	2명
70점	4명	5명	7명	5명	2명
80점	1명	3명	8명	7명	5명
90점	3명	4명	5명	5명	4명
100점	1명	5명	4명	6명	1명

이 중에서 필기점수가 80점 이상인 지원자는 필기점수가 60점, 70점인 9명을 제외한 $64-9=55$(명)이다.

10 정답 ④

지원자가 100명이므로 성적 상위 25%는 총점이 높은 상위 25명을 말하며, 이는 다음과 같다.

면접 점수 / 필기점수	60점	70점	80점	90점	100점
60점	2명	3명	5명	3명	2명
70점	4명	5명	7명	5명	2명
80점	1명	3명	8명	7명	5명
90점	3명	4명	5명	5명	4명
100점	1명	5명	4명	6명	1명

이들의 평균을 구하면,

$\{(200\times1)+(190\times10)+(180\times14)\}\div25=184.8$

소수 첫째자리에서 반올림하므로 185점이 합격자인 상위 25%의 평균이 된다.

11 정답 ④

평균이 아니라 백분율에 대해 설명한 것이다. 평균은 모든 사례의 수치를 합한 후에 총 사례 수(자료값의 개수)로 나눈 값을 말한다. 평균은 대상 집단의 성격을 함축하여 나타내고 계산이 쉬워 많이 사용된다. 자료에 대한 일종의 무게중심으로 볼 수 있다.

통계와 빈도

- 통계 : 집단현상에 대한 구체적인 양적 표현을 반영하는 숫자를 의미하는데 특히 사회집단 또는 자연집단의 상황을 숫자로 나타낸 것
- 빈도(도수, 빈도수) : 어떤 사건이 일어나거나 증상이 나타나는 정도

12 정답 ①

$$평균=\frac{21+23+25+27}{4}=24$$

$$분산=\frac{(21-24)^2+(23-24)^2+(25-24)^2+(27-24)^2}{4}$$

$$=\frac{(-3)^2+(-1)^2+1^2+3^2}{4}$$

$$=\frac{9+1+1+9}{4}$$

$$=\frac{20}{4}=5$$

$표준편차=\sqrt{분산}=\sqrt{5}$

범위, 평균, 분산, 표준편차

- 범위 : 관찰값의 흩어진 정도를 나타내는 도구로서 최고값과 최저값을 가지고 파악하며, 최고값에서 최저값을 뺀 값에 1을 더한 값을 의미함
- 평균 : 관찰값 전부에 대한 정보를 담고 있어 대상 집단의 성격을 함축적으로 나타낼 수 있는 값으로, 평균(산술평균)은 전체 관찰값을 모두 더한 후 관찰값의 개수로 나눈 값을 의미함
- 분산 : 분산이란 자료의 퍼져있는 정도를 구체적인 수치로 알려주는 도구로, 각 관찰값과 평균값과의 차이의 제곱을 모두 합한 값을 개체의 수로 나눈 값을 의미함
- 표준편차 : 표준편차란 분산값의 제곱근(양의 제곱근) 값을 의미하며, 개념적으로는 평균으로부터 얼마나 떨어져 있는가를 나타냄

13 정답 ③

$$평균=\frac{80+83+74+96+87}{5}=84$$

분산

$$=\frac{(80-84)^2+(83-84)^2+(74-84)^2+(96-84)^2+(87-84)^2}{5}$$

$$=\frac{(-4)^2+(-1)^2+(-10)^2+12^2+3^2}{5}$$

$$=\frac{16+1+100+144+9}{5}$$

$$=\frac{270}{5}=54$$

$표준편차=\sqrt{분산}=\sqrt{54}$

14 정답 ②

최솟값은 원자료 중 값의 크기가 가장 작은 값을 의미하므로, 2가 된다.

중앙값이란 수를 작은 수부터 순서대로 나열했을 때 정확하게 중간(순서상의 중앙)에 있는 값을 의미하므로

2, 3, 5, $\underline{7}$, 8, 8, 9

여기서는 7이 된다.

최댓값이란 원자료 중 값의 크기가 가장 큰 값을 의미하므로 9가 된다.

최빈값은 원자료 중 가장 많은 빈도로 나타나는 값을 의미하므로 여기서는 8은 두 번, 나머지 수는 모두 한 번씩만 나왔기에 8이 된다.

15 정답 ②

최솟값은 원자료 중 값의 크기가 가장 작은 값을 의미하므로, 5가 된다.

중앙값이란 수를 작은 수부터 순서대로 나열했을 때 정확하게 중간(순서상의 중앙)에 있는 값을 의미하는데, 원자료의 개수가 짝수일 경우에는 가운데 있는 두 수의 평균이 중앙값이 된다.

5, 5, 11, $\underline{14}$, $\underline{16}$, 16, 16, 17

여기서는 14와 16의 평균인

$\frac{14+16}{2}=15$가 된다.

최댓값이란 원자료 중 값의 크기가 가장 큰 값을 의미하므로 17이 된다.

최빈값은 원자료 중 가장 많은 빈도로 나타나는 값을 의미하므로 여기서는 5는 두 번, 16은 세 번, 나머지 수는 모두 한 번씩만 나왔기에 16이 된다.

16 정답 ④

20대~30대에게서 받은 총점은
$150 \times 8 = 1,200$(점)이고,
40대~50대에게서 받은 총점은
$130 \times 6.5 = 845$(점)이다.
이를 이용하여 20대~50대 전부에 대한 평균 평점은 다음과 같이 구할 수 있다.

$$\frac{1,200+845}{150+130} \fallingdotseq 7.3$$

그러므로 직원 A에 대한 20대~50대의 평균 평점은 약 7.3점이다.

17 정답 ①

평가점수가 같은 직원은 C, E, F뿐이라고 했으므로, C는 평가점수가 9점이 된다. 6명의 평균점수는 8.5점이라 했는데, C, E, F의 평균점수는 9점이므로, A, B, D의 평균점수는 8점이 된다. 세 사람의 평균점수가 8점이 되려면 총점이 24점이 되어야 한다. 제시된 조건에 따라 D의 점수가 B보다 2점이 높고 A의 점수는 D보다 높으므로, 가능한 (A, B, D) 조합은 (10, 6, 8)밖에 없다. 따라서 A, B, D의 점수를 바르게 나열하면 10점, 6점, 8점이다.

18 정답 ③

과목석차 백분율(%)$=\frac{\text{과목석차}}{\text{과목이수인원}} \times 100$이므로 [표1]과 [표2]를 통해 과목석차 백분율과 해당 과목별 등급을 구하면 다음과 같다.

구분	이수단위	석차	이수인원	과목석차 백분율(%)	등급
국어	3	270	300	90	8
영어	3	44	300	약 14.7	3
수학	2	27	300	9	2
과학	3	165	300	55	5

평균등급$=\frac{(\text{과목별 등급} \times \text{과목별 이수단위})\text{의 합}}{\text{과목별 이수단위의 합}}$이므로 A의 4개 과목 평균등급은

$$\frac{(8\times3)+(3\times3)+(2\times2)+(5\times3)}{11} \fallingdotseq 4.7$$

그러므로 A의 4개 과목 평균등급의 범위는
'4≤평균등급<5'이다.

19 정답 ③

누락된 자료를 채우면 다음과 같다.

(단위 : %)

구분	10대	20대	30대	40대	50대	60대	70대 이상	소계
08~12시	0	1	2	3	2	1	1	10
12~16시	1	3	3	3	2	1	0	13
16~20시	2	3	14	13	2	1	1	36
20~24시	5	6	12	11	5	2	0	41
소계	8	13	31	30	11	5	2	100

그러므로 16~20시, 30~40대의 유동인구 비율은 '14+13=27%'임을 알 수 있다.
하루 전체 유동인구가 50,000명이므로, 준비해야 할 설문지 수는 $50,000 \times 0.27 = 13,500$(장)이다.

20 정답 ⑤

각 부서의 여직원 대비 남직원 비율을 구해보면 다음과 같다.

- 영업부 : $\frac{58}{42} \times 100 \fallingdotseq 138\%$
- 기획부 : $\frac{32}{68} \times 100 \fallingdotseq 47\%$
- 총무부 : $\frac{46}{54} \times 100 \fallingdotseq 85\%$
- 인사부 : $\frac{39}{61} \times 100 \fallingdotseq 64\%$
- 관리부 : $\frac{58}{42} \times 100 \fallingdotseq 138\%$

그러므로 여직원 대비 남직원 비율이 가장 낮은 부서는 기획부이다. 실제로 비율을 구해보지 않더라도, 다섯 부서 중 남직원의 비율이 여직원의 비율에 비해 현저히 작은 부서가 기획부이므로 이를 이용하여 답을 바로 구할 수도 있다.

① 영업부와 관리부의 남직원과 여직원의 비율은 58 : 42로 같다. 그러나 영업부의 총인원과 관리부의 총인원을 알 수 없기 때문에 영업부의 남직원 수와 관리부의 남직원 수가 같다고 할 수는 없다.
② 각 부서별 전체 직원 수를 알 수 없으므로 여직원 수의 비율이 남직원 수보다 크다고 하더라도 전체 여직원 수가 남직원 수보다 많다고 확정할 수는 없다. 예를 들어, 남직원의 비율이 더 많은 영업부와 관리부는 전체 직원이 각각 300명씩이고 나머지 부서는 전체 직원이 각각 100명씩이라 가정하면

- 남직원 수 : $(300\times\frac{58}{100})\times2+(32+46+39)$

  $=465$(명)

- 여직원 수 : $(300\times\frac{42}{100})\times2+(68+54+61)$

  $=435$(명)

그러므로 부서별 전체 직원 수에 따라서 남직원 수가 여직원 수보다 많을 수도 있다.

③ 기획부, 총무부, 인사부는 모두 남직원보다 여직원의 비율이 더 큰 부서이므로 정확한 직원 수는 모르더라도, 여직원의 수의 합이 남직원의 수의 합보다 많다는 것은 알 수 있다.

④ 기획부의 전체 인원이 25명이라면

- 남직원 수 : $25\times\frac{32}{32+68}=8$(명)
- 여직원 수 : $25\times\frac{68}{32+68}=17$(명)

그러므로 여직원 수는 남직원 수의 2배 이상이 된다.

비율 구하기

- 비율$=\frac{\text{비교하는 양}}{\text{기준량}}$
- A에 대한 B의 비율$=\frac{B}{A}$
- 백분율(%)$=$비율$\times100$

01 도표분석 및 작성능력

01 ④ 02 ① 03 ① 04 ③ 05 ③

01 정답 ④

일반적인 도표는 어떠한 도표로 작성할 것인지를 결정하는 것부터 시작하고, 작성절차의 순서를 올바르게 나열해보면 ㉡ – ㉠ – ㉣ – ㉢ – ㉥ – ㉤순이다. 그러므로 마지막으로 고려해야 하는 사항은 ㉤이다.

도표의 작성절차

어떠한 도표로 작성할 것인지를 결정
↓
가로축과 세로축에 나타낼 것을 결정
↓
가로축과 세로축의 눈금의 크기를 결정
↓
자료를 가로축과 세로축이 만나는 곳에 표시
↓
표시된 점에 따라 도표 작성
↓
도표의 제목 및 단위 표시

02 정답 ①

선 그래프는 시간의 경과에 따른 수량의 변화 상황이나 시간적 추이(시계열 변화), 변화의 추이 등을 나타내기에 적합한 그래프이다. 그러므로 월별 매출 추이 변화, 한 달 동안의 기온 변화, 에너지 사용 증가율 등은 선 그래프로 나타내기 적절하다.

도표의 종류별 활용

- 선 그래프 : 월별 매출액 추이 변화, 날씨 변화, 에너지 사용 증가율 등
- 막대 그래프 : 영업소별 매출액, 내역 · 경과 · 도수 등의 대소 관계 비교 등
- 원 그래프 : 기업별 매출액 구성비, 전체에 대한 항목별 구성비 등
- 점 그래프 : 각 지역별 광고비율과 이익률의 관계, 지역분포, 상품 등의 평가 · 위치 · 성격 등의 표시 등
- 층별 그래프 : 월별 · 상품별 매출액 추이 등
- 방사형 그래프 : 상품별 매출액의 월별 변동 등

03 정답 ①

연도별 매출액 추이 변화를 나타내는데 적합한 그래프는 선 그래프이다. 선 그래프는 시간의 경과에 따라 수량에 의한 변화의 상황을 나타내는 그래프로, 시간적 추이를 표시하는 데 적합하다.

04 정답 ③

매출액 구성비를 나타낼 때 가장 적절한 도표는 원 그래프이다. 원 그래프는 내역이나 내용의 구성비를 원을 분할하여 작성하는 그래프로서, 전체에 대한 구성비를 표현할 때 다양하게 활용할 수 있다.

05 정답 ③

A와 B의 그래프는 같은 정보로 만들어진 그래프로, A는 눈금을 자료에 맞게 작은 수로 나누었다. 따라서 눈금을 크게 한 B의 그래프보다 한눈에 3분기의 매출액이 다른 시기의 매출액보다 월등히 높다는 결론을 내릴 수 있었다.

① 막대의 폭은 모두 같게 해야 한다.
② 막대를 세로로 할 것인가, 가로로 할 것인가는 개인의 취향이나, 세로로 하는 것이 일반적이다.
④ 가로축은 명칭구분(년, 월, 장소, 종류 등)으로 세로축은 수량(금액, 매출액 등)으로 정한다.
⑤ 한 그래프 안에서 세로축에 나타내는 눈금의 간격은 일정하게 해야 한다.

CHAPTER 3 도표분석 · 작성능력

02 여러 가지 그래프

PART 03

01 ④	02 ③	03 ④	04 ①	05 ⑤	06 ②	07 ①	08 ③	09 ②	10 ②
11 ④	12 ③	13 ①	14 ②	15 ④	16 ②	17 ①	18 ④	19 ③	20 ③
21 ⑤	22 ④	23 ②	24 ③	25 ⑤	26 ⑤	27 ②	28 ④	29 ④	30 ④
31 ④	32 ②	33 ②	34 ④	35 ③	36 ③	37 ①	38 ③	39 ①	40 ③
41 ④	42 ④	43 ①	44 ④	45 ④	46 ⑤	47 ①	48 ②	49 ①	50 ⑤

01 정답 ④

채소 1kg당 금일 가격은 $\frac{\text{채소 금일 가격(원)}}{\text{조사단위(kg)}}$로 구할 수 있다.

④의 '무'같은 경우 조사단위가 '15(kg)'이므로, 무 1kg당 금일 가격은 $\frac{8,500}{15}$≒567(원)이어서 그래프의 내용이 옳지 않다.

오답해설

① 쌀, 찹쌀, 검정쌀의 조사단위당 가격은 [표]에서 확인할 수 있다.

② 채소의 조사단위당 전일 가격 대비 금일 가격 등락액은 [표]의 내용을 통해 계산할 수 있다. 계산을 해보면 다음과 같다.

- 오이 : 23,600−24,400=−800(원)
- 부추 : 68,100−65,500=2,600(원)
- 토마토 : 34,100−33,100=1,000(원)
- 배추 : 9,500−9,200=300(원)
- 무 : 8,500−8,500=0(원)
- 고추 : 43,300−44,800=−1,500(원)

③ 곡물의 조사단위당 전일 가격 대비 금일 가격 등락액은 [표]의 내용을 통해 계산할 수 있다. 계산을 해보면 다음과 같다.

- 쌀 : 52,500−52,100=400(원)
- 찹쌀 : 180,000−182,800=−2,800(원)
- 검정쌀 : 120,000−118,100=1,900(원)
- 콩 : 624,000−626,500=−2,500(원)
- 참깨 : 129,000−128,000=1,000(원)

⑤ 곡물 1kg당 금일 가격은 $\frac{\text{채소 금일 가격(원)}}{\text{조사단위(kg)}}$으로 구할 수 있으며, 그래프가 [표]의 내용을 제대로 반영하고 있다.

02 정답 ③

B부서의 판매량이 A부서의 판매량보다 더 들쭉날쭉하므로 B부서의 판매량 표준편차가 A부서보다 더 크다.

오답해설

① A부서와 B부서 간의 판매량 차이가 가장 많이 나는 분기는 3분기이다. 2분기는 판매량 차이가 가장 적게 나는 분기이다.

② A부서의 판매량이 가장 많은 분기는 4분기이다.

④ A부서는 2분기에, B부서는 3분기에 판매량이 가장 저조하다.

⑤ A부서와 B부서 간의 판매량 차이는 1분기에 비해 2분기에 줄어들었다가 3분기에 다시 늘어났다.

Tip

표준편차

표준편차는 자료가 평균을 중심으로 얼마나 퍼져 있는지를 나타내는 수치이다. 표준편차가 0에 가까우면 자료값들이 평균 근처에 집중되어 있음을 알 수 있고, 표준편차가 클수록 자료값들이 들쭉날쭉하게 널리 퍼져 있다고 볼 수 있다.

03 정답 ④

ㄱ. 이미 6월의 카드 결제 건수가 1월의 카드 결제 건수에 비해 310÷112≒2.77배 이상을 넘어섰다. 그러므로 지금과 같이 증가하는 추세라면 충분히 2.8배 이상이 될 것이다.

ㄷ. 6월의 전체 결제 건수는 310+75=385(건)이고, 1월~6월의 전체 결제 건수는 (17+21+25+30+61+75)+(112+136+180+214+241+310)=1,422(건)이다. 1월~6월의 전체 결제 건수에서 6월의 결제 건수가 차지하는 비율은 $\frac{385}{1,422}\times100$≒27.07%로 25%를 넘는다.

오답해설

ㄴ. 4월과 5월 사이의 카드 결제 건수 증가량은 241−214=27(건)이고, 4월과 5월 사이의 현금 결제 건수 증가량은 61−30=31(건)이다. 그러므로 4월에서 5월 사이의 결제 건수 증가량은 현금 결제가 카드 결제보다 크다.

04 정답 ①

ㄱ. 투자규모가 100~500만 달러인 투자금액 비율은 19.4%이며, 500만 달러 이상인 투자금액 비율은 69.4%이므로, 투자규모가 100만 달러 이상인 투자금액 비율은 88.8%가 된다. 따라서 85% 이상이다.

ㄴ. 투자건수 비율은 $\frac{\text{투자규모별 외국인 직접투자 건수}}{\text{전체 외국인 직접투자 건수}} \times 100$ 인데, 전체 외국 직접투자 건수는 동일하므로, 투자규모별 외국인 직접투자 건수는 투자건수 비율로 비교할 수 있다. 투자규모가 100~500만 달러인 투자건수 비율은 11.9%, 500만 달러 이상인 투자건수 비율은 4.5%이므로, 100만 달러 이상의 투자건수 비율은 16.4%가 된다. 이에 비해 5만 달러 미만의 투자건수 비율은 28.0%이므로, 투자규모가 100만 달러 이상인 투자건수는 5만 달러 미만의 투자건수보다 적다고 할 수 있다.

ㄷ. 투자규모가 5만 달러 미만인 투자건수 비율은 28.0%이고, 5~10만 달러인 투자건수 비율은 20.9%, 10~50만 달러 미만인 투자건수 비율은 26.0%이므로, 투자규모가 50만 달러 미만인 투자건수 비율은 74.9%이다. 따라서 70% 이상이 된다.

ㄹ. 투자규모가 100만 달러 이상 500만 달러 미만인 투자금액 비율은 19.4%이며, 투자규모가 50만 달러 미만의 투자금액 비율은 $0.9+1.1+4.5=6.5$, 즉 6.5%이므로, 전자가 더 크다.

05 정답 ⑤

부모와 함께 산다고 응답한 사람의 비율을 구하기 위해서는 전체(100%)에서 따로 산다고 응답한 비율을 빼면 된다.

- 2020년 : $100-45.5=54.5(\%)$
- 2024년 : $100-57.3=42.7(\%)$

$\frac{54.5-42.7}{54.5} \times 100 \fallingdotseq 21.7(\%)$

그러므로 2024년에는 2020년과 비교하여 21.7% 감소하였다.

06 정답 ②

부모와 함께 사는 딸의 수는 먼저 부모의 생존 여부부터 따져야 구할 수 있다. 응답자 중 부모가 생존해 있는 사람의 수는 $500 \times 0.62=310$(명)

그중 부모와 함께 산다고 대답한 딸의 비율은 3.6(%)이므로 $310 \times 0.036=11.16$(명), 소수 첫째자리에서 반올림하면 11명이다.

07 정답 ①

ㄱ. [그림]에서 2020년 이후 항공기사고 발생 건수는 매년 증가하고 있다는 것을 알 수 있으므로, ㄱ은 옳은 설명이 된다.

ㄴ. [표]에서 비행단계별 항공기사고 발생 건수는 '순항(22건), 착륙(17건), 상승(7건), 접근(6건), 지상이동(4건), 이륙(2건)'순으로 많이 발생하였다.

ㄷ. 순항단계와 착륙단계의 항공기사고 발생 건수의 합(39건)은 총 항공기사고 발생 건수(58건)의 $\frac{39}{58} \times 100 \fallingdotseq 67\%$이므로, 65% 이상이 된다. 이는 계산을 하지 않고도 순항단계의 항공기사고 발생 비율(37.9%)과 착륙단계의 항공기사고 발생 비율(29.4%)의 합을 통해 쉽게 알 수 있다.

08 정답 ③

2017년에는 전년보다 감소하였으므로 해당되지 않는다. 나머지 선택지에서 항공기사고 발생 건수의 전년대비 증가율은 2021년의 경우 전년 대비 100% 증가하였고, 나머지는 연도는 모두 100% 미만의 증가율을 보이고 있으므로, 2021년의 증가율이 가장 높다는 것을 알 수 있다. 이를 구체적으로 계산해 보면 다음과 같다.

- 2018년의 전년 대비 증가율 : $\frac{9-6}{6} \times 100=50\%$
- 2021년의 전년 대비 증가율 : $\frac{4-2}{2} \times 100=100\%$
- 2022년의 전년 대비 증가율 : $\frac{7-4}{4} \times 100=75\%$
- 2023년의 전년 대비 증가율 : $\frac{9-7}{7} \times 100 \fallingdotseq 29\%$

09 정답 ②

ㄱ. 2024년 A자동차의 월매출액은 8월의 경우 $24-9=15$(억 원)이며, 9월의 경우 $36-24=12$(억 원)이다. 따라서 6월부터 9월 중 A자동차의 월매출액이 가장 큰 달은 8월이 된다.

ㄴ. 10월의 월매출액은 $66-36=30$(억 원)이고, 8월의 월매출액은 $24-9=15$(억 원)이다. $30 \div 15=2$이므로 10월의 월매출액은 8월의 월매출액에 비해 정확이 2배 증가했다.

ㄷ. 6월에서 7월에는 $9-5=4$(억 원), 7월에서 8월에는 $24-9=15$(억 원), 8월에서 9월에는 $36-24=12$(억 원), 9월에서 10월에는 $66-36=30$(억 원)으로 매달 월매출액이 늘어나고 있기는 하나, 늘어난 매출액의 금액은 $4-15-12-30$으로 증가와 감소를 반복하고 있다.

10 정답 ②

자료에 제시된 동호회 가운데 30대 가입자 수가 가장 적은 동호회는 독서와 수영이다.

오답해설

① 보드게임 동호회의 가입 현황을 보면 20대가 약 23명, 30대가 20명, 40대가 약 17명으로 40대가 가장 적다.
③ 캠핑은 20대와 30대, 40대 간의 가입 인원수가 연령대별로 약 5명 이상씩 차이가 나므로 다른 동호회에 비해 캠핑이 가장 큰 차이를 보인다고 할 수 있다.
④ 영화 동호회의 20대 사원수는 약 18명으로, 약 11명의 가입 인원수를 가지고 있는 수영, 약 13명의 가입 인원수를 가지고 있는 독서에 이어 세 번째로 적다.
⑤ 수영의 40대 인원수는 약 13명, 20대 인원수는 약 11명으로 40대 사원수가 20대 사원수보다 많다.

11 정답 ④

고등학교 졸업자와 전문대학 졸업자의 상대적 임금격차는 6(2015), 11(2020), 18(2024)로 갈수록 커지고 있다.

오답해설

① 전문대학 졸업자의 경우 조사기간 동안 106(2015), 111(2020), 118(2024)로 상대적 임금이 지속적으로 상승하고 있다.
② 고등학교의 졸업자의 경우 2015년에서 2024년까지 상대적 임금이 100으로 변화가 없다.
③ 중학교 이하 졸업자의 경우 67(2020)에 비해 69(2024)로 상대적으로 임금이 높아졌지만 78(2015)에는 미치지 못하고 있다.
⑤ 대학 졸업의 경우 조사기간 동안 147(2015), 156(2020), 177(2024)로 상대적 임금이 지속적으로 상승하고 있다.

12 정답 ③

성인 남자의 문맹률이 가장 높은 지역은 C지역(32%)이다. 그런데 C지역의 청소년 문맹률은 27.1%로 두 번째로 높은 것에 비해 성인 남자 문맹률이 두 번째로 높은 A지역의 청소년 문맹률은 53.7%로 가장 높으므로 ③의 내용은 옳지 않다.

13 정답 ①

성인 남녀 간 문맹률의 차이가 가장 큰 B지역의 청소년 문맹률은 10.2%이며, 청소년 문맹률이 네 번째로 높은 E지역의 남녀 간 성인 문맹률 차이는 13−5=8(%p)이다.

14 정답 ②

2023년도 1인 가구의 비중은 8.9%이고, 2024년 1인 가구의 비중은 15.9%로 $\frac{15.9}{8.9}$≒1.78, 약 1.8배가량 증가했음을 알 수 있다.

오답해설

① 2024년에 80세 이상 인구는 세대구성 형태 중에서 비혈연 가구에 가장 작은 비중을 차지하고 있다.
③ 주어진 자료는 65세 이상 인구의 세대구성에 관한 자료이다. 그러므로 이 나라 전체인구의 세대 구성 형태에 관한 것은 주어진 자료로 파악할 수 없는 내용이다.
④ 2024년의 65~69세, 70~79세, 80세 이상의 세대구성별 분포의 차이가 가장 적은 세대구성은 막대그래프끼리의 차이가 가장 미세한 비혈연 가구이다.
⑤ 2024년 2세대 가구의 비중은 24.6%로 2023년의 23.4%와 비교해 큰 변화를 보이고 있지 않다. 그러나 주어진 자료는 %, 즉 비율을 나타내는 것이므로 전체 인구수를 알지 못하면 가구수를 비교해 볼 수는 없다.

15 정답 ④

초등학생의 인터넷 이용률에서 2020년의 수치는 85.6%이며, 2022년의 수치는 94.0%임을 알 수 있다. 2020년도 초등학생의 수가 625명이고, 2022년도의 초등학생 수가 550명이라고 하였으므로 이를 계산해보면

- 2020년도 : $625\times\frac{85.6}{100}=535$(명)
- 2022년도 : $550\times\frac{94}{100}=517$(명)

그러므로 2020년도와 2022년도 초등학생 수의 차이는 535−517=18(명)이다.

16 정답 ②

ㄴ. [그림]에서 일산화탄소의 농도를 차량의 종류(승용자, 트럭 · 버스)와 속도에 따라 제시하였으므로 옳은 설명이다.

오답해설

ㄱ. 자동차 속도가 낮을수록 배출되는 일산화탄소의 농도가 더 높게 나타나고 있다.
ㄷ. 1km주행 시 배출되는 일산화탄소의 농도가 승용차보다 트럭이나 버스일 때 더 높으므로 오염 농도를 줄이는 방법이라 할 수 없다.

17 정답 ①

2024년 가입률은 $\frac{5,439,436}{10,879,260}\times 100 = 49.998\cdots\%$이므로 약 50.0%이다.

② 2024년에 가입한 남성 중 30대 가입률이 61.1%로 가장 높다.

③ 2024년 가입률은 20대 여자가 50.9%, 30대 여자가 54.0%로 20대 여자보다 30대 여자가 더 높다.

④ 전체 가입 근로자는 2024년이 전년에 비해 5,810,244−5,344,438=465,806명 늘어났다.

⑤ 2024년에 여자가 남자보다 가입률이 더 높았던 연령대는 60세 이상뿐만 아니라 20대도 해당된다.

18 정답 ④

주어진 자료와 [표]를 참고해서 구해보면 60세 이상 가입자 수는 361,270명이므로

- 남성 가입자 수 : $361,270\times 0.5\times 29.6\%$
  $=361,270\times 0.5\times 0.296=53,467.96$(명)
- 여성 가입자 수 : $361,270\times 0.5\times 31\%$
  $=361,270\times 0.5\times 0.31=55,996.85$(명)

그러므로 소수 첫째 자리에서 반올림하면 60세 이상 퇴직연금에 가입한 남성의 수는 53,468명, 여성의 수는 55,997명이다.

19 정답 ③

2024년에 전년대비 매출액이 증가한 업종은 기계공업과 자동차공업뿐인데, 이들의 증가폭을 구해보면 다음과 같다.

- 기계공업 : $\frac{21,756-20,997}{20,997}\times 100 ≒ 3.61\%$
- 자동차공업 : $\frac{19,876-11,345}{11,345}\times 100 ≒ 75.2\%$

그러므로 2024년 중공업 매출액 중 전년대비 가장 큰 폭으로 증가한 업종은 자동차공업이다.

① 기계공업과 자동차공업을 제외한 나머지 세 업종에서는 2023년보다 2024년에 매출액이 감소하였다.

② 기계공업과 전력공업은 2023년보다 2024년에 영업비용이 증가하였다.

④ 2023년 중공업 영업비용 중 조선업의 비율은 다음과 같이 구할 수 있다.

$$\frac{36,160}{21,820+36,160+19,163+19,072+18,904}\times 100$$
$≒31.4\%$

그러므로 30%를 넘는다.

⑤ 2023년의 매출액을 업종별로 순위를 매겨보면 '조선업－철강업－전력공업－기계공업－자동차공업'이고, 영업비용을 업종별로 순위를 매겨보면 '조선업－철강업－기계공업－전력공업－자동차공업'이다. 그러므로 매출액과 영업비용의 그래프는 다른 모양을 가지게 된다.

20 정답 ③

위의 [표]는 십억 원 단위이고 주어진 [그림]은 조 원 단위이므로 이를 유의해야 한다. 예를 들어 13,572십억 원은 13.572조 원이고 이를 소수 둘째 자리에서 반올림하면 13.6조 원이 된다. 그러므로 주어진 [표]의 단위를 조 원으로 바꾸고 소수 둘째 자리에서 반올림하면 다음과 같다.

(단위 : 조 원)

구분	2023년		2024년	
	매출액	영업비용	매출액	영업비용
철강업	21.0	21.8	19.2	19.5
조선업	37.9	36.2	31.2	31.4
기계공업	21.0	19.2	21.8	19.5
전력공업	21.0	19.1	20.9	20.3
자동차공업	11.3	18.9	19.9	18.8

주어진 [그림]에서 매출액은 2023년에 21조 원, 2024년에 21.8조 원이고, 영업비용은 2023년에 19.2조 원, 2020년에 19.5조 원이므로 이는 기계공업에 해당한다.

그래프에서 나타내는 수치

이 문제에서 답을 철강업과 헷갈리지 않도록 주의해야 하는데, 그래프의 막대가 나타내는 수치와 가로축의 이름을 잘 확인해야 한다. 표에서는 '2023년의 매출액－2023년의 영업비용, 2024년의 매출액－2024년의 영업비용'순으로 정리가 되어있지만 그림(그래프)에서는 '2023년의 매출액－2024년의 매출액, 2023년의 영업비용－2023년의 영업비용'순으로 되어있기 때문이다.

21 정답 ⑤

[그림1]을 통해, 전국 직장어린이집 수의 전년대비 증가율이 높은 연도는 2017년, 2020년, 2022년, 2024년임을 알 수 있다. 각각의 전년대비 증가율을 구해보면 다음과 같다.

- 2017년 : $\frac{236-199}{199}\times 100 ≒ 18.6\%$
- 2020년 : $\frac{298-263}{263}\times 100 ≒ 13.3\%$

- 2022년 : $\frac{350-320}{320}\times100≒9.4\%$
- 2024년 : $\frac{401-370}{370}\times100≒8.4\%$

그러므로 전국 직장어린이집 수의 전년대비 증가율이 10% 이상인 연도는 2017년과 2020년 두 번뿐이라는 것을 알 수 있다.

오답 해설

① [그림2]를 보면 2024년에 직장어린이집 수가 가장 적은 지역은 제주(6개소)가 아니라 전북(5개소)이다.

② 2020년 대비 2022년 전국 직장어린이집 수의 증가율은 $\frac{350-298}{298}\times100≒17.4\%$이므로, 20% 이하이다.

③ 2024년 인천 지역 직장어린이집 수는 26개소이므로 2024년 전국 직장어린이집 수의 $\frac{26}{401}\times100≒6.5\%$이다. 그러므로 5% 이상이 된다.

④ 2024년 서울과 경기 지역 직장어린이집 수의 합은 109+95=204(개소)이므로, 2024년 전국 직장어린이집 수(401개소)의 절반 이상이 된다.

22 정답 ④

[그림]에는 당해연도 국내총생산 대비 당해연도 대일수입액 비율의 가장 큰 연도가 1928년으로 나타나 있는데, 이 비율을 구하면

- 1928년 : $\frac{295}{1,529}\times100≒19.3\%$
- 1930년 : $\frac{278}{1,158}\times100≒24.0\%$

그러므로 1930년이 더 크다.

그래프의 비교

비율을 직접 계산하지 않아도 수치의 비교를 통해 어느 것이 더 큰지 알 수 있다. 이러한 유형의 문제는 그래프의 최대값과 최솟값이 맞는지 확인해 보는 것이 문제를 가장 빨리 해결하는 방법이 된다.

23 정답 ②

2022년의 지방 실적은 31.7(만 호)이고 전년도의 지방 실적은 27.8(만 호)이다. 이는 전년도 대비 $\frac{31.7-27.8}{27.8}\times100≒14\%$, 약 14% 증가한 것이다.

오답 해설

ㄱ. 수도권의 실적 순위를 연도별로 나열하면 2021년－2022년－2023년 순이고, 지방의 실적 순위를 연도별로 나열하면 2022년－2021년－2023년이므로 같지 않다.

ㄷ. 2024년의 전국실적이 전년도인 2023년 44.1(만 호) 대비 30% 오른다면 44.1×1.3=57.33(만 호)으로 58.6(만 호)이었던 2022년을 넘지는 못 한다.

24 정답 ③

A~D국의 주택 부문에서 각국의 3~10층 시장 규모의 범위에 속하는 것은 3~5층과 6~10층이다. 이 두 수치를 더하면 3~10층 시장 규모를 구할 수 있다.

- A : 16+6=22(%)
- B : 26+14=40(%)
- C : 20+25=45(%)
- D : 5+6=11(%)

그러므로 C의 시장 규모가 가장 크다.

25 정답 ⑤

여름과 겨울의 당일치기 및 숙박여행 비율이 동일한 지역은 전주와 부산이다. 전주는 여름과 겨울 모두 당일치기와 숙박여행이 4 : 6의 비율이며 부산은 1 : 9의 비율이다.

오답 해설

① 여름철 숙박여행의 비율이 가장 큰 지역은 제주이다.

② 강릉은 여름철에는 숙박이 약 84%정도의 비중을 차지하다가 겨울에는 70%로 떨어진다. 다른 지역들은 여름과 겨울에 숙박여행 비율이 크게 차이나지는 않는다.

③ 모든 막대 그래프에서 당일치기보다 숙박여행이 차지하는 비율이 더 크다.

④ 겨울철 당일치기 비율이 여름에 비해 증가한 지역은 여수, 제주, 강릉으로 3곳이다. 반대로 겨울철 당일치기 비율이 여름에 비해 감소한 지역은 양양, 충주이고 여름철과 겨울철 당일치기 비율이 변함없는 곳은 전주와 부산이다.

26 정답 ⑤

공연횟수가 60회 이상인 달은 3월, 4월, 5월, 6월이고 그중에서 현장예매가 온라인예매보다 적었던 달은 6월이다.

27 정답 ②

2023년 미혼녀와 미혼남의 인원수 차이는 26,415−14,720=11,695(명)이며, 2024년 미혼녀와 미혼남의 인원수 차이는 41,293−29,659=11,634(명)이므로, 전자는 후자보다 61명이 많다. 그러므로 50명 이상 많다는 설명은 옳다.

① [그림1]에서 미혼남의 인원수는 2021년에서 2022년으로 가면서 감소했다가 이후 매년 증가했고, 미혼녀의 인원수는 2021년 이후 매년 증가했다는 것을 알 수 있다.

③ 2024년 미혼남녀의 직업별 분포에서 회계사 수는 5,315명이며, 연구원 수는 2,724명이므로, 5,315÷2,724≒1.95로 전자는 후자의 2배 이하가 된다.

④ 공무원과 변호사의 인원수 차이는 9,644−3,888=5,756(명)이고 승무원과 자영업 인원수의 합은 2,580+2,415=4,995(명)으로 전자가 후자보다 더 많다.

⑤ 2023년 미혼녀 인원수 14,720명이며, 2022년의 미혼녀 인원수는 7,110명이므로, 전자는 후자의 2배 이상이다.

28 정답 ④

[그림]에서 2023년의 단위 재배면적당 마늘 생산량은 $\frac{60,000}{4,000}$=15(톤/ha)임을 알 수 있다. 2024년의 단위 재배면적당 마늘 생산량은 2023년과 같고 마늘 재배면적은 5,000(ha)로 늘어난다고 하였으므로 2024년 동남권의 마늘 생산량은 15×5,000=75,000(톤)이 된다.

① [그림]의 2019~2023년 동남권 양파 생산 생산량 변동 추이를 보면, 2021년에는 전년보다 감소하였다는 것을 알 수 있다.

② 2023년의 양파 재배면적은 4,500ha이고 전년인 2022년의 양파 재배면적은 3,289ha이므로 2023년에는 전년에 비해 $\frac{4,500-3,289}{3,289}$×100≒36.8% 증가하였음을 알 수 있다.

③ 2023년의 경우는 동남권의 마늘 재배면적이 양파 재배면적보다 작다.

⑤ 2019~2023년 동안 마늘 재배면적의 추이는 '감소−증가−감소−감소'이고, 마늘 생산량의 추이는 '증가−증가−증가−감소'로 추이의 경향이 비슷하지 않다.

29 정답 ④

취업자의 수가 가장 적었던 시기는 막대 그래프의 막대가 가장 낮은 2023년 2월이고, 전년 동월대비 증감률이 가장 작은 시기는 꺾은선 그래프의 점이 가장 낮은 2022년 12월이다.

30 정답 ④

취업자가 가장 많은 달은 2023년 6월이고 이 달의 전년 동월대비 증감률은 1.1%이므로, 전년 동월의 취업자 수를 x라 하면

$x\times(1+0.011)=23,501,000$

$1.011x=23,501,000$

$\therefore x=23,245,301.6815\cdots$

그러므로 천 단위 미만을 절삭하면 23,245,000명이 된다.

31 정답 ④

다 지역의 3 · 1운동 참여자 중 사망자의 비율은 $\frac{590}{120,850}$×100≒0.49%이고, 라 지역의 3 · 1운동 참여자 중 사망자의 비율은 $\frac{2,042}{511,770}$×100≒0.4%이므로 다 지역의 사망자 비율이 더 크다.

① [그림]에서 3 · 1운동 참여자는 막대 그래프로, 사망자는 꺾은선 그래프로 나타내고 있다. 이때 막대 그래프는 왼쪽의 세로축 수치로 읽어야 하고, 꺾은선 그래프는 오른쪽의 세로축 수치로 읽어야 한다. 그러므로 꺾은선이 막대보다 더 위에 있다고 하여 사망자 수가 참여자 수보다 많은 것은 아니다.

② 3 · 1운동 참여자 중 사망자의 수를 모두 더해보면 1,472+384+590+2,042+2,470=6,958(명)으로 7,000명을 넘지 않는다.

③ 3 · 1운동 참여자의 증감 추이는 '감소−감소−증가−감소'인데, 3 · 1운동 참여자 중 사망자의 수의 증감 추이는 '감소−증가−증가−증가'이므로 증감 추이가 비슷하지 않다.

⑤ 마 지역의 3 · 1운동 참여자 중 사망자의 비율은 $\frac{2,470}{154,948}$×100≒1.6%로 1%를 넘는다. 이를 직접 계산해보지 않더라도 154,948의 1%가 약 1,549명이므로 사망자가 2,470명이면 1%를 넘음을 바로 알 수 있다.

32 정답 ②

에너지 섭취량은 2014년에는 2,034kcal, 2019년에는 2,055kcal, 2024년에는 2,058kcal로 24kcal 증가했으나, 활동량은 2019년 75.5%에서 2024년 60.7%로 감소했다.

33 정답 ②

이스라엘은 유일하게 1995년과 2000년에 합계출산율이 똑같은 나라이다. 제시된 그래프를 보면 1995년보다 2000년에 더 크거나 같은 수치를 나타내는 꺾은선이 존재하지 않으므로 그래프에 표시하지 않은 나라는 이스라엘임을 알 수 있다.

Tip

그래프에 표시된 나라

그래프에 표시된 나라는 1995년을 기준으로 위에서부터 멕시코, 터키, 한국, 일본 순이다.

- 멕시코 : 제시된 다섯 나라 중 1995년에 유일하게 출산율이 3명을 넘은 나라이므로 쉽게 알 수 있다.
- 터키 : 제시된 다섯 나라 중 1995년부터 2020년까지 출산율이 매년 꾸준히 감소하고 있는 나라는 멕시코와 터키뿐인데, 1995년에 3명을 넘지 않은 나라가 터키이다.
- 한국 : 2020년에 출산율이 가장 낮은 나라이다.
- 일본 : 제시된 다섯 나라 중 출산율 변동 폭이 가장 작은 나라이며, 다섯 나라 중 유일하게 단 한번도 출산율이 1.5 위로 올라온 적이 없는 나라이다.

34 **정답 ④**

2023년 3월에서 2023년 4월까지의 실업자 수는 62,000명 감소하였고, 2023년 4월에서 2020년 5월까지 실업자 수는 46,000명 감소하였다. 따라서 실업자 수가 가장 급격히 감소한 시기는 2023년 3월부터 2023년 4월이다.

오답해설

① 2023년 3월부터 6월까지 실업자 수는 769,000명, 707,000명, 661,000명, 611,000명으로 지속적으로 감소하여 총 158,000명이 감소했으며 같은 시기의 실업률 또한 3.4%, 3.1%, 2.9%, 2.7%로 지속적으로 감소하여 총 0.7%p 감소했다.

② 2022년 8월부터 2023년 3월까지의 기간 동안 실업자 수는 17,000명 증가했다.

③ 2022년 8월부터 2023년 3월까지의 실업률은 3.4%로 동일하다.

⑤ 2023년 7월부터 2023년 8월까지 실업자 수는 32,000명 증가하였으며 실업률은 0.2%p 증가하였다.

35 **정답 ③**

ㄱ. 남성사망률이 여성사망률보다 높으면 남녀사망률비가 1보다 커야 한다. [그림]을 보면 모든 연령대에서 남녀사망률비가 1보다 크므로 모든 연령대에서 남성사망률이 여성사망률보다 높다고 볼 수 있다.

ㄷ. 9세 이하 집단에서 남녀 인구수가 동일한 것으로 가정하면 남녀사망률비가 곧 남성사망자 수와 여성사망자 수의 비율이 된다. 그러므로 [그림]을 참고하면 1.16명이 된다.

오답해설

ㄴ. 60대의 남녀사망률비는 2.55이지만 이것은 남성과 여성의 사망률비가 2.55라는 것이지 사망자 수의 비율이 2.55인 것을 의미하지 않는다. 또한 2.55가 여성 한 명이 사망할 때 남성이 2.55명 사망한다는 것을 의미하려면 60대 남성인구수와 여성인구수가 같아야 한다. 하지만 이것은 주어진 자료에서는 알 수 없다.

36 **정답 ③**

5월 달까지 생산량이 꾸준하게 오르다가 6월에 들어 떨어지는 형태이므로 ③번 그래프가 적절하다.

적절한 그래프를 찾는 문제

- 표를 일일이 확인해 대조하는 것보다 표의 수치가 증가하는지, 감소하는지 판단하여 그래프 모양과 일치하는지 확인해야 풀이를 수월하게 할 수 있다.
- 적절한 그래프를 찾는 것 이외에도 계산 능력을 요구하는 문제가 출제되기도 하므로 다양한 유형을 접해야 실수를 줄일 수 있다.

37 **정답 ①**

주어진 [표]와 [그림]을 참고하여 2024년 운영예산을 2024년 공공도서관 수로 나누어 주면 된다.

418,714,000÷564=742,400.709…

소수점 이하는 버림한다 하였으므로 1관당 약 742,400원의 예산이 배분된다.

38 **정답 ③**

주어진 연도를 기준으로 1관당 일하고 있는 직원의 수는 직원 수 ÷공공도서관 수로 구할 수 있다. 주어진 연도를 기준으로 구해보면 다음과 같다.

2020년	4,158÷462=9(명)
2021년	4,710÷471=10(명)
2022년	5,357÷487=11(명)
2023년	5,140÷514=10(명)
2024년	5,640÷564=10(명)

그러므로 11명인 연도는 2022년이다.

다른 풀이

반대로 생각하면 더 쉽게 구할 수 있다.

1관당 일하고 있는 직원의 수를 10명이라고 하면 '공공도서관 수×10=직원의 수'로 쉽게 계산이 가능하다. 직원 수와 공공도서관 수를 비교해 봤을 때 직원 수가 공공도서관 수의 10배보다 더 큰 값을 갖는 연도는 2018년뿐이므로 직원의 수를 일일이 계산해 보지 않아도 답을 쉽게 구할 수 있다.

39 정답 ①

현재 B사 사용자 중에서 70%는 1년 뒤에도 여전히 B사를 이용하고 있기 때문에, 현재 사용자의 B사 구성비 30% 중에서 21%는 1년 뒤에도 B사를 이용할 것이다. 또한 현재 A사 사용자이지만 1년 뒤 B사 사용자가 되는 비율은 10%이므로 A사 구성비 40% 중에서 4%는 B사로 이동할 것이고, 마찬가지로 현재 C사 사용자 중에서 3%가 B사로 이동할 것이다. 따라서 1년 뒤 B사의 구성비는 28%(=21%+4%+3%)가 되어 현재 30%보다 감소할 것이다.

② 현재 A사 사용자 중 80%는 1년 뒤에도 여전히 A사를 이용한다고 했으므로 현재 사용자의 A사 구성비 40% 중 32%는 1년 뒤에도 A사를 이용할 것이다. 또한 현재 B사 사용자이지만 1년 뒤 A사 사용자가 되는 비율은 10%이므로 B사 구성비 30% 중에서 3%는 A사로 이동할 것이고, 마찬가지로 현재 C사 사용자 중에서 12%가 A사로 이동할 것이다. 따라서 1년 뒤 A사의 구성비는 47%가 된다.

③ A사에서 C사로 이동하는 사람의 비율은 A사 사용자의 10%이므로 현재 A사 사용자의 4%가 C사로 이동할 것이고, B사에서는 6%가 이동할 것이므로 전체적으로 10%가 C사로 이동할 것으로 예측된다.

④ 1년 뒤에 A사에서 A사를 선택한 비율은 80%, B사에서 B사를 선택한 비율은 70%, C사에서 C사를 선택한 비율은 50%이다. 그러므로 이동 성향만 놓고 보았을 때 현재 회사를 1년 뒤에도 유지할 것으로 예측되는 비율이 가장 높은 회사는 A이다.

⑤ 1년 뒤에도 현재와 동일한 이동통신 회사를 사용하는 사용자의 비율을 구하는 것이 더 간단하다. 현재 A사 사용자 중 32%, B사 사용자 중 21%, C사 사용자 중 15%는 1년 뒤에도 같은 회사를 이용할 것이므로 모두 68%의 사용자는 이동이 없을 것이다. 따라서 사용자의 100%−68%=32%는 1년 뒤에 다른 회사로 이동할 것이다.

40 정답 ③

D사의 판매점유율은 4.3%이므로 $8{,}000\times\frac{4.3}{100}=344$(대)이다. 그러므로 300대를 넘는다.

① 2024년 A사의 점유율은 41.2%이고 C사의 점유율은 10.8%이므로 41.2+10.8=52%, 전체 판매대수의 절반 이상이다.

② 2024년 스마트폰 점유율에서 C사는 10.8%, E사는 4.2%를 기록하였으므로 10.8÷4.2≒2.57, 2024년 C사의 스마트폰 판매대수는 E사의 스마트폰 판매대수의 약 2.57배이다.

④ [그림]에서 A사의 스마트폰 점유율이 가장 높으므로 2024년 스마트폰 판매대수가 가장 많은 회사는 A사라는 것을 알 수 있다.

⑤ 2024년 스마트폰 점유율에서 A사는 41.2%, B사는 16.9%를 기록하였으므로 41.2÷16.9≒2.43, 2024년 A사의 스마트폰 판매대수는 B사의 스마트폰 판매대수의 약 2.43배이다.

41 정답 ④

총 7개 학과로 구분되어 있으므로 원 그래프의 조각의 개수도 7개인 것을 먼저 확인해야 한다. 또한 [표]에서의 특징을 보면 화학공학과와 신소재공학과를 합쳤을 때 55%가 나오므로 조각 2개의 크기를 합쳤을 때 절반이 넘어가는 그래프를 찾으면 된다. 또한 영어영문학과, 중어중문학과, 수학과는 각각 4%, 6%, 2%의 비중을 차지하므로 다른 조각에 비해 상대적으로 작게 그려진 조각이 3개 필요하다. 이러한 특징들을 조합하였을 때 가장 적절한 원 그래프는 ④이다.

① 원 그래프의 조각이 8개이므로 총 7개 학과로 구분되어 있는 제시된 [표]와는 맞지 않다.

② 원 그래프의 조각이 6개이므로 총 7개 학과로 구분되어 있는 제시된 [표]와는 맞지 않다.

③ 원 그래프 상의 7개의 조각이 거의 비슷한 크기로 구성되어 있다. 그러나 제시된 [표]에는 학과마다 비율의 차이가 크므로 맞지 않다.

⑤ 원 그래프 상에서 한 조각이 거의 절반에 가까운 크기로 구성되어 있는데, 제시된 [표]에는 50%에 가까운 비율을 차지하는 학과가 있지 않으므로 맞지 않다.

42 정답 ④

2019년 가구당 총지출액이 평균 2,000만 원이었고 이 중 교육비가 차지한 비율은 23%이므로, 이 해의 가구당 교육비 지출액은

2,000 × 0.23 = 460(만 원)이다. 또한 2024년의 가구당 교육비 지출액은 3,000 × 0.29 = 870(만 원)이다. 그러므로 2024년의 가구당 교육비는 2019년에 비해 410만원이 증가하였다.

43 정답 ①

2019년 가구당 주거비 지출액 : 2,000 × 0.42 = 840(만 원)

2024년 가구당 주거비 지출액 : 3,000 × 0.35 = 1,050(만 원)

즉, 2024년 가구당 주거비 지출비율은 2019년에 비해 줄었으나, 지출액은 늘었다.

오답 해설

② 2019년 가구당 식비 지출액은 2,000 × 0.27 = 540(만 원)이므로, 540(만 원) ÷ 12 = 45(만 원), 월 45만 원이 된다.

③ 도시 가구별 평균 지출내역에서 교육비가 차지하는 비중은, 2019년에 23%에서 2024년 29%로 증가하였다. 따라서 도시 가정에서의 교육비 비중은 증가하는 추세라 볼 수 있다.

④ 2024년도의 주거비와 식비, 교육비를 제외한 기타 지출액은 비율은 5%이다. 따라서 가구당 기타 지출액은 3,000 × 0.05 = 150(만 원)이 된다.

⑤ 2019년의 주거비 지출비율과 교육비 지출비율의 합이 0.65로 65%이고, 2024년의 주거비 지출비율과 교육비 지출비율의 합이 0.64로 64%인 것으로 보아 모두 50%를 넘으므로 총지출액의 절반을 넘는다고 볼 수 있다.

44 정답 ④

주어진 식에 근거하여 D와 E의 소독효율을 구하면 다음과 같다.

- D의 소독효율 $= \dfrac{100-26}{6.7} \fallingdotseq 11$
- E의 소독효율 $= \dfrac{100-40}{8} = 7.5$

그러므로 소독효율은 D가 E보다 높다.

오답 해설

① 실험시작 후 1시간이 경과하는 시점을 순서대로 B, C, D, E, F라고 하였으므로 B는 실험시작 후 1시간 경과, C는 실험시작 후 2시간 경과, D는 실험시작 후 3시간 경과, E는 실험시작 후 4시간 경과, F는 실험시작 후 5시간 경과한 시점이다.

② 구간 소독속도의 공식에서 E~F 구간과 B~C 구간은 분모 부분인 '측정구간 사이의 시간'이 1시간으로 동일하므로, 분자 부분의 값에 따라 구간 소독속도가 결정된다. 그런데 E~F 구간의 병원성미생물 개체수 차이보다 B~C의 병원성미생물 개체수 차이가 크므로, 분자 값은 B~C 구간이 더 크다. 따라서 구간 소독속도도 B~C 구간이 E~F 구간보다 더 높다.

③ [그림]에서의 가로축은 소독제의 누적주입량이다. 소독제의 주입량을 점의 위치로 대략 파악해보면
- A~B : 2.8 − 0 = 2.8(kg) 주입
- B~C : 5 − 2.8 = 2.2(kg) 주입
- C~D : 6.7 − 5 = 1.7(kg) 주입
- D~E : 8 − 6.7 = 1.3(kg) 주입
- E~F : 8.2 − 8 = 0.2(kg) 주입

그러므로 A에서 B로 넘어갈 때 소독제를 가장 많이 주입하였다.

⑤ B의 소독효율은 대략 $\dfrac{100-20}{2.8} \fallingdotseq 28.6$이며, C의 소독효율은 $\dfrac{100-2}{5} = 19.6$이 된다. D, E, F로 갈수록 분모 부분인 '측정시점의 소독제 누적주입량'은 커지고 분자 부분은 B와 C에 비해 작아지므로, 소독효율이 B, C보다 낮다는 것을 알 수 있다. 그러므로 소독효율이 가장 높은 것은 B로, 실험 시작시점부터 1시간 경과한 시점의 소독효율이 가장 높음을 알 수 있다.

45 정답 ④

A국가는 B국가에 비해서 높은 곳에 위치하므로 연간 강수량은 많지만, 더 왼쪽에 위치하므로 여름철 강수량은 적다고 볼 수 있다.

오답 해설

① [그림]에는 국가별 여름철 강수량과 연간 강수량이 정확하게 나와 있지 않으므로 강수 집중도를 직접 구할 수는 없다. 그러나 축이 여름철 강수량과 연간 강수량으로 되어 있으므로, 원점에서 각국까지 이은 직선의 기울기가 $\dfrac{\text{연간 강수량}}{\text{여름철 강수량}}$의 비율, 즉 여름철 강수 집중도의 역수임을 알 수 있다. 그러므로 원점에서 이은 직선의 기울기가 작은 국가일수록 여름철 강수 집중도가 커지고, 직선의 기울기가 큰 국가일수록 여름철 강수 집중도는 작아진다. A의 기울기가 가장 크므로 강수 집중도가 가장 작은 나라이다.

② 연간 강수량을 비교하려면 세로축을 보면 된다. A국가의 점이 C국가보다 아래쪽에 위치하므로 A국가가 C국가보다 연간 강수량이 적음을 알 수 있다.

③ 여름철 강수량을 비교하려면 가로축을 보면 된다. E국가의 점이 B국가보다 오른쪽에 위치하므로 E국가가 B국가보다 여름철 강수량이 많음을 알 수 있다.

⑤ 여름철 강수 집중도는 $\dfrac{\text{여름철 강수량}}{\text{연간 강수량}}$으로 구할 수 있는데, B와 C는 분자인 여름철 강수량은 크게 차이가 나지 않지만 분모인 연간 강수량은 C가 B보다 훨씬 크다. 그러므로 여름철 강수 집중도는 C가 B보다 작음을 알 수 있다. 또는 원점에서 B와 C를 각각 이은 직선의 기울기가 C가 미세하게 더 크므로 여름철 강수 집중도는 C가 B보다 작음을 알 수 있다.

46 정답 ⑤

원점에서 용돈과 소비액이 같은 학생을 연결한 직선을 그은 후 그 직선보다 위에 있는 학생들을 세면 된다. 용돈과 소비액이 같은 학생은 모두 5명이고, 용돈보다 소비액이 더 많은 학생은 모두 12명이다.

① A학생의 용돈은 40만 원이고, 소비액은 90만 원이므로 소비액이 용돈의 2배 이상이다.
② B학생의 용돈과 소비액은 각각 10만 원으로 같다.
③ C학생의 용돈은 60만 원이며, 소비액은 용돈의 1.5배인 90만 원이다.
④ D학생의 용돈은 60만 원으로 소비액인 30만 원의 2배이다.

47 정답 ①

ㄱ. 집단A와 집단B의 소득을 비교할 경우 주어진 [그림]에서 가로축의 소득을 보면 된다. 가장 왼쪽의 점부터 하나씩 비교하여 봤을 때 집단A의 점들이 집단B의 점보다 모두 소득이 적기 때문에 집단A의 평균소득은 집단B의 평균소득보다 적게 된다.
ㄴ. 집단B와 집단C의 '가'정당 지지도를 비교할 경우 [그림]에서 '가' 정당 지지도는 세로축을 살펴보면 된다. 가장 이래쪽의 점부터 비교할 때 집단B의 점들이 집단C의 점들보다 모두 '가' 정당 지지도가 높기 때문에 집단 B의 지지도의 평균이 집단C의 지지도의 평균보다 높게 된다.

ㄷ. 반례를 찾아보면, 집단A에서 가장 오른쪽 점은 집단C에서 가장 왼쪽 점에 비해 소득과 '가' 정당 지지도가 모두 높다. 따라서 소득이 많은 유권자일수록 '가' 정당 지지도가 낮다고 볼 수 없다.
ㄹ. 평균소득이 많은 집단을 순서대로 나열하면 C−B−A가 되며, '가' 정당 지지도의 평균이 높은 집단을 순서대로 나열하면 A−B−C가 되어 평균소득이 많은 집단은 오히려 '가'정당의 평균 지지도가 낮음을 알 수 있다.

48 정답 ②

A국의 대 유럽 수 · 출입액 상위 6개국에서 네덜란드의 수치를 분석하여야 한다. 자료에서 네덜란드에 대한 A국의 수입액은 6천억 원가량이고, 수출액은 2조 2천억 원가량이므로 $\frac{6천\ 억}{22천\ 억}\times 100 \fallingdotseq 27.27\%$로 약 27에 가깝다.

49 정답 ①

A의 체중 변화에서 A는 2021년 3월 41(kg)에서 9(kg)가 증가하여 2024년 3월 50(kg)가 되었으며, B는 2021년 3월 43(kg)에서 9(kg)가 증가하여 2024년 3월 52(kg)가 되었다. 이를 통해 체중 증가율을 구하면

- A의 체중 증가율$=\frac{9}{41}\times 100 \fallingdotseq 22(\%)$
- B의 체중 증가율$=\frac{9}{43}\times 100 \fallingdotseq 21(\%)$

그러므로 3년 전 동월대비 2024년 3월 A의 체중 증가율은 B의 체중 증가율보다 약 1%p 더 높다.

50 정답 ⑤

2023년의 설문에서 스키라고 응답한 사람은 모두 26명이다. 2024년 같은 항목에 응답한 사람은 모두 32명이므로 전년 대비 6명 증가했다. 그러므로 $\frac{32-26}{26}\times 100 \fallingdotseq 23.07\%$, 2023년 대비 2024년은 약 23% 증가했다.

CHAPTER 3 도표분석 · 작성능력

03 단일 자료 분석

01 ⑤	02 ⑤	03 ②	04 ③	05 ⑤	06 ⑤	07 ③	08 ④	09 ③	10 ②
11 ②	12 ①	13 ②	14 ①	15 ⑤	16 ⑤	17 ③	18 ⑤	19 ②	20 ③
21 ②	22 ⑤	23 ④	24 ⑤	25 ①	26 ⑤	27 ②	28 ①	29 ②	30 ②
31 ①	32 ①	33 ④	34 ⑤	35 ⑤	36 ①	37 ②	38 ③	39 ②	40 ⑤
41 ③	42 ④	43 ①	44 ②	45 ⑤	46 ④	47 ①	48 ②	49 ⑤	50 ④
51 ④	52 ③	53 ⑤	54 ②	55 ②	56 ⑤	57 ②	58 ③	59 ④	60 ⑤
61 ⑤	62 ①	63 ③	64 ⑤	65 ④	66 ①	67 ②	68 ④	69 ⑤	70 ④
71 ③	72 ①	73 ③	74 ④	75 ④	76 ①	77 ⑤	78 ④	79 ①	80 ③

01 정답 ⑤

5통 이상 10통 미만인 남직원의 수 : $400\times\frac{32}{100}=128$(명)

10통 이상 15통 미만인 여직원의 수 : $600\times\frac{15}{100}=90$(명)

그러므로 $128-90=38$(명) 더 많다.

02 정답 ⑤

남자의 응시자 대비 합격률은 $\frac{552}{3,658}\times100\fallingdotseq15.09\%$이며, 여자의 응시자 대비 합격률은 $\frac{298}{2,246}\times100\fallingdotseq13.27\%$이다. 그러므로 응시자 대비 합격률은 여자보다 남자가 높다.

오답해설

① 여자의 응시자 대비 합격률은 $\frac{298}{2,246}\times100\fallingdotseq13.27\%$이다.

② 총 응시자는 $3,658+2,246=5,904$(명)이므로, 총 응시자 중 남자 비율은 $\frac{3,658}{5,904}\times100\fallingdotseq61.96\%$이다.

③ 여자의 응시자 대비 합격률이 15%가 되려면 $\frac{x}{2,246}\times100=15$가 성립해야 하므로 이때의 x를 구하면 $x=336.9$이다. 그러므로 여자 합격자가 337명이 되면 합격률이 15% 이상이 됨을 알 수 있다. 실제로 구해보면 $\frac{337}{2,246}\times100=15.0044\cdots$이므로 15%를 넘는다.

④ 총 합격자 수는 850명이므로, 총 응시자의 합격률은 $\frac{850}{5,904}\times100\fallingdotseq14.40\%$이다. 그러므로 14%를 넘는다.

03 정답 ②

화물을 운송할 수 있는 철도는 화물운송 전용 철도와 복합운송용 철도이다. 두 철도의 길이를 합한 총 길이는 $83+250=333$(km)이다. 사람을 수송할 수 있는 철도는 여객운송 전용 철도와 관광 전용 철도이다. 두 철도의 총 길이는 $165+24=189$(km)이다.

04 정답 ③

여객운송 전용 철도의 1km당 건설비는

2,150(억 원) ÷ 165(km) ≒ 13.03

그러므로 여객운송 전용 철도의 1km당 건설비는 대략 13.0(억 원)이다.

05 정답 ⑤

주어진 식에 의하여 각 품목의 매출점유율을 구하려면 우선 전체 품목 월 매출 총액을 알아야 한다. 전체 품목 월 매출 총액은 $1,230+1,050+720+315+185=3,500$이고, 이를 이용하여 각 품목의 매출점유율을 구하면 다음과 같다.

- 실내자전거 : $\frac{1,230}{3,500}\times100\fallingdotseq35.1\%$
- 요가세트 : $\frac{1,050}{3,500}\times100=30\%$
- 캠핑용품 : $\frac{720}{3,500}\times100\fallingdotseq20.6$
- 운동화 : $\frac{315}{3,500}\times100=9\%$
- 바람막이 자켓 : $\frac{185}{3,500}\times100\fallingdotseq5.3\%$

그러므로 월매출액 1, 2위 품목인 실내자전거와 요가세트의 점유율 합인 35.1+30=65.1(%)는 나머지 품목의 점유율 합인 20.6+9+5.3=34.9(%)의 $\frac{65.1}{34.9}$≒1.87, 약 1.87배이므로 2배 이하이다.

오답 해설

① 2024년 5월 실내자전거의 월매출액은 전월대비 50%가 증가하여 1,230만 원이 되었다. 4월 실매자전거의 월매출액을 x라 하고 식을 세우면 다음과 같다.
$1.5x$=1,230만 원
∴ x=820만 원
그러므로 4월 실내자전거의 월매출액은 800만 원 이상이다.

② 월매출액이 큰 순서대로 나열해보면 '실내자전거－요가세트－캠핑용품－운동화－바람막이 자켓' 순이다.

③ 2024년 5월에 가장 적게 팔린 항목은 바람막이 자켓인데 이 품목의 매출점유율을 구하면 다음과 같다.
$\frac{185}{3,500}\times 100$≒5.3%
그러므로 5% 이상이다.

④ 2024년 4월의 월매출액을 구하면 다음과 같다.
- 실내자전거 : $\frac{1,230만\ 원}{1.5}$=820만 원
- 요가세트 : $\frac{1,050만\ 원}{1.3}$≒808만 원
- 캠핑용품 : $\frac{720만\ 원}{1.4}$≒514만 원
- 운동화 : $\frac{315만\ 원}{1.3}$≒242만 원
- 바람막이 자켓 : $\frac{185만\ 원}{1.2}$≒154만 원

그러므로 2024년 4월에 월매출액이 500만 원을 넘는 품목은 실내자전거, 요가세트, 캠핑용품으로 3개이다.

06 정답 ⑤

경쟁률은 합격자 수 대비 지원자 수를 말하므로, 합격자 수가 1일 때 지원자 수의 비를 구하면 된다.
우선, 개발팀의 경쟁률(x)을 구하면,
1 : 50=x : 120에서 $x=\frac{120}{50}$=2.4가 된다.
그러므로 개발팀의 경쟁률은 1 : 2.4이다.
마찬가지 방법으로 경쟁률을 구하면, 영업팀의 경쟁률은 대략 1 : 2.42, 교육팀의 경쟁률은 1 : 2.44가 된다. 그러므로 가장 경쟁률이 높은 부서는 교육팀이며, 경쟁률은 1 : 2.44이다.

07 정답 ③

3월에 포장주문의 비중이 전체 매출의 40%를 초과하고 있으므로, A식당의 주력 주문이라고 할 수 있다.

오답 해설

① 3개월간의 포장주문의 평균 매출점유율은 $\frac{28+37+45}{3}$≒36.7(%)이며, 배달주문의 평균 매출점유율은 $\frac{32+35+36}{3}$=34.333⋯≒34.3(%)이다. 그러므로 포장주문의 매출점유율이 더 높다.

② 1, 2월의 포장주문 평균 매출점유율은 $\frac{28+37}{2}$=32.5(%)이며, 배달주문 평균 매출점유율은 $\frac{32+35}{2}$=33.5(%)이다.
그러므로 배달주문의 평균 점유율이 더 높다.

④ 전체적으로 배달주문의 매출점유율이 고르다. 포장주문의 경우 매월 증가폭이 크다.

⑤ 1월에 포장주문과 배달주문이 차지하는 비율의 합은 28+32=60(%)이고, 2월에는 37+35=72(%), 3월에는 45+36=81(%)로, 모두 100%가 되지 않는다. 즉, 이 식당은 포장주문과 배달주문 외에도 매장식사 주문 등의 다른 주문이 있을 것임을 알 수 있다.

08 정답 ④

A의 연봉 인상률 : $\frac{188-180}{180}\times 100+\frac{200-188}{188}\times 100+\frac{215-200}{200}\times 100$≒18.32%
그러므로 연봉 평균 인상률은 18.32÷3≒6.11%가 된다.
B군의 연봉 인상률 : $\frac{156-150}{150}\times 100+\frac{163-156}{156}\times 100+\frac{170-163}{163}$≒12.78%
그러므로 연봉 평균 인상률은 12.78÷3≒4.26%가 된다.

09 정답 ③

A마트를 방문한 30대 미만의 고객 비율은 10대 이하 고객이 7%, 20대 고객이 25%이므로 모두 32%이며, 따라서 해당 고객수는 1,500×0.32=480(명)이다. 한편, B마트를 방문한 30대 미만의 고객 비율은 모두 16%이므로, 해당 고객수는 2,000×0.16=320(명)이 된다. 따라서 A마트를 방문한 30대 미만의 고객수(480명)는 동일 동시간대에 B마트를 방문한 30대 미만 고객수(320명)의 1.5배이다.

10 정답 ②

A마트를 방문한 50대 이상의 고객 비율은 18%이므로, 고객수는 $1,500 \times 0.18 = 270$(명)이 된다. 따라서 같은 시간대에 C마트를 방문한 40대 고객의 수는 2배인 540(명)이 되어야 한다. C마트를 방문한 40대 고객의 비율이 20%이므로, 식을 세우면 다음과 같다.

$(\quad) \times 0.2 = 540$

$\therefore (\quad) = \frac{540}{0.2} = 2,700$

그러므로 (　　)에 들어갈 수치는 2,700(명)이다.

11 정답 ②

B업체의 경우 시장 점유율은 계속하여 감소하고 있으나 시장 규모도 확대되고 있으므로 매출이 계속 줄고 있는 것은 아니다. 2021년의 경우 B업체의 매출 규모는 $9,310 \times 0.045 = 418.95$(백억 원)이나 2022년의 매출규모는 $10,120 \times 0.043 = 435.16$(백억 원)이므로 오히려 증가하였다.

12 정답 ①

자동차 시장 규모가 전년도에 비해 2% 증가한다면 2024년 시장 규모는 $10,350 \times 1.02 = 10,557$(백억 원)이 된다. 따라서 C사의 2024년 점유율이 전년도와 같은 3.0%라 할 때 2024년 매출 총액은 $10,557 \times 0.03 = 316.71$(백억 원)로 예상된다. 따라서 대략 3조 1,600억 원이다.

13 정답 ②

A투어는 성인 20명으로 구성되어 있으므로 11명까지는 개인요금으로 내고 초과인원인 9명은 단체요금을 적용받을 수 있다. 요금을 계산해보면 다음과 같다.

$(11 \times 15,000) + (9 \times 12,000) = 273,000$(원)

만약 A투어가 단체요금을 적용받지 않았을 경우에는 인당 15,000원의 요금을 내야 하므로 $20 \times 150,000 = 300,000$(원)의 요금을 냈어야 한다.

300,000(원)에서 10% 저렴한 금액은 270,000(원)이므로 단체요금을 적용한 금액은 273,000원이라 10%보다 저렴하지는 않다.

오답해설

① A투어는 성인 20명으로 구성되어 있으므로 11명까지는 개인요금으로 내고 초과인원인 9명은 단체요금을 적용받을 수 있다. 요금을 계산해보면 다음과 같다.
$(11 \times 15,000) + (9 \times 12,000) = 273,000$(원)

③ 청소년의 1인당 단체요금이 8,000원일 경우, B투어는 청소년 16명으로 구성되어 있으므로 11명까지는 개인요금으로 내고 초과인원인 5명은 단체요금을 적용받을 수 있다. 요금을 계산해보면 다음과 같다.
$(11 \times 10,000) + (5 \times 8,000) = 150,000$(원)
청소년의 1인당 단체요금이 9,000원으로 오른다면 B투어의 요금은 다음과 같다.
$(11 \times 10,000) + (5 \times 9,000) = 155,000$(원)
그러므로 단체요금이 8,000원일 때보다
$155,000 - 150,000 = 5,000$(원)이 더 비싸진다.

④ A투어가 내야하는 요금은 273,000원이고 B투어가 내야하는 요금은 150,000원이다. 그러므로 A투어와 B투어의 요금 차이는 $273,000 - 150,000 = 123,000$(원)이다.

⑤ B투어는 현재 16명이므로 5명이 빠지게 되면 11명이 되므로 12인 이상부터 받을 수 있는 단체요금 적용을 받을 수 없다.

14 정답 ①

멤버십 할인을 받지 않을 경우 이 가족의 요금은 다음과 같다.

$(54,000 \times 2) + 38,000 = 146,000$(원)

멤버십 할인을 받을 경우 이 가족의 요금은 다음과 같다.

$(10,000 \times 3) + (45,000 \times 2) + 25,000 = 145,000$(원)

그러므로 멤버십 할인을 받을 때와 받지 않을 때의 요금 차이는 $146,000 - 145,000 = 1,000$(원)으로, 멤버십 할인을 받으면 받지 않을 경우보다 1,000원 더 저렴하다.

15 정답 ⑤

B요금제의 연장 요금을 30분당 2,000원으로 인상한다면, 렌트 시간이 4시간인 경우 요금제에 따라 부과되는 요금은 다음과 같다.

- A요금제 : 15,000원 + (1,000원 × 6) = 21,000원
- B요금제 : 17,000원 + (2,000원 × 2) = 21,000원

그러므로 두 요금제에서 부과되는 요금이 같다.

오답해설

① 연장 요금은 기본 요금 시간 초과 시 30분 단위로 부과된다고 하였으므로, 렌트 시간이 2시간 10분인 경우 요금제에 따라 부과되는 요금은 다음과 같다.
- A요금제 : 15,000원 + (1,000원 × 3) = 18,000원
- B요금제 : 17,000원

그러므로 B요금제가 더 저렴하다.

② 렌트 시간이 3시간 30분인 경우 요금제에 따라 부과되는 요금은 다음과 같다.
- A요금제 : 15,000원 + (1,000원 × 5) = 20,000원
- B요금제 : 17,000원 + 1,300원 = 18,300원

그러므로 B요금제가 더 저렴하다.

③ 렌트 시간이 5시간인 경우 요금제에 따라 부과되는 요금은 다음과 같다.

• A요금제 : 15,000원+(1,000원×8)=23,000원
• B요금제 : 17,000원+(1,300원×4)=22,200원
그러므로 B요금제가 더 저렴하다.

④ B요금제의 연장 요금을 30분당 2,000원으로 인상한다면, 렌트 시간이 3시간 40분인 경우 요금제에 따라 부과되는 요금은 다음과 같다.
• A요금제 : 15,000원+(1,000원×6)=21,000원
• B요금제 : 17,000원+(2,000원×2)=21,000원
그러므로 두 요금제에서 부과되는 요금이 같다.

16 정답 ⑤

월 이용요금은 월 기본요금에 통화요금과 문자발신요금, 데이터 이용요금을 합친 것이다. 제시된 세 요금제의 이용조건에 따른 월 이용요금을 구하면 다음과 같다.

- A요금제 이용요금 : 25,000(원)+{3,600(초)×1.2(원)}+(2,000×5)=39,320(원)
- B요금제 이용요금 : 15,000(원)+{7,200(초)×1.9(원)}+{30(건)×15(원)}+(3,000×5)=44,130(원)
- C요금제 이용요금 : 20,000(원)+{5,400(초)×1.5(원)}+(2,200×5)=39,100(원)

따라서 문제의 사용 조건에 해당하는 사람이 가장 저렴하게 이용할 수 있는 요금제는 C이고 가장 비싼 요금제는 B이다.

17 정답 ③

B요금제를 이용 중인 사람이 문제의 조건만큼 사용했다면 부과될 요금은
15,000+(5,400×1.9)+(60×15)+(3,000×4)=38,160(원)이다.

18 정답 ⑤

각 층의 바닥 면적이 동일하므로 '층수=연면적÷건축면적'이 된다. 따라서 건축면적을 알면 층수를 구할 수 있다. 그런데 '건폐율=(건축면적÷대지면적)×100'이라고 하였으므로, '건축면적=건폐율×대지면적÷100'이 성립한다.
이에 따라 우선 A의 건축면적을 구하면
50×300÷100=150(m^2)이고, A의 층수는 600÷150=4(층)이 된다.
마찬가지로 하여 D의 건축면적을 구하면
50×200÷100=100(m^2)이고, 층수는 800÷100=8(층)이다.
따라서 두 건물의 층수를 합하면 12층이다.

19 정답 ②

건축면적은 '건폐율×대지면적÷100'이고 층수는 '연면적÷건축면적'이 된다. 따라서 C의 건축면적은 200×60÷100=120(m^2), 층수는 720÷120=6(층)이다. 건물 B와 C의 층수가 같다고 했으므로, B의 층수도 6층이 된다.
한편 '연면적=층수×건축면적'이므로 '연면적=층수×(건폐율×대지면적÷100)'도 성립한다.
그러므로 건물 B의 연면적은
6×(60×300÷100)=1,080(m^2)가 된다.

20 정답 ③

2023년과 2024년 실질 성장률이 가장 높은 도시는 D로 동일하다.

오답해설

① 전년대비 가장 높은 증가 수치(%p)를 보인 도시는 D로, 2018년에서 2019년으로 갈 때 12.8−1.5=11.3%p만큼 증가하였다. A 역시 2018년에서 2019년으로 갈 때 높은 성장률을 보이긴 했지만, 15.6−4.4=11.2%p로 D보다는 못 미친다.
② 2020년에 F를 제외한 모든 도시의 실질 성장률이 2019년에 비해 감소하였다. F는 유일하게 실질 성장률이 2019년에 비해 2020년에 증가한 도시이다.
④ 2021년 A와 E는 2020년에 비해 2배 이상 증가하였는데, D는 증가하긴 하였으나 2배 이상으로 증가하지는 않았다.
⑤ 2018년 대비 2024년 실질 성장률이 3%p 이상 증가한 도시는 D와 G로 2개뿐이다.

21 정답 ②

사이버범죄 : $\frac{482,572}{627,556}\times100≒76.9\%$

흉악 강력범죄 : $\frac{39,786}{41,993}\times100≒94.7\%$

사기범죄 : $\frac{291,112}{365,843}\times100≒79.6\%$

기물파손범죄 : $\frac{15,218}{18,248}\times100≒83.4\%$

명예훼손범죄 : $\frac{5,678}{8,765}\times100≒64.8\%$

그러므로 범죄 중 검거율이 가장 높은 범죄는 흉악 강력범죄이다.

22 정답 ⑤

주어진 자료는 교통수단별 인구 10만 명당 교통사고 사망자 수에 대한 변화 추이로, 교통사고 건수는 알 수 없다.

오답해설

① C와 D, E에 의한 사고의 경우 2018년부터 2024년까지 인구 10만 명당 사망자 수가 지속적으로 증가하고 있음을 [표]를 통해 확인할 수 있다.

② C에 의한 사고의 경우 2024년과 2018년의 인구 10만 명당 사망자 수의 절대적인 차이는 24.4－14.1＝10.3으로 다른 교통수단에 의한 것보다 크다.

③ 2018년에 비해서 2024년 인구 10만 명당 사망자 수가 증가한 교통사고는 C, D, E, F에 의한 것이다.

④ 2024년의 교통수단별 교통사고 사망자 중 C에 의한 사망자 수가 10만 명당 24.4명으로 가장 많다.

23 정답 ④

인구 10만 명당 교통사고 사망자 수가 가장 적었던 해는 2022년으로 인구 10만 명당 79.6명이 사망하였다. [표]에서 제시한 수는 10만 명당 교통사고 사망자 수이므로 총 사망자 수를 구하려면 '10만(명)×해당 사망자수'를 하면 된다.

10만×79.6＝100,000×79.6

＝7,960,000

그러므로 2022년의 교통사고 총 사망자 수는 7,960,000(명)이다.

24 정답 ⑤

A~I지역 중 복지종합지원센터 1개소당 자원봉사자 수가 가장 많은 지역은 E지역이라는 것을 쉽게 알 수 있다(1,188명). A지역의 경우, 8,252÷20＝412.6(명), D지역의 경우는 1,388÷2＝694(명), G지역의 경우는 1,501÷2＝750.5(명), H지역의 경우는 2,185÷3＝728.333…이기 때문이다. 또한 복지종합지원센터 1개소당 등록노인 수가 가장 많은 지역 역시 같은 방법으로 구해보면 E지역이 된다(59,050명).

오답해설

① 총 자원봉사자 수가 가장 적은 지역은 I로 자원봉사자 수는 529명, 등록노인의 수는 27,256명이다. 이때 자원봉사자 1명당 50명의 노인을 맡으면 529×50＝26,450(명)의 노인밖에 돌보지 못하므로 옳지 않다.

② 전국의 노인복지관, 자원봉사자의 30%는 각각 4,377×0.3≒1,313(개소), 30,171×0.3≒9,051(명)이므로, A지역의 자원봉사자(8,252)의 비중은 전국의 자원봉사자 비중의 30% 이하이다.

③ 복지종합지원센터 1개소당 노인복지관 수가 100개소 이하라는 것은 복지종합지원센터(개소)×100을 한 값이 노인복지관 수보다 작다는 말과 같다. 이에 해당하는 지역으로는 A, B, I 세 곳뿐이다.

④ 노인복지관 1개소당 자원봉사자 수는 H지역이 $\frac{2,185}{362}$≒6(명)이며, C지역이 $\frac{970}{121}$≒8(명)이다. 그러므로 노인복지관 1개소당 자원봉사자 수는 C지역이 더 많다.

25 정답 ①

60세 이상 2012년 투표율은 지난 선거 대비 4.6%p 늘었다. 그러나 투표자수에 대한 정보가 주어지지 않았으므로 투표자가 몇 명이 늘었는지는 알 수 없다.

오답해설

② 19세와 20대의 투표율은 꾸준히 증가하는 반면, 다른 연령대는 투표율이 증감을 반복하고 있다.

③ [표]를 보면 모든 연령층에서 투표율이 50%를 넘고 있으므로 모든 연령층의 투표율이 과반수를 넘기고 있다고 볼 수 있다.

④ 50대에서의 2017년 투표율은 78.6%, 지난 선거에 해당하는 2012년 투표율은 82.0%이므로 82.0－78.6＝3.4(%p) 감소하였다.

⑤ 2017년 선거에서 60세 이상의 투표율이 84.1%로 가장 높다.

26 정답 ⑤

1인당 닭고기 소비량을 구하기 위해 제시된 조건에 따라 식을 세우면 다음과 같다.

- ㉠＋㉡＝30.0
- ㉠＋12.0＝2×㉢
- ㉢＝㉡＋6.0

세 식을 연립하여 풀면, ㉠은 20(kg), ㉡은 10(kg), ㉢은 16(kg)이 된다.

27 정답 ②

변동계수(%)＝$\frac{\text{표준편차}}{\text{평균}}$이므로, 각 구의 평균과 표의 표준편차를 대입하여 구할 수 있다.

A~E의 평균은 '20, 10, 30, 12, 16'이므로, 각각의 변동계수는 25%, 40%, 20%, (대략) 33.3%, 50%가 된다. 따라서 변동계수가 가장 큰 구는 E이며, 변동계수가 가장 작은 구는 C이다.

28 정답 ①

사망자가 30명 이상인 사고는 B와 E이다. 따라서 이를 제외한 A, C, D, F의 경우, 화재규모의 크기와 복구비용의 크기가 모두 'A>D>C>F'의 순서가 된다.

② 복구기간 동안 매달 같은 금액의 복구비용을 나누어 쓴다고 하였으므로, 복구비용÷복구기간을 하면 한 달에 드는 복구비용을 구할 수 있다. 그러므로 B는 한 달에 3,276÷36=91(억 원)을 쓰고, C는 한 달에 72÷3=24(억 원)을 쓰므로 91÷24≒3.79로 4배까지는 되지 않는다.

③ 터널길이가 긴 것은 'A, D, B, C, F, E'의 순서이나 사망자수는 'E, B, C, D, A, F'의 순서대로 많다. 그러므로 터널길이와 사망자 수는 비례하지 않는다.

④ 사고 A의 화재규모가 B보다 크지만, 복구기간은 B가 더 길다.

⑤ 사고 C의 복구기간이 사고 D의 복구기간보다 길지만, 복구비용은 D가 더 크다.

29 정답 ②

'청구범위가 2항인 실용신안권에 대한 6년간의 권리 유지비용'은 다음과 같이 구성된다.

설정등록료

- 기본료 : 60,000원
- 가산료 : 15,000×2(2항)=30,000원

연차등록료

- 기본료 : 40,000×3(4, 5, 6년차)=120,000원
- 가산료 : 10,000×2(2항)×3(4, 5, 6년차)=60,000원

따라서 ②의 권리 유지비용은 270,000원으로 가장 많다.

① 청구범위가 1항인 특허권에 대한 4년간의 권리 유지비용은 81,000+54,000+60,000+25,000=220,000원이 된다.

③ 청구범위가 3항인 실용신안권에 대한 5년간의 권리 유지비용은 60,000+(15,000×3)+(40,000×2)+(10,000×3×2)=245,000원

④ 한 개의 디자인권에 대한 6년간의 권리 유지비용은 4~6년차의 연차등록료를 포함하므로,
75,000+(35,000×3)=180,000원

⑤ 한 개의 상표권에 대한 10년간의 권리 유지비용은 211,000원이다.

30 정답 ②

'업무효율$=\dfrac{\text{표준업무시간}}{\text{총 투입시간}}$'이며, '개인별 투입시간=개인별 업무시간+회의 소요시간'이고 총 투입시간은 개인별 투입시간의 합이라 하였으므로, 이에 따라 부서별 업무효율을 구하면 다음과 같다.

부서명	투입 인원	개인별 투입시간	총 투입 시간	업무효율
회계부	3	34 (=28+6)	102 (=34×3)	대략 0.78 (=80/102)
영업부	2	44 (=41+3)	88 (=44×2)	대략 0.91 (=80/88)
인사부	3	34 (=30+4)	102 (=34×3)	대략 0.78 (=80/102)
기획부	4	26 (=22+4)	104 (=26×4)	대략 0.77 (=80/104)
총무부	4	23 (=17+6)	92 (=23×4)	대략 0.87 (=80/92)

그러므로 업무효율이 가장 높은 부서는 영업부이다.

31 정답 ①

상반기 기본형의 사용건수는 652+131=783(건)이며, 2024년 전체기간의 기본형 사용건수는 652+131+550+107=1,440(건)이므로, 전자는 후자의 50% 이상이 된다.

오답해설

② 기본형 동측의 1회 비용은 매출액÷사용건수를 해주면 되므로 326,000÷652=500(원)임을 알 수 있다. 마찬가지로 기본형 서측의 1회 비용을 구해보면 78,600÷131=600(원)이므로 서로 같지 않다.

③ 2024년 상반기와 하반기 모두 기본형 동측 사용건수가 같은 기간의 기본형 서측 사용건수보다 많으므로 전체기간의 사용건수를 굳이 계산하지 않더라도 사용건수 합이 동측이 서측보다 클 것임을 알 수 있다. 확장형 역시 사용건수가 상반기, 하반기 모두 동측이 서측보다 많으므로 동측이 서측보다 크다.

④ 확장형 서측은 상반기 매출액보다 하반기 매출액이 더 증가하였다.

⑤ 2024년 전체기간 4개 보관함 유형 중 기본형 동측은 652+550=1,202(건)이고, 확장형 동측은 448+392=840(건)이므로 사용건수의 합이 가장 큰 보관함 유형은 기본형 동측이다.

32 정답 ①

전 · 월세 전환율은 $\dfrac{\text{월세}\times 12}{\text{전세금}-\text{월세보증금}}\times 100$이므로, B와 D의 전 · 월세 전환율을 구하면 다음과 같다.

- B의 전 · 월세 전환율$=\dfrac{60\times 12}{42{,}000-30{,}000}\times 100=6\%$

• D의 전 · 월세 전환율$=\frac{80\times12}{38{,}000-30{,}000}\times100=12\%$

33 정답 ④

ㄴ. 전 · 월세 전환율(%)$=\frac{\text{월세}\times12}{\text{전세금}-\text{월세보증금}}\times100$이므로,

$3=\frac{70\times12}{60{,}000-\text{월세보증금}}\times100$이 성립한다. 이를 풀면 C의 월세보증금은 32,000(만 원)이 된다.

ㄷ. $12=\frac{\text{월세}\times12}{58{,}000-53{,}000}\times100$이 성립하므로, E의 월세는 50(만 원)이 된다.

오답 해설

ㄱ. 전 · 월세 전환율(%)$=\frac{\text{월세}\times12}{\text{전세금}-\text{월세보증금}}\times100$이므로,

$6=\frac{50\times12}{\text{전세금}-25{,}000}\times100$이 성립한다. 이 식을 풀면, A의 전세금은 35,000(만 원)이 된다. 그러므로 ㄱ은 옳지 않은 설명이다.

34 정답 ⑤

2022년에 비해 2024년에 가구원 1인당 경지면적이 감소한 영농형태는 과수와 일반밭작물로 2종류이다. 나머지 영농형태는 모두 2022년에 비해 2024년에 증가하였다.

오답 해설

① 2024년 가구원 1인당 경지면적이 가장 큰 영농형태는 특용작물임을 [표]를 통해 바로 알 수 있다.
② 해가 갈수록 1인당 경지면적이 증가하는 영농형태는 축산뿐이다.
③ 2024년에 전년대비 가구원 1인당 경지면적이 증가한 영농형태는 특용작물, 축산, 기타이다. 이 셋의 증가율을 구하면 다음과 같다.
  • 특용작물 : $\frac{10{,}528-7{,}849}{7{,}849}\times100≒34.1\%$
  • 축산 : $\frac{5{,}008-4{,}591}{4{,}591}\times100≒9.1\%$
  • 기타 : $\frac{6{,}596-6{,}093}{6{,}093}\times100≒8.3\%$

  그러므로 2024년에 전년대비 가구원 1인당 경지면적 증가율이 가장 큰 영농형태는 특용작물이다.
④ 2023년 가구원 1인당 경지면적이 가장 큰 영농형태는 일반밭작물로 8,982m^2이고, 가장 작은 영농형태는 화훼로 3,674m^2이다. 8,982÷3,674≒2.4이므로 2배가 넘는다.

Tip

몇 배에 관한 문제풀이

일반적으로 나눗셈보다는 곱셈이 빠르고 편하기 때문에 '몇 배 이상'이 맞는지에 대한 문제를 풀 때에는 나눗셈보다는 대략적인 수를 넣어 곱해보는 것이 좋다. 위의 문제 ④번을 예로 들면, 8,982이 3,674의 2배인지를 확인하는 방법은 다음 두 가지가 있다.

ⅰ) 8,982÷3,674≒2.4
  → 약 2.4배이므로 2배 이상이다.

ⅱ) 3,674×2=7,348
  → 3,674의 2배가 7,348이므로 7,348보다 큰 수인 8,982는 당연히 2배 이상이다.

ⅰ의 방법은 정확히 몇 배인지를 구할 수 있으나 나눗셈을 해야 하는 번거로움이 있고, ⅱ의 방법은 한눈에 2배 이상인지를 알기는 쉬우나 정확히 몇 배인지를 구하기는 어렵다. 그러므로 문제에 따라 상황에 맞는 계산법을 선택하여 답을 구해야 한다.

35 정답 ⑤

ㄴ. [표]의 합계를 통해 전세계 승인 품목 수는 200개이며, 국내에서 승인된 품목 수는 92개라는 것을 알 수 있다. 따라서 전세계 승인 품목 중 국내에서 승인되지 않은 품목의 수는 108개가 되므로, 그 비율은 50% 이상이 된다.

ㄷ. 전세계 승인 품목 중 옥수수의 경우만 B유형의 품목 수(40개)가 A유형의 품목 수(32개)보다 많다.

오답 해설

ㄱ. 모든 농산물에 대한 승인 국가 수의 단순한 합은 120(개)이나, 한 국가에서 여러 품목을 승인한 경우도 있으므로, 하나 이상의 품목을 승인한 국가의 수가 모두 120개라 볼 수는 없다.

36 정답 ①

2022년부터 2024년까지 공기타이어 수출량이 꾸준히 감소한 나라는 스위스, 인도, 싱가포르이다. 이 세 국가의 2024년 공기타이어 수출량을 합치면

517.3+203.4+401.5=1,122.2(톤)이다.

37 정답 ②

은행의 이자율이 연 15%인 경우 200만 원을 예금했다면 1년 후 수익은 230만 원이다. 이에 비해 투자계획 B를 채택하는 경우 투자수익은 240만 원으로 은행예금 수익보다 크므로, 투자계획 B를 채택하는 것이 은행예금보다 바람직하다.

오답해설

① 은행의 이자율이 연 6%인 경우 2,000만 원을 예금했다면 1년 후 수익은 2,120만 원이 된다. 따라서 이 경우 투자계획 A의 투자수익(2,160만 원)이 은행예금보다 크므로, A가 은행 예금보다 더 바람직하다.

③ 투자계획 A의 수익률은 연 $\frac{2,160-2,000}{2,000}\times100=8\%$이며, B의 수익률은 연 $\frac{240-200}{200}\times100=20\%$이므로, 기간당 수익률만을 비교하면 투자계획 B가 A보다 바람직하다.

④ 투자계획에 필요한 자금 전액을 연 6%의 이자로 빌린다고 가정하면, A의 연간 순수익은 2,160－2,120＝40만 원이며, B의 연간 순수익은 240－212＝28만 원이 된다. 그러므로 기간당 순수익이 큰 A를 선택하게 될 것이다.

⑤ A의 연간 순수익은 2,160－2,000＝160만 원이고, B의 수익률은 연 20%이므로 만약 B에 1,000만 원을 투자하게 되면 1,000만$\times\frac{20}{100}$＝200만 원의 순수익을 얻게 될 것이다. 그러므로 1년 후 연간 순수익은 A가 더 작다.

38 정답 ③

'예상높이(m)＝2×층수＋200'이므로, 예상높이와 실제높이 및 그 높이 차이를 구하면 다음과 같다.

건물 이름	층수	예상 높이(m)	실제 높이(m)	예상높이와 실제높이의 차이(m)
A빌딩	108	416(＝2×108＋200)	442	26
B빌딩	102	404(＝2×102＋200)	383	21
C빌딩	101	402(＝2×101＋200)	449	47
D빌딩	88	376(＝2×88＋200)	422	46
E빌딩	80	360(＝2×80＋200)	398	38

그러므로 예상높이와 실제높이의 차이가 가장 큰 건물과 가장 작은 건물은 각각 C빌딩과 B빌딩이다.

39 정답 ②

2시간 이상 3시간 미만 운동하는 남학생의 비율은 1학년이 21.8%, 2학년이 20.9%, 3학년이 24.1%이며, 2시간 이상 3시간 미만 운동하는 여학생의 비율은 1학년이 20.7%, 2학년이 18.0%, 3학년이 21.6%이다. 그러므로 전자의 비율이 모두 후자보다 높다.

오답해설

① 1시간 이상 2시간 미만 운동하는 3학년 남학생 수는 224명이며, 4시간 이상 운동하는 3학년 여학생 수는 112명이므로, 전자는 후자의 2배가 된다.

③ 남학생과 여학생 모두 학년이 높아질수록 3시간 이상 4시간 미만 운동하는 학생의 비율은 낮아진다. 그러나 4시간 이상 운동하는 학생의 비율은 학년이 높아질수록 모두 높아진다.

④ 남학생 3학년의 학생 중 1시간 미만 운동하는 학생의 수는 87명이며 4시간 이상 운동하는 학생 수의 287명이므로, 전자는 후자의 $\frac{87}{287}$≒30.3%이다. 따라서 30% 이상이다.

⑤ 4시간 이상 운동하는 여학생은 1, 2, 3학년을 통틀어 46＋47＋112＝205(명)이고, 전체 여학생의 수는 1,175＋1,128＋1,120＝3,423(명)이므로 $\frac{205}{3,423}$≒5.988…, 약 6%이므로 5% 이상이다.

40 정답 ⑤

3월 중순의 폭력투쟁건에서 일제의 발포 비율은 $\frac{8}{31}\times100$≒25.8(%)이므로, 25% 이상이라고 할 수 있다.

오답해설

① 매번 단순투쟁이 폭력투쟁(일제의 비발포＋일제의 발포)보다 더 많이 일어났다.

② 투쟁합계건수가 가장 큰 4월 초순의 경우 일제의 발포도 가장 많았으므로, 옳은 설명이다.

③ 투쟁발생장소의 합계가 투쟁발생건수의 합계보다 작은 경우가 있으므로, 동일 장소에서 2건 이상의 투쟁이 발생한 경우도 있었다는 것을 알 수 있다.

④ 3월 초순의 폭력투쟁건은 '15＋15＝30(건)'이며 4월 초순의 폭력투쟁건은 '75＋51＝126(건)'이므로, 후자는 전자의 4배 이상이 된다.

41 정답 ③

흡연자의 폐암 발생률 : $\frac{300}{1,000}\times100=30(\%)$

비흡연자의 폐암 발생률 : $\frac{300}{10,000}\times100=3(\%)$

그러므로 비흡연자에 비해 흡연자의 폐암 발생률은 10배이다.

42 정답 ④

흡연의 폐암 발생 기여율은 위 문제에서 구한 값들을 이용하여 구한다.

흡연의 폐암 발생 기여율

$=\frac{\text{흡연자의 폐암 발생률}-\text{비흡연자의 폐암 발생률}}{\text{흡연자의 폐암 발생률}}\times 100$이므로

$\frac{30-3}{30}\times 100=90(\%)$이다.

43 정답 ①

청소년 혼인 구성비에서 아내기준의 20~24세 혼인의 경우, 1970년 55.9%에서 1980년 57.5%로 증가하였다.

오답해설

② 남편기준 15~19세 청소년 혼인 구성비(3.0, 1.7, 0.8, 0.6)는 아내기준 20~24세 청소년 혼인 구성비(55.9, 57.5, 48.5, 25.8)보다 항상 낮다.

③ 2000년 남편기준 20~24세 청소년의 혼인 구성비는 1990년에 비해 7.2%p 감소하여 가장 큰 폭으로 감소하였다.

④ 아내기준 15~19세 청소년 혼인 구성비는 1970년 20.9%에서 2000년 2.5%로 18.4%p 감소하였다.

⑤ 1980년의 경우 총 혼인 건수(392,453)가 2000년의 혼인 건수(334,030)보다 많고, 1980년의 전체 청소년 혼인 구성비도 2000년의 혼인 구성비보다 2배 이상이다.

44 정답 ②

2023년 3월에 온라인의 형태만으로 운영했던 인터넷 쇼핑몰의 수를 x라 하면 2024년 3월에는 같은 부분에서 4.4% 증가한 것이므로 식을 세워보면

$x\times(1+0.044)=2,207$

$\therefore x=2,113.98\cdots$

그러므로 2023년 3월에 온라인의 형태만으로 운영했던 인터넷 쇼핑몰의 수는 약 2,113개이다.

45 정답 ⑤

2023년 하반기의 지역화폐 거래 비율은 6.5%였고, 2024년 상반기의 지역화폐 거래 비율은 16.8%이다. 그러므로 16.8－6.5＝10.3%p 증가하였음을 알 수 있다.

46 정답 ④

2023년의 상품권 거래비율의 평균 : $\frac{2.5+0.9}{2}=1.7(\%)$

2024년의 상품권 거래비율의 평균 : $\frac{4.9+5.8}{2}=5.35(\%)$

$5.35\div 1.7\fallingdotseq 3.15$

그러므로 2024년의 상품권 거래비율의 평균은 2023년의 상품권 거래비율의 평균의 약 3.15배이다.

47 정답 ①

2021년과 비교하여 2024년에 시간당 임금이 감소한 국가는 독일, 프랑스, 스웨덴이고, 이들은 모두 유럽에 위치하고 있다.

오답해설

② 2023년 생산직 노동자의 시간당 임금이 가장 높은 국가는 22.99$로 독일이고, 가장 낮은 국가는 8.48$로 한국이다.

③ 2022년에 비해 2024년에 단위노동 비용지수가 가장 많이 감소한 국가는 프랑스로 79.6－62.5＝17.1만큼 감소하였다. 스웨덴은 64.3－48.2＝16.1로 프랑스 다음으로 많이 감소하였다.

④ 2024년 단위노동 비용지수가 가장 높은 나라는 95.5로 영국이다.

⑤ 2022년에 시간당 임금이 두 번째로 높은 국가는 스웨덴인데, 스웨덴은 2022년에 단위노동 비용지수가 가장 작다. 2022년에 단위노동 비용지수가 두 번째로 작은 국가는 한국이다.

48 정답 ②

2023년 항공 화물 수송량은 3,238(천 톤)이며, 2022년도 항공 화물 수송량은 3,327(천 톤)이다. 따라서 2023년도 수송량은 전년도에 비해 $\frac{3,327-3,238}{3,327}\fallingdotseq 2.7\%$ 변동되었다. 따라서 3% 이상 감소한 것은 아니므로 옳지 않은 설명이다.

오답해설

① 2022년 해운 여객 수송인원은 2,761(천 명)이며, 2024년 해운 여객 수송인원은 2,881(천 명)이다. 두 해의 평균은 $\frac{2,761+2,881}{2}=2,821$(천 명)이다.

③ 항공과 해운의 여객 수송량은 모두 2021년 이후 계속하여 증가하고 있다.

④ 해운과 항공의 수송량과 합계를 볼 때, 여객의 경우 항공 수송이 절대적으로 비중이 높음을 알 수 있다.

⑤ 해운과 항공의 수송량과 합계를 볼 때, 화물 수송의 경우 해운이 절대적으로 비중이 높음을 알 수 있다.

49 정답 ⑤

2023년 신 · 재생에너지 발전량비율$=\frac{37,079}{560,974}\times 100\fallingdotseq 6.61$

2024년 신 · 재생에너지 발전량비율$=\frac{40,656}{561,586}\times 100\fallingdotseq 7.24$

그러므로 2024년 신 · 재생에너지 발전량비율은 전년보다 7.24−6.61=0.63%p 증가하였다.

50 정답 ④

ㄱ. 2023년에 공개경쟁채용을 통해 채용이 이루어진 공무원구분은 4급, 8급, 9급, 지도직, 우정직의 5개이다.

ㄴ. 2023년 지도직, 우정직의 전체 채용 인원은 9+599=608명이므로, 4급 채용 인원(268명)의 2배 이상이다.

ㄹ. 2023년 9급 채용 인원은 4,966명이며 전체 채용 인원은 8,189명이므로, 2023년 9급 채용 인원은 전체 채용 인원의 50% 이상이 된다.

ㄷ. 2023년에 공개경쟁채용을 통해 채용이 이루어진 공무원구분 중 지도직의 경우는 공개경쟁채용 인원(4명)보다 경력경쟁채용 인원(5명)이 많다.

51 정답 ④

2023년의 9급 공개경쟁채용 인원은 3,500명이며, 전체 채용 인원은 8,189명이다. 2024년부터 9급 공개경쟁채용 인원만을 매년 10%씩 늘린다고 했으므로, 2025년 9급 공개경쟁채용 인원은 (3,500×1.1)×1.1=4,235(명)이 되며, 2025년 전체 공무원 채용 인원은 8,189명에서 735명(=3,500×0.1+(3,500×1.1)×0.1)이 늘어난 8,924명이 된다. 그러므로 2025년 전체 공무원 채용 인원 중 9급 공개경쟁채용 인원의 비중은 $\frac{4,235}{8,924}\times 100 \fallingdotseq 47.5\%$가 된다. 소수 첫째 자리에서 반올림하므로 48%이다.

52 정답 ③

1차 시험은 쉬웠으나 2차 시험은 보통이라고 느낀 사람은 97명이고, 1차 시험은 보통이었으나 2차 시험이 어려웠다고 느낀 사람은 75명이므로 97÷75≒1.2933⋯, 약 1.3배라고 할 수 있다.

① 2차 시험이 쉬웠다고 응답한 사람은 52명이고, 1차 시험이 보통이었다고 응답한 사람은 127(=8+44+75)명이다. 그러므로 2차 시험이 쉬웠다고 응답한 사람이 더 적다.

② 2차 시험이 보통이었다고 응답한 사람은 144명이므로 전체 응답자의 $\frac{144}{500}\times 100=28.8\%$로 30% 미만이다.

④ 1차 시험은 쉬웠으나 2차 시험은 어려웠다고 응답한 사람은 213명이므로 전체의 절반보다는 적다.

⑤ 표를 채워보면 1차 시험은 쉽다고 응답한 사람(353명)이 어렵다고 응답한 사람보다 많고, 2차 시험은 어렵다고 응답한 사람(213+75+16=304명)이 쉽다고 응답한 사람보다 많다. 이것으로 보아, 2차 시험이 1차 시험보다 더 어려웠다고 볼 수 있다.

53 정답 ⑤

1차 시험과 2차 시험의 난이도를 같다고 느낀 사람은 1차 · 2차 모두 쉬움(52−8−1=43명), 1차 · 2차 모두 보통(44명), 1차 · 2차 모두 어려움(16명)으로 총 43+44+16=103(명)이다. 이는 전체의 $\frac{103}{500}\times 100=20.6\%$이다.

54 정답 ②

전년 대비 강수량 합계의 증가량이 두 번째로 많은 연도는 2021년으로 2020년보다 1,554−1,062=492(mm) 증가하였다. 이때의 겨울 강수량 비율은 강수량 합계에서 겨울 강수량이 차지하는 비율로, $\frac{122}{1,554}\times 100 \fallingdotseq 7.85\%$이다.

55 정답 ②

㉠을 구하려면 전체 사망자수(446)에서 나머지 달의 사망자수를 빼주면 된다. 446−(74+54+33+43+35+33+20+25+28+29+41)=31(명)이다. ㉡ 역시 전체 부상자수(1,734)에서 나머지 달의 부상자수를 빼주면 된다. 1,734−(177+131+170+187+139+130+114+134+147+118+152)=135(명). 그러므로 ㉠은 31, ㉡은 135이다.

다른 풀이

곱하거나 나누는 것 없이 단순 덧셈, 뺄셈 계산일 경우, 우선 일의 자리부터 구하면 쉽게 구할 수 있다. ㉠의 경우 사망자수의 일의 자리를 더해보면 4+4+3+3+5+3+0+5+8+9+1=45이므로 전체 합계인 446이 되려면 일의 자리 5에다가 1을 더해주어야 함을 알 수 있다. 주어진 선지에서 일의 자리가 1인 수는 31밖에 없으므로 굳이 ㉡을 계산해보지 않아도 답이 ②임을 쉽게 구할 수 있다.

56 정답 ⑤

2월의 사고건수당 평균 피해자수는 $\frac{54+131}{2,826} \fallingdotseq 0.065$(명)이고, 4월의 사고건수당 평균 피해자수는 $\frac{43+187}{2,658} \fallingdotseq 0.087$(명)이다. 그러므로 2월의 사고건수당 평균 피해자수가 4월보다 적다.

오답해설

① 사고건수가 가장 많은 달은 3월로 3,438건이 발생했으므로, 전체 사고건수의 $\frac{3,438}{31,778}\times 100 \fallingdotseq 10.8\%$이다. 그러므로 12% 이상은 아니다.

② 짝수 달의 사망자수는 $54+43+31+20+28+41=217$(명)이고, 홀수 달의 사망자수는 전체 사망자수에서 짝수 달 사망자수를 빼보면 $446-217=229$(명)으로 구할 수 있다. 그러므로 짝수 달의 사망자수(217명)가 홀수 달의 사망자수(229명)보다 적음을 알 수 있다.

③ 전체 부상자수 중 가장 작은 비율을 차지하는 달은 가장 부상자수가 적은 8월이다. 8월의 사망자수는 20명으로 전체의 $\frac{20}{446}\times 100 \fallingdotseq 4.48\%$로 5%를 넘지 않는다.

④ 6월의 부상자수 대비 사망자수는 $\frac{31}{130}\fallingdotseq 0.24$이고, 12월의 부상자수 대비 사망자수는 $\frac{41}{152}\fallingdotseq 0.27$이므로 12월의 부상자수 대비 사망자수가 더 크다.

57 정답 ②

ㄱ. 10월의 이재가구당 재산피해액은 $\frac{11,518(\text{백만 원})}{277}\fallingdotseq 42.7$(백만 원)이 되므로, 5천만 원 이하가 된다.

ㄴ. 동절기에 화재로 피해를 입은 인원은 모두 $438+395+389=1,222$(명)이므로, 이 인원은 2024년 화재로 피해를 입은 전체인원의 $\frac{1,222}{3,836}\times 100 \fallingdotseq 31.9(\%)$가 된다. 그러므로 30% 이상이다.

오답해설

ㄷ. 가장 많은 재산피해를 입은 달(1월)의 재산피해액은 17,627(백만 원)이며, 가장 적은 재산피해를 입은 달(7월)의 재산피해액은 8,131(백만 원)이므로, 전자는 후자의 2배 이상이 된다.

58 정답 ③

인간관계의 중요성을 다른 연령대보다 낮게 생각하는 연령대는 40대이다. 40대에서 가족 간 화목을 중요한 요건으로 답한 응답한 비율은 23.5%이며 전체 응답자 수는 339명이므로, 가족 간 화목을 중요한 요건으로 답한 응답자 수는 $339\times 0.235=79.665$(명)이 된다. 따라서 70명 이상이다.

오답해설

① 10대이면서 인간관계를 가장 중요하게 생각하는 응답자 수는 $161\times 0.151\fallingdotseq 24.3$(명)이므로, 이는 전체 응답자(1,634명)의 $\frac{24.3}{1,634}\times 100 \fallingdotseq 1.49\%$이다. 그러므로 1.5% 이하가 된다.

② 돈을 가장 중요하게 생각하는 남자 응답자의 수는 $813\times 0.135\fallingdotseq 109.76$(명)이고, 돈을 가장 중요하게 생각하는 여자 응답자의 수는 $821\cdot 0.077\fallingdotseq 63.22$(명)으로, 여자 응답자의 수가 남자 응답자 수의 절반을 넘는다.

④ 사회적 지위를 가장 중요하게 생각하는 응답자 비율은 10대와 30대가 3.1%로 같으나, 전체 응답자 수가 각각 161명, 346명으로 다르므로 응답자 수도 다르다.

⑤ 40대는 30대보다 건강을 중요한 요건으로 선택하는 비중이 줄어들었으므로 옳지 않다.

59 정답 ④

총 학생 수=전체 학교 수×학교당 학급 수×학급당 학생 수

- 중학교의 총 학생 수 : $70\times 36\times 35=88,200$(명)
- 고등학교의 총 학생 수 : $60\times 33\times 32=63,360$(명)

∴ $88,200-63,360=24,840$(명)이다.

60 정답 ⑤

총 주간 수업시수=전체 학교 수×학교당 학급 수×학급당 주간 수업시수(시간)

초등학교의 주간 수업시수 : $150\times 30\times 28=126,000$(시간)

61 정답 ⑤

ㄱ. 2024년의 논문 발표 수는 51,051편이고, 전년에는 49,374편이었으므로 증가율을 구하면 $\frac{51,051-49,374}{49,374}\fallingdotseq 3.396\cdots$, 전년대비 약 3.4% 증가하였음을 알 수 있다.

ㄴ. A국의 과학기술 논문 발표 수의 세계 점유율은 2018년부터 2024년까지 꾸준히 증가하고 있다.

ㄷ. 2020년에 A국이 발표한 논문 수가 37,742편이고 세계 점유율은 2.5%이므로 $\frac{37,742}{\text{전세계 논문 발표 수}}\times 100=2.5$임을 알 수 있다. 그러므로 전세계 논문 발표 수를 구하려면 $\frac{37,742}{2.5}\times 100=1,509,680$(편)이 된다.

62 정답 ①

규제폐지율$=\frac{\text{폐지한 규제 수}}{\text{최초 등록 규제 수}}\times 100$

- 경찰청의 규제폐지율 : $\frac{141}{382}\times 100 \fallingdotseq 36.91(\%)$
- 조달청의 규제폐지율 : $\frac{22}{27}\times 100 \fallingdotseq 81.48(\%)$

63 정답 ③

순규제폐지 수=감소한 규제 수−증가한 규제 수

- 식품의약품안전청의 순규제폐지 수
  : $(132+6)-(22+2)=114$(건)
- 산림청의 순규제폐지 수
  : $(118+85)-(17+8+58)=120$(건)

∴ $120-114=6$(건)

64 정답 ⑤

월 평균 소득과 평균 시급의 변화 양상과 관계없이 주간 평균 근로시간은 꾸준히 감소하고 있다.

오답해설

① 2021년과 2020년은 전년 대비 월 평균 소득이 감소하였다.

② 2023년 평균 시급은 2019년의 $\frac{8,590}{6,030}\fallingdotseq 1.42$(배)이다. 그러므로 1.5배 이하이다.

③ 2021년 월 평균 근로시간은 약 $22\times 4=88$(시간)이다. 그러므로 100시간 미만이다.

④ 평균 시급과 주간 평균 근로시간을 고려하여 월 평균 소득을 계산해보면 '월 평균 소득=평균 시급×주간 평균 근로시간×4'이므로 다음과 같다.

구분	계산한 값	제시된 자료의 값
2019년	6,030×24.5×4=590,940	642,000
2020년	6,470×24×4=621,120	671,000
2021년	7,530×22×4=662,640	659,000
2022년	8,350×21×4=701,400	726,000
2023년	8,590×19.5×4=670,020	723,000

그러므로 계산한 값이 제시된 자료의 값보다 큰 해는 2021년뿐이다.

65 정답 ④

2023년의 평균 시급이 8,590원이므로 2024년에 전월대비 1.5% 인상된다면 다음과 같이 구할 수 있다.

$8,590\times(1+0.015)=8,590\times 1.015$
$=8,718.85$

일의 자리에서 반올림한다 하였으므로 8,720원이 된다.

66 정답 ①

ㄱ. 요가를 간 날은 1일, 4일, 7일, 10일인데 이때는 항상 8,000보 이상을 걸었다.

오답해설

ㄴ. 몸무게의 일의 자리가 4인 날은 2일(64.9kg), 3일(64.0kg), 7일(64.0kg), 9일(64.7kg)인데 7일에는 요가 수업에 참석하였다.

ㄷ. 섭취 열량이 소비 열량보다 큰 날은 7일, 9일, 10일인데 7일과 10일에는 전날보다 몸무게가 1kg 이상 증가한 반면, 9일에는 $64.7-63.8=0.9$kg밖에 증가하지 않았다.

67 정답 ②

출석의무자 수=소환인원−송달 불능자 수−출석취소통지자 수이므로 식을 세우면 다음과 같다.

- ㉠ : $1,880-533-573=774$(명)
- ㉡ : $1,740-495-508=737$(명)

그러므로 ㉠+㉡=$774+737=1,511$(명)이다.

68 정답 ④

ㄴ. 실질출석률(%)$=\frac{\text{출석자 수}}{\text{출석의무자 수}}\times 100$이므로 식을 세우면 다음과 같다.

- C지방법원의 실질출석률 : $\frac{189}{343}\times 100\fallingdotseq 55.1\%$
- D지방법원의 실질출석률 : $\frac{57}{88}\times 100\fallingdotseq 64.8\%$
- E지방법원의 실질출석률 : $\frac{115}{174}\times 100\fallingdotseq 66.1\%$

그러므로 C~E 중 실질출석률이 가장 높은 것은 E지방법원이다.

ㄷ. A~E지방법원 전체 소환인원은 $1,880+1,740+716+191+420=4,947$(명)이므로, 전체 소환인원에서 A지방법원의 소환인원이 차지하는 비율은 $\frac{1,880}{4,947}\times 100\fallingdotseq 38.0\%$가 된다. 그러므로 35% 이상이다.

오답 해설

ㄱ. 출석률(%)$=\frac{\text{출석자 수}}{\text{소환인원}}\times 100$이므로 D지방법원의 출석률은 $\frac{57}{191}\times 100 ≒ 29.8\%$이다. 따라서 출석률이 30% 이하이다.

69 정답 ⑤

$\frac{47.4-48.9}{48.9}\times 100 ≒ -3.1\%$이므로 전년대비 약 3.1% 감소하였다.

오답 해설

① [표]를 보면 2024년에는 2023년에 비해 모든 종류의 혼인이 감소하였음을 알 수 있다.

② $\frac{222.5-238.1}{238.1}\times 100 ≒ -6.6\%$인 것을 보아 6.6% 감소하였다.

③ $\frac{232.4}{281.6}\times 100 ≒ 82.5\%$가 맞다.

④ 2023년에 둘 중 한 명만 재혼인 경우는 11.1+16.7=27.8(천 명), 2024년에 둘 중 한명만 재혼인 경우는 10.5+16.2=26.7(천 명)이므로 $\frac{26.7-27.8}{27.8}\times 100 ≒ -4\%$로 전년대비 약 4% 감소하였다.

70 정답 ④

호주의 2010년 대비 2020년 기대수명 증가율은 $\frac{83.2-81.5}{81.5}\times 100 ≒ 2.1\%$이므로, 2.5% 이하이다.

오답 해설

①, ② 2000년 대비 2020년 기대 수명의 증가율을 구하면 다음과 같다.

- 한국 : $\frac{82.8-76.0}{76.0}\times 100 ≒ 8.9\%$
- 일본 : $\frac{84.4-80.5}{80.5}\times 100 ≒ 4.8\%$
- 영국 : $\frac{81.2-77.2}{77.2}\times 100 ≒ 5.2\%$
- 미국 : $\frac{78.8-76.5}{76.5}\times 100 ≒ 3.0\%$
- 호주 : $\frac{83.2-78.8}{78.8}\times 100 ≒ 5.6\%$

그러므로 기대 수명이 가장 큰 비율로 증가한 국가는 한국이고, 변화율이 가장 작은 국가는 미국이다.

③ 2020년 기준 기대수명이 가장 높은 국가는 일본으로 84.4(세)이고, 가장 낮은 국가는 미국으로 78.8(세)이다. 둘의 차이는 84.4−78.8=5.6세로 5세 이상이다.

⑤ 제시된 국가들의 기대수명은 해가 갈수록 지속적으로 증가하였다.

71 정답 ③

남자의 경우 : 1,000×0.324=324명

여자의 경우 : 1,000×0.368=368명

72 정답 ①

남자가 44.9+32.4=77.3%, 여자가 44.6+36.8=81.4%이므로 여자가 더 크다.

오답 해설

② 60세 이상에서는 미세먼지에 대해 '전혀 불안하지 않음'의 비율이 0.9% 가장 낮고 '별로 불안하지 않음'의 비율은 4.9%로 두 번째로 낮다.

③ 미혼은 31.8%, 기혼은 37.3%로 기혼이 더 높다.

④ 약간 불안함은 48.1%, 보통은 20.3%이므로 3배 보다는 높지 않다.

⑤ 전혀 불안하지 않음의 비율은 나이와 상관없이 감소했다가 증가한다.

73 정답 ③

이앙기는 계속해서 감소하고 있는 데 비해, 관리기는 2022년에 비해 2023년 감소하였다가 2024년 다시 증가하였다. 그러므로 동일한 증감 추이를 보인다고 할 수 없다.

오답 해설

① 2023년에 비해 2024년 보유 대수가 줄어든 농기구는 경운기와, 이앙기, 콤바인이다. 경운기는 666,897−639,517=27,380(대)가 줄었고, 이앙기는 253,660−235,612=18,048(대)가 줄었으며, 콤바인은 79,188−78,854=334(대)가 줄었다. 그러므로 가장 많이 줄어든 것은 경운기이다.

② 트랙터는 해가 갈수록 증가하고 있으나, 콤바인은 조금씩 감소하고 있다.

④ 곡물건조기와 농산물건조기는 모두 증가하는 추세이다.

⑤ 2022년에 비해 2024년 증가한 보유 대수는 다음과 같다.

- 경운기, 이앙기, 콤바인은 감소함
- 트랙터 : 277,649−258,662=18,987(대)
- 관리기 : 407,571−406,055=1,516(대)
- 곡물건조기 : 78,282−75,944=2,338(대)

• 스피드스프레이어 : 49,069－44,064＝5,005(대)

• 농산물건조기 : 221,405－198,304＝23,101(대)

그러므로 보유 대수가 가장 많이 증가한 농기구는 농산물건조기이다.

74 정답 ④

점수표의 빈칸을 채우면 다음과 같다.

참가자	무대	심사위원	평균점수	최종점수
		D		
갑	1차	88	87	(166.0)
	2차	39	39.5	
	3차	79	79	
을	1차	89	79.5	167.5
	2차	(88)	88.0	
	3차	74	71.0	
병	1차	85	81.0	175.5
	2차	41	(40.0)	
	3차	96	94.5	
정	1차	92	89.5	183.5
	2차	45	51.5	
	3차	93	94.0	

병이 1차 무대에서 심사위원 A~D에게 10점씩 더 높은 점수를 받는다면 병의 점수는 다음과 같이 오른다.

병	1차	89	92	90	95	91.0	185.5
	2차	37	45	39	41	40.0	
	3차	94	95	93	96	94.5	

최종점수가 10점 오른 185.5점이 되므로 원래 1등이었던 정의 점수를 넘어 병의 점수가 가장 높아지게 된다.

① 빈칸을 채운 표를 보면 갑의 최종점수는 166.0(점)이고 을의 최종점수는 167.5(점)이다. 그러므로 갑이 을보다 낮다.

② 2차 무대의 평균점수는 갑이 39.5(점)이고 병이 40.0(점)이므로 갑이 병보다 낮다.

③ 매겨진 점수 중 최저점은 심사위원 A가 갑의 2차 무대에 준 28점이다. 그러므로 네 명의 심사위원 중 최저점을 부여한 사람은 C가 아닌 A이다.

⑤ 3차 무대에서 심사위원 D는 정을 제외한 3명의 참가자에게 심사 위원 B보다 높은 점수를 부여했다.

75 정답 ④

2023년 재범률은 $\frac{4,936}{23,045}\times100≒21.4\%$이고, 2024년 재범률은 $\frac{5,465}{22,028}\times100≒24.8\%$이므로 $24.8-21.4=3.4\%p$ 증가했다.

76 정답 ①

각 연도의 재범률을 구해보면

• 2018년 : $\frac{5,553}{24,626}\times100≒22.5\%$

• 2019년 : $\frac{5,396}{24,151}\times100≒22.3\%$

• 2020년 : $\frac{5,737}{25,802}\times100≒22.2\%$

• 2021년 : $\frac{5,699}{25,725}\times100≒22.2\%$

• 2022년 : $\frac{5,547}{25,066}\times100≒22.1\%$

그러므로 2018년의 재범률이 가장 높다.

77 정답 ⑤

전체 사원수가 가장 많은 해는 2023년인데, 영업부와 기획부의 사원수는 5년 중 가장 많은 것이 맞지만, 지원부의 경우 2023년보다 2024년에 사원이 더 많다.

① 지원부는 매년 사원이 꾸준히 증가하고 있으며, 영업부는 꾸준히 증가하다가 2024년에 감소하고, 기획부는 사원수의 증감을 반복하고 있다.

② 매년 전체 사원수를 구해보면 다음과 같다.

구분	전체 사원수
2020년	132＋102＋55＝289(명)
2021년	138＋95＋64＝297(명)
2022년	141＋103＋68＝312(명)
2023년	175＋118＋72＝365(명)
2024년	170＋110＋75＝355(명)

2020년부터 2023년까지 사원수가 꾸준히 증가하다가 2024년에 감소하였다.

③ 영업부 사원수와 기획부와 지원부 사원수의 합을 비교하면 다음과 같다.

구분	영업부	기획부+지원부
2020년	132	102+55=157
2021년	138	95+64=159
2022년	141	103+68=171
2023년	175	118+72=190
2024년	170	110+75=185

그러므로 영업부 사원수는 기획부와 지원부 사원수의 합보다 매년 적다.

④ 지원부 사원의 비중이 20% 미만인 해는 2020년$\left(\frac{55}{289}\times 100 \fallingdotseq 19\%\right)$과 2023년$\left(\frac{72}{365}\times 100 \fallingdotseq 19.73\%\right)$으로 두 번이다.

78 정답 ④

부산점의 주방 직원에 대한 불만사항 건수는 14건이고 점장에 대한 불만사항 건수는 19건이므로, 전자가 후자보다 적다.

오답해설

① 세 지점의 전체 불만사항 건수는 1,210+244+2,342=3,796(건)이다. 그러므로 3,700건 이상이 된다.

② 세 지점 모두 홀담당 직원이 가장 많은 불만 사항을 접수받는다.

③ 주방 담당에 대한 불만사항 건수는 강남점과 제주점이 모두 26건이므로, 서로 같다.

⑤ 세 지점 중 매니저에 대한 불만사항이 접수된 경우는 강남점 하나뿐이다.

79 정답 ①

A기관이 밭으로 분류한 대상지는 425개소이고, A기관이 밭으로 분류한 대상지 중 B기관은 혼합림으로 분류한 대상지는 30개소이다. 그러므로 $\frac{30}{425}\times 100 \fallingdotseq 7.06\%$로 7%를 넘는다.

오답해설

② B기관이 밭으로 분류한 대상지는 395개소로 10%는 39.5개소이다. B기관이 밭으로 분류한 대상지 중 A기관이 다른 세부분류로 분류한 대상지는 25+25+30=80(개소)로 10% 이상이다.

③ B기관이 논으로 분류한 대상지는 1,000개소이고 B기관이 논으로 분류한 대상지 중 A기관도 논으로 분류한 대상지는 840개소이므로 $\frac{840}{1,000}\times 100=84\%$이다.

A기관이 논으로 분류한 대상지는 965개소이고 A기관이 논으로 분류한 대상지 중 B기관도 논으로 분류한 대상지는 840개소이므로 $\frac{840}{965}\times 100 \fallingdotseq 87.0\%$이다.

그러므로 두 비율은 같지 않다.

④ 두 기관 모두 활엽수림으로 분류한 대상지는 3,680개소이다.

⑤ A기관은 혼합림(4,650개소), 활엽수림(4,025개소)이고 B기관은 혼합림(4,485개소), 활엽수림(4,185개소)으로 두 기관 모두 활엽수림보다 혼합림이 더 많은 개소를 차지한다고 분류하였다.

80 정답 ③

5월의 이용실적은 모두 202건이므로, 5월의 스탠다드 싱글룸의 이용실적은 202−79−24−43−36=20(건)이 된다.

오답해설

① 우선 2월의 스탠다드 더블룸의 이용실적은 463−79−97−99−79−51=58(건)임을 알 수 있다. 2월의 이용실적 합계가 160건이므로, 디럭스의 2월 이용실적은 160−15−58−7−18=62(건)이 된다. 따라서 2월에는 디럭스의 이용실적이 가장 많았음을 알 수 있다.

② 슈페리어의 이용실적은 모두 112건이므로, 4월 이용실적은 112−8−7−15−24−26=32(건)이 된다. 따라서 30건 이상이다.

④ 1월의 이용실적은 모두 199건이므로, 이그제큐티브 이용실적은 199−22−79−8−61=29(건)이 된다. 슈페리어 이상급은 슈페리어(8), 디럭스(61), 이그제큐티브(29)가 포함되므로 8+61+29=98(건)이 된다.

⑤ 상반기 전체의 이용실적은 128+463+112+234+153=1,090(건)이 된다.

CHAPTER 3 도표분석 · 작성능력

04 연계 자료 분석

01 ②	02 ②	03 ③	04 ⑤	05 ②	06 ④	07 ③	08 ①	09 ⑤	10 ⑤
11 ③	12 ③	13 ③	14 ③	15 ①	16 ③	17 ⑤	18 ③	19 ②	20 ⑤
21 ③	22 ①	23 ⑤	24 ②	25 ④	26 ⑤	27 ③	28 ①	29 ②	30 ④
31 ②	32 ④	33 ①	34 ④	35 ③	36 ⑤	37 ③	38 ③	39 ③	40 ③

01 정답 ②

〈성과급 지급 방법〉에서 성과평가는 효율성, 안전성, 봉사성의 총합으로 평가하며, 효율성, 안전성, 봉사성의 가중치를 각각 0.4, 0.4, 0.2로 부여한다고 했으므로, 이를 토대로 분기별 성과평가 점수를 구하면 다음과 같다.

- 1분기 : $7\times0.4+9\times0.4+7\times0.2=7.8$
  ∴ 분기별 성과급 지급액은 70만 원
- 2분기 : $6\times0.4+7\times0.4+8\times0.2=6.8$
  ∴ 분기별 성과급 지급액은 40만 원
- 3분기 : $10\times0.4+8\times0.4+9\times0.2=9.0$
  ∴ 분기별 성과급 지급액은 100만 원
- 4분기 : $8\times0.4+9\times0.4+7\times0.2=8.2$
  ∴ 분기별 성과급 지급액은 90만 원

그러므로 1팀에 지급되는 성과급의 1년 총액은 '300만 원'이 된다.

02 정답 ②

A~C의 소득세산출액을 제시된 〈소득세 결정기준〉과 〈과세표준에 따른 근로소득세율〉에 따라 계산하면 다음과 같다.

A의 소득세산출액

- 근로소득세 : $1{,}000\times0.05+4{,}000\times0.1+5{,}000\times0.15+9{,}000\times0.2=3{,}000$만 원
- 금융소득세 : $5{,}000\times0.15=750$만 원

따라서 A의 소득세산출액은 3,750만 원이 된다.

B의 소득세산출액

- 근로소득세 : $1{,}000\times0.05+4{,}000\times0.1+5{,}000\times0.15+10{,}000\times0.2+3{,}000\times0.25=3{,}950$만 원
- 금융소득세 : 0원

따라서 B의 소득세산출액은 3,950만 원이 된다.

C의 소득세산출액

- 근로소득세 : $1{,}000\times0.05+4{,}000\times0.1+5{,}000\times0.15+10{,}000\times0.2+1{,}000\times0.25=3{,}450$만 원
- 금융소득세 : $3{,}000\times0.15=450$만 원

따라서 C의 소득세산출액은 3,900만 원이 된다.

그러므로 A~C 중 소득세산출액이 가장 많은 사람은 B이고, 가장 적은 사람은 A이다.

03 정답 ③

D의 경우 근로소득은 없고 금융소득만 30,000(만 원)이 존재한다. 〈소득세 결정기준〉에서 5천만 원 이하의 금융소득에 대해서는 15%의 금융소득세를 부과하며, 과세표준은 금융소득 중 5천만 원을 초과하는 부분과 근로소득의 합이고, 〈과세표준에 따른 근로소득세율〉에 따라 '근로소득세'를 부과한다고 하였다. 따라서 5,000만 원의 금융소득을 제외한 25,000만 원과 근로소득의 합이 과세표준이 되며, 이에 대해서는 〈과세표준에 따른 근로소득세율〉에 따라 근로소득세를 부과한다. 이를 토대로 D의 소득세산출액을 구하면 다음과 같다.

- 금융소득세 : $5{,}000\times0.15=750$만 원
- 근로소득세 : $1{,}000\times0.05+4{,}000\times0.1+5{,}000\times0.15+10{,}000\times0.2+5{,}000\times0.25=4{,}450$만 원

그러므로 D의 소득세산출액은 5,200만 원이 된다.

04 정답 ⑤

A국은 5가지 대기오염 물질의 대기환경지수를 산정해 그 평균값을 통합지수로 한다고 했으므로, A국의 통합지수는

$\frac{80+50+110+90+70}{5}=80$이 된다.

B국은 A국의 5가지 대기오염 물질을 포함한 총 6가지 대기오염 물질의 대기환경지수 중 가장 높은 대기환경지수를 통합지수로 하되, 대기환경지수 중 101 이상인 것이 2개 이상일 경우에는 가장 높은 대기환경지수에 20을 더하여 통합지수를 산정한다고 하였다. 따라서 오염물질별 대기환경지수가 101 이상인 것이 2개 있으므로, 가장 높은 대기환경지수인 110에 20을 더한 130이 통합지수가 된다.

05 정답 ②

ㄱ. A국은 5가지 대기오염 물질 농도를 측정해 대기환경지수를 산정한 후, 그 평균값을 통합지수로 한다고 했다. 이에 비해 B국은 총 6가지 대기오염 물질의 농도를 측정해 대기환경지수를 산정하고, 이 가운데 가장 높은 대기환경지수를 통합지수로 한다고 했다. 따라서 양국의 통합지수가 같더라도 각 대기오염 물질의 농도는 다를 수 있으므로, ㄱ은 옳은 설명이 된다.

ㄴ. A국은 5가지 대기오염 물질 농도를 통해 대기환경지수를 산정하여 그 평균값을 통합지수로 한다고 했으므로, 통합지수에 따른 대기오염 등급이 '해로움'에 해당한다는 것만으로는 특정 대기오염 물질의 농도를 정확히 알 수는 없다. 따라서 ㄴ도 적절한 설명이 된다.

오답해설

ㄷ. B국은 주어진 지수 중 가장 높은 대기환경지수를 통합지수로 사용한다. 주어진 대기환경지수 중 101 이상인 것이 1개뿐이므로, 가장 높은 대기환경지수인 101이 그대로 통합지수가 되어 경보색깔은 노랑이 되고 외부활동을 자제해야 한다.

06 정답 ④

2023년 국가유공자 1인당 보상금액은 $\frac{27,570(억)}{246(천)}$≒112(십만 원)이며, 2022년은 $\frac{26,967(억)}{237(천)}$≒113.8(십만 원)이다. 따라서 2023년 국가유공자 1인당 보상금액은 전년 대비 약 18만 원이 감소하였으므로, 감소폭은 20만 원 이하이다.

오답해설

① 2020년 대비 2024년 각각의 지급 대상자 인원을 비교해 보면, 참전유공자 수만 감소하였고 나머지 대상자는 그대로이거나 조금 증가하였다. 따라서 전체 지급 대상자 인원이 감소한 것은 참전유공자 인원의 감소에 기인한다고 할 수 있다.

② 2021년 고엽제후유의증 환자의 1인당 보상금액은 $\frac{2,309(억)}{37(천)}$≒62.4(십만 원)이며, 참전유공자 1인당 보상금액은 $\frac{5,177(억)}{253(천)}$≒20.5(십만 원)이다. 따라서 고엽제후유의증 환자의 1인당 보상금액은 참전유공자 1인당 보상금액의 3배 이상이 된다.

③ 2022년 보훈 대상자는 전년 대비 약 527－524＝3(천 명) 증가하였고, 보상금액은 약 35,610－34,370＝1,240(억 원) 증가하였다.

⑤ 2024년 독립유공자의 보상금액은 전년 보다 910－896＝14(억 원) 정도 증가하였다.

07 정답 ③

먼저 업체별 전체 프로그램 만족도를 살펴보면

- A업체 : 8＋9＋7＝24점
- B업체 : 8＋9＋8＝25점
- C업체 : 9＋8＋9＝26점

만족도가 24 이하인 곳은 선택하지 않도록 지시받았으므로 A는 선택하지 않는다. 이제 B업체와 C업체 선정 시 가격을 계산해보면

ⅰ) B 업체의 경우
　팀 미션형 : 35,000×8＝280,000
　액티비티형 : (38,000×12)＋(15,000×12)＝636,000
　힐링형 : (28,000×3)×0.95＝79,800
　20명 이상이며, 2년 이내 재등록이므로
　(280,000＋636,000＋79,800)×0.9×0.75＝672,165(원)

ⅱ) C 업체의 경우
　팀 미션형 : 37,000×8＝296,000
　액티비티형 : 39,000×12＝468,000
　힐링형 : 30,000×3＝90,000
　2년 이내 재등록이므로
　(296,000＋468,000＋90,000)×0.85＝725,900(원)

그러므로 B업체는 672,160원(1원 단위는 버림), C업체는 725,900원이므로 672,160원을 들여 B업체를 선정하는 것이 저렴하다.

08 정답 ①

ⅰ) A업체의 사업주 할인제도 적용 전 가격을 구해보면
　팀 미션형 : (28,000×8)×0.95＝212,800
　액티비티형 : (40,000×12)＋(15,000×12)＝660,000
　힐링형 : 25,000×3＝75,000
　20명 이상이므로
　(212,800＋660,000＋75,000)×0.9＝853,020(원)

ⅱ) A업체의 사업주 할인제도 적용 후 가격을 구해보면
　팀 미션형 : 212,800×0.92＝195,776
　액티비티형 : (40,000×12)×0.88＋(15,000×12)＝602,400
　힐링형 : 75,000×0.95＝71,250
　20명 이상이므로
　(195,776＋602,400＋71,250)×0.9＝782,483.4(원)

따라서 ㅇㅇ회사가 할인받게 되는 비용은
853,020－782,483.4＝70,536.6(원)
1원 단위 이하를 버림하면 약 70,530(원)

09 정답 ⑤

[표2]를 통해, 2024년 이용여객 실적(8,226만 명)은 2023년 이용승객 실적(8,125만 명)보다 101만 명 많다는 것을 알 수 있다. 따라서 2024년 이용여객 실적은 전년 대비 $\frac{101}{8,125}\times100≒1.24(\%)$ 증가하였다는 것을 알 수 있다. 그러므로 증가율은 2% 이하이다.

① [표1]을 통해, 매출은 매년 지속적으로 증가하고 있고 영업이익은 지속적으로 감소하고 있다는 것을 알 수 있다.

② [표3]을 보면 2023년 특허출원 건수는 219건이며, 2022년 건수는 206건으로 13건이 증가하였음을 알 수 있다. 따라서 2023년 특허출원 건수는 전년 대비 $\frac{13}{206}\times100≒$ 6.3(%) 증가하였음을 알 수 있다.

③ 2024년 항공기 운항실적(498,458편)은 2022년 운항실적(481,184편) 보다 17,274편이 증가하였다. 따라서 17,000편 이상이 된다.

④ 2024년 국제특허출원 건수는 53건이며 2022년 건수는 37건이므로, 2024년 출원 건수는 2022년 대비 $\frac{16}{37}\times100≒$ 43(%) 증가하였다. 따라서 40% 이상이 된다.

10 정답 ⑤

부서별 회식비를 계산해보면

- 영업부
  (12,000×14)×0.9+(9,000×8)×0.95+(15,000×5)×0.92
  =151,200+68,400+69,000=288,600원
- 회계부
  (12,000×3)+(9,000×10)×0.95+(15,000×3)
  =36,000+85,500+45,000=166,500원
- 기획부
  (12,000×8)+(9,000×10)×0.95+(15,000×12)×0.92
  =96,000+85,500+165,600=347,100원
- 총무부
  (12,000×6)+(9,000×10)×0.95+(15,000×7)×0.92
  =72,000+85,500+96,600=254,100원

그러므로 기획부－영업부－총무부－회계부 순으로 회식비를 많이 사용하였다.

11 정답 ③

2024년 서류발급 관련 민원과 공공시설물 관련 민원의 접수건수의 합이 2024년 전체 접수건수에서 차지하는 비율은 $\frac{5,753+132}{22,310}\times100≒26.4\%$이며, 서류발급 관련 민원과 공공시설물 관련 민원의 처리건수의 합이 2024년 전체 처리건수에서 차지하는 비율은 $\frac{5,481+122}{19,774}\times100≒28.3\%$이다. 그러므로 전자는 후자보다 낮으므로 옳지 않다.

① 민원 접수건수 증가율을 참고로 할 때, 전년대비 민원 접수건수 증가율이 가장 낮은 연도는 2023년이다. 전년대비 민원 처리건수 증가율의 경우도 2023년이 가장 낮다.

② 2024년 유형별 민원 접수건수 대비 처리건수 비율을 구해보면 다음과 같다.

서류 발급 관련	$\frac{5,481}{5,753}\times100≒95.3\%$
공공시설물 관련	$\frac{122}{132}\times100≒92.4\%$
공익신고	$\frac{1,646}{1,647}\times100≒99.9\%$
기타분야	$\frac{12,525}{14,778}\times100≒84.8\%$

그러므로 접수건수 대비 처리건수 비율이 가장 낮은 민원 유형은 기타분야이다.

④ [표1]을 보면 알 수 있다.

⑤ 2024년에는 공공시설물 관련 민원의 접수가 132건으로 가장 적었다.

12 정답 ③

연수 자료 준비사항을 정리하면

- 인쇄해야 할 총 페이지=135(명)×120(장)=16,200(장)
- 컬러 표지=135(명)×2=270(장)
- 무선제본처리=135개

A 인쇄소	(16,200×35)+(270×500)+(135×1,800)－50,000=(567,000+135,000+243,000)－50,000=895,000
B 인쇄소	(16,200×38)+(135×1,500)=615,600+202,500=818,100 → 가장 저렴!
C 인쇄소	{(16,200×45)+(270×400)+(135×1,000)}×0.9=(729,000+108,000+135,000)×0.9=874,800

13 정답 ③

주문내역은 총 15권, 내지는 컬러(20장)+흑백(100장)으로 동일하고, 표지 앞뒤로 하드커버, 스프링제본이다. 이때 각 인쇄소의 총 가격을 구해보면

- A인쇄소의 경우
  $(30\times100)+(45\times20)+(500\times2)+(1{,}000\times15)=88{,}500$
- B인쇄소의 경우
  $\{(35\times100)+(42\times20)+(480\times2)+(1{,}500\times15)\}\times0.85$ $=86{,}700$ → 가장 저렴!
- C인쇄소의 경우
  $(38\times100)+(40\times20)+(420\times2)+(1{,}200\times15)=99{,}600$

14 정답 ③

현금기부금은 총기부금에서 현금기부가 차지하는 비율과 같으므로, '총기부금×현금기부율(%)'로 구할 수 있다. [표1]을 토대로 2024년의 기업별 현금기부금을 구하면 다음과 같다.

- A기업 : 350×0.2=70(억 원)
- B기업 : 300×0.24=72(억 원)
- C기업 : 280×0.26=72.8(억 원)
- D기업 : 250×0.15=37.5(억 원)
- E기업 : 240×0.29=69.2(억 원)

그러므로 2024년의 현금기부금이 가장 많은 기업은 C기업이다.

15 정답 ①

ㄱ. [표2]를 통해 2020년 이후 기부금 총액과 기업의 기부금 총액이 매년 지속적으로 증가하고 있음을 알 수 있다. 따라서 ㄱ은 옳은 설명이다.

오답해설

ㄴ. 기부금 총액에서 기업의 기부금이 차지하는 비중은

- 2020년의 경우 : $\frac{1{,}980}{5{,}520}\times100≒35.9\%$
- 2021년의 경우 : $\frac{2{,}190}{6{,}240}\times100≒35.1\%$
- 2022년의 경우 : $\frac{2{,}350}{7{,}090}\times100≒33.1\%$

이므로, 2020년부터 2022년까지는 매년 감소하였다는 것을 알 수 있다. 따라서 ㄴ은 옳지 않은 설명이다.

ㄷ. [표1]에서 2024년 상위 5개 기업의 총기부금을 구하면 '350+300+280+250+240=1,420(억 원)'인데, 기부금 총액은 8,220(억 원)이므로 상위 5개 기업의 총기부금은 $\frac{1{,}420}{8{,}220}\times100≒17.3\%$이다. 따라서 17% 이상이므로, ㄷ은 옳지 않다.

16 정답 ③

축산 부업소득은 젖소 30마리까지 비과세소득이므로 10마리는 과세소득이 된다. 축산부업에 있어서 가축별로 각각의 마리당 발생하는 소득은 동일하다고 가정하였으므로 과세소득은 (4,000만 원÷40)×10=1,000만 원이 된다. 규모를 초과하는 사육두수에 발생하는 축산 부업소득(1,000만 원)과 기타 부업소득(500만 원+600만 원)을 합하여 연간 1,200만 원까지 비과세이므로 과세소득은 (1,000만 원+1,100만 원)−1,200만 원=900만 원이다.

전통주 제조소득의 경우 1,200만 원까지 비과세이므로 과세소득은 600만 원이다. 따라서 총 과세대상 소득은 900만 원+600만 원=1,500만 원이 된다.

17 정답 ⑤

모두 정품만을 구입했다는 것은 정품 구입 횟수가 '10회 중 10회'라는 것을 의미한다. 중학교가 55.9%로 이 비율이 가장 높다.

오답해설

① '책'은 초등학생의 구입경험이 68.8%, 중학생이 66.3%, 고등학생이 82.8%로 고등학생의 구입 경험 비율이 가장 높다.
② '게임' 구입 경험에 있어 학교급 간의 차이의 경우, 초등학교(58.9%)와 고등학교(56.8%) 간의 차이가 2.1%p이므로, 2%p 이상이다.
③ '게임'뿐만 아니라 '만화/캐릭터'도 고등학생보다 초등학생의 구입 경험의 비율이 더 높다.
④ 모두 정품만을 구입했다는 것은 정품 구입 횟수가 '10회 중 10회'라는 것을 의미하는데, 초등학생의 경우 이 비율이 35.3%에 그치고 있으므로, 모두 정품만을 구입한 응답자는 절반 미만이다.

18 정답 ③

10회 중 5회 이하 정품을 구입하였다고 응답한 학생의 비율이 가장 높은 학교급은 고등학교로, 이 비율은 '6.8+5.0+3.6=15.4(%)'이다. 응답 학생의 비율이 가장 낮은 학교급은 중학교로, 이 비율은 '4.9+1.9+1.9=8.7(%)'이다. 각각 1,000명이 응답을 했다고 했으므로, 이 비율에 해당하는 고등학생 수는 1,000×0.154=154(명)이고, 중학생 수는 1,000×0.087=87(명)이다. 그러므로 그 차이는 154−87=67(명)이다.

19 정답 ②

2023년 자녀의 연령별 맞벌이 가구의 비중을 구해보면 다음과 같다.

- 자녀가 6세 이하 : $\frac{827}{2,090}\times100 ≒ 39.6\%$
- 자녀가 7~12세 : $\frac{690}{1,308}\times100 ≒ 52.8\%$
- 자녀가 13~17세 : $\frac{741}{1,267}\times100 ≒ 58.5\%$

그러므로 자녀가 13~17세인 가구의 맞벌이 비중이 가장 높다.

오답 해설

① 2024년 자녀의 연령별 맞벌이 가구의 비중을 구해보면 다음과 같다.
- 자녀가 6세 이하 : $\frac{857}{2,062}\times100 ≒ 41.6\%$
- 자녀가 7~12세 : $\frac{659}{1,285}\times100 ≒ 51.3\%$
- 자녀가 13~17세 : $\frac{691}{1,190}\times100 ≒ 58.1\%$

그러므로 자녀의 연령이 어릴수록 맞벌이 가구의 비중도 낮아짐을 알 수 있다.

③ 자녀가 3명 이상인 가구의 맞벌이 비중은 2023년 $\frac{180}{405}\times100 ≒ 44.4\%$에서 2021년 $\frac{159}{366}\times100 ≒ 43.4\%$로 낮아졌다.

④ 자녀가 6세 이하인 가구의 맞벌이 비중은 약 39.6%에서 약 41.6%로 높아졌다.

⑤ 2024년 자녀가 1명에서 2명으로 늘어나면 맞벌이 가구의 비중은 $\frac{1,043}{2,112}\times100 ≒ 49.4\%$에서 $\frac{1,005}{2,059}\times100 ≒ 48.8\%$로 약 0.6%p 낮아진다.

20 정답 ⑤

2024년 전체 맞벌이 가구의 비중은 $\frac{2,207}{4,537}\times100 ≒ 48.6\%$이므로 자녀 연령별 맞벌이 가구에서 이보다 낮은 비중을 차지하는 것은 자녀가 6세 이하인 가구(41.6%)이고, 자녀수별 맞벌이 가구에서는 이보다 낮은 비중을 차지하는 것은 자녀가 3명 이상인 가구 $\frac{159}{366}\times100 ≒ 43.4\%$이다.

21 정답 ③

ㄱ. 조사 기간 동안 A의 점수 총 변화량은 93－82＝11(점)이며 B의 점수 총 변화량은 81－70＝11(점)이므로, 서로 같다.

ㄴ. 연중 점수 변화의 흐름을 파악하기 위해서는 연도 중간의 점수 변화에 대한 자료가 제시되어야 한다. 따라서 서비스제공 설문점수를 6개월마다 기록한 B의 자료가 더 적절하다.

ㄷ. 2021년 6월 대비 2024년 6월 점수 증가율은 다음과 같다.
- A의 점수 증가율＝$\frac{11}{82}\times100 ≒ 13.4\%$
- B의 점수 증가율＝$\frac{11}{70}\times100 ≒ 15.7\%$

그러므로 2021년 6월 대비 2024년 동월 점수 증가율은 B가 A보다 더 높다.

22 정답 ①

고속열차의 하루 운행 횟수는 다음과 같다.

- 부산 : 17회(22－6＋1＝17회)
- 익산 : 6회(6시 05분, 9시 05분, 12시 05분, 15시 05분, 18시 05분, 21시 05분)
- 동대구 : 14회(22－7＋1＝16회, 16회－2회(11시 15분과 21시 15분 제외))
- 밀양 : 14회(21－5＋1＝16회, 16회－2회(8시 30분과 11시 30분 제외))
- 목포 : 15회(21－5＋1＝17회, 17회－2회(8시 35분과 11시 35분 제외))
- 대전 : 8회(7시 45분, 9시 45분, 11시 45분, 13시 45분, 15시 45분, 17시 45분, 19시 45분, 21시 45분)

그러므로 두 번째로 자주 가는 지역은 목포이다.

23 정답 ⑤

토요일 예매 시 10%, 비즈니스카드 15%, 인터넷 예약 시 2%를 더 할인 받으면 모두 27%의 할인을 받을 수 있다.

24 정답 ②

ㄱ. A는 근무연수가 20년이며 최종평균보수월액이 100만 원이다. 〈연금액수 산출방법〉의 일시불연금지급액을 구하는 식에 의하면, A의 일시불연금지급액은 4,150원이다. D의 근무연수가 10년이며 최종평균보수월액이 200만 원이므로, D의 일시불연금지급액을 구하면 4,100만 원이 된다. 따라서 A의 일시불연금지급액이 더 많으므로 ㄱ은 옳다.

ㄹ. 현재 근무연수(10년)에서 D의 일시불연금지급액은 4,100만 원이다. D가 월급에 변화없이 10년을 더 근무하는 경우 근무연수는 20년이 되고 최종평균보수월액은 그대로 200만 원이므로, 그 경우의 일시불연금지급액은 8,300만 원이 된다. 따라

서 10년 더 근무하는 경우의 일시불연금지급액이 현재 받을 수 있는 일시불연금지급액의 두 배가 넘는다.

오답 해설

ㄴ. A는 근무연수가 20년이며 최종평균보수월액이 100만 원이다. 이를 〈연금액수 산출방법〉의 두 식에 대입해 각각의 금액을 구하면, A의 월별연금지급액은 50만 원, 일시불연금지급액은 4,150만 원이다. 여기서 A가 100개월 동안 연금을 받을 수 있다면 월별연금지급액의 총액은 5,000만 원이 되므로, A는 일시불연금보다 월별연금을 선택하는 것이 더 유리하다.

ㄷ. 위와 같은 방법으로 하여 B의 월별연금지급액을 구하면 80만 원이 되며, C의 월별연금지급액은 84만 원이 된다. 〈연금액수 산출방법〉의 단서 조건에서 월별연금지급액은 최종평균보수월액의 80%를 초과할 수 없다고 하였으므로, C의 경우 최종평균보수월액(100만 원)의 80%인 80만 원이 월별연금지급액으로 인정된다. 그러므로 B와 C의 월별연금지급액은 80만 원으로 같다.

25 정답 ④

전년대비 직장 보육시설 수의 증가율이 가장 큰 연도는 2016년 87개소에서 2017년 158개소로 늘어난 해이다. 이때의 전년대비 증가율을 구하면 $\frac{158-87}{87}\times 100 \fallingdotseq 81.6\%$이다.

26 정답 ⑤

[표1]에서 2022년부터 2024년까지 보육시설 수의 변동양상을 보면, 법인보육시설을 제외하고는 모두 증가하였음을 알 수 있다.

오답 해설

① 2016년에 비해 2024년의 보육아동 수가 증가하였다는 것은 [표1]을 통해 쉽게 알 수 있다. 2016년의 보육시설 1개소당 보육아동 수는 $\frac{293,747}{9,085}\fallingdotseq 32.3$(명)이며, 2024년의 보육시설 1개소당 보육아동 수는 $\frac{1,040,361}{29,233}\fallingdotseq 35.6$(명)이므로, 2016년에 비해 2024년의 보육시설 1개소당 보육아동 수도 증가하였다.

② [표2]에서 개인보육시설이 차지하는 비중은 매년 국공립보육시설과 법인보육시설을 합한 비중보다 크다는 것을 알 수 있다. 그러나 2016년의 개인보육시설 비중은 34.9%, 놀이방 보육시설은 42.3%이므로, 개인보육시설 비중이 매년 놀이방 보육시설의 비중보다 큰 것은 아니다.

③ 2020년 법인 외 보육시설은 575개소이고, 2024년 법인 외 보육시설은 1,066개소이다. $1,066-575=491$(개소)이므로 500개 이상이 증가한 것은 아니다.

④ 2024년 국공립보육시설의 수는 2016년 대비 $\frac{1,643-1,029}{1,029}\times 100 \fallingdotseq 59.7\%$ 증가하였으므로, 50% 이상 증가하였다. 그러나 2021년의 경우 2020년보다 1개소 감소하였으므로, 매년 증가한 것은 아니다.

27 정답 ③

2023년은 30.3천 건이고, 2024년은 29.8천 건이므로 전년대비 감소했다.

오답 해설

① 2024년 남성의 이혼 수는 전년대비 30대, 40대, 50대까지만 감소했다.

② 2022년 여성의 이혼율은 40대가 가장 높다.

④ 여성의 이혼 건수가 매년 늘어나는 것은 아니다.

⑤ 2024년 남성의 연령별 이혼율을 구하면 다음과 같다.

- 20대 이혼율 : $\frac{4.4}{106}\times 100 \fallingdotseq 4.15$
- 40대 이혼율 : $\frac{36.5}{106}\times 100 \fallingdotseq 34.4$

이므로 약 8배 높다.

28 정답 ①

20대 남성의 연도별 이혼율과 20대 여성의 연도별 이혼율을 구하면 각각 다음과 같다.

구분	2022년	2023년	2024년
남성	$\frac{4.4}{109.2}\times 100$ ≒4.03	$\frac{4.3}{107.3}\times 100$ ≒4.01	$\frac{4.4}{106}\times 100$ ≒4.15
여성	$\frac{10.4}{109.2}\times 100$ ≒9.52	$\frac{10.2}{107.3}\times 100$ ≒9.51	$\frac{9.9}{106}\times 100$ ≒9.34

그러므로 남성은 2024년, 여성은 2022년에 이혼율이 가장 높다.

29 정답 ②

경상지역 요양기관의 수는 모두 17개소이며, 이 중 1등급 요양기관의 수는 16개소이다. 또한 서울지역 요양기관의 수는 29개소이며, 이 중 1등급 요양기관의 수는 22개소이다. 이에 따라 각각 의 비중을 구하면

- 경상지역 요양기관 중 1등급 요양기관의 비중
  : $\frac{16}{17}\times 100 \fallingdotseq 94.1\%$

• 서울지역 요양기관 중 1등급 요양기관의 비중

: $\frac{22}{29} \times 100 \fallingdotseq 75.9\%$

그러므로 전자가 후자보다 크다.

오답 해설

① [표2]에서 볼 때, 1등급 상급종합병원 요양기관 수는 37개소이며, 5등급을 제외한 종합병원 요양기관 수의 합은 38개소이므로, 전자가 후자보다 적다.

③ [표1]에서 볼 때, 5등급 요양기관(8개소) 중 서울지역의 요양기관(4개소)의 비중은 50%이며, 2등급 요양기관(10개소) 중 충청지역 요양기관(2개소)의 비중은 20%이다. 따라서 전자가 후자보다 크다.

④ [표2]에서 볼 때, 상급종합병원 요양기관(42개소) 중 1등급 요양기관(37개소)의 비중은 $\frac{37}{42} \times 100 \fallingdotseq 88.1\%$이며 1등급 요양기관(67개소) 중 상급종합병원 요양기관(37개소)의 비중은 $\frac{37}{67} \times 100 \fallingdotseq 55.2\%$이므로, 전자가 후자보다 크다.

⑤ 전체 지역에서 2등급 요양기관의 수는 $\frac{10}{88} \times 100 \fallingdotseq 11.3636\cdots$, 전체의 약 11%이다.

30 정답 ④

2024년 4월의 심사건수가 945건이므로 2024년 5월의 심사건수는 전월대비 $\frac{1{,}000-945}{945} \times 100 \fallingdotseq 5.82\%$ 증가하였다.

31 정답 ②

[표2]는 전년 동월 대비 특허 심사건수 증감 및 등록률 증감 추이를 나타내므로, 이를 통해 2023년 1월부터 5월까지의 등록률을 구할 수 있다.

• 2023년 1월 : $55.0-1.3=53.7(\%)$
• 2023년 2월 : $51.5-(-1.2)=52.7(\%)$
• 2023년 3월 : $58.0-(-0.5)=58.5(\%)$
• 2023년 4월 : $61.0-1.6=59.4(\%)$
• 2023년 5월 : $63.0-3.3=59.7(\%)$

이를 통해 등록률이 가장 낮았던 시기는 2023년 2월이었음을 알 수 있다.

32 정답 ④

㉠, ㉡, ㉢의 값을 각각 구해보면

㉠ : ㉠$+151+0=166$

∴ ㉠$=15$

㉡ : $24+$㉡$+0=228$

∴ ㉡$=204$

㉢ : ㉢$+658+1=1{,}228$

∴ ㉢$=569$

그러므로 ㉠+㉡+㉢$=15+204+569=788$

33 정답 ①

전체본부 통원 환자 중 6개월 미만 환자의 수는 $\frac{16{,}160}{27{,}932} \times 100 \fallingdotseq 57.8\%$이므로 50%를 넘는다.

오답 해설

② 서울본부에서 5년 미만인 입원 환자의 수는 $24+9+8+7+6=54$(명)이다.

③ 전체본부의 입원 환자의 비율은 $\frac{8{,}626}{36{,}563} \times 100 \fallingdotseq 23.5\%$이고, 서울본부의 입원 환자의 비율은 $\frac{86}{569} \times 100 \fallingdotseq 15.1\%$이므로 전체본부에 비해 서울본부의 입원 환자의 비율이 낮다.

④ 전체본부의 통원 환자의 비율은 $\frac{27{,}932}{36{,}563} \times 100 \fallingdotseq 76.3\%$이고, 서울본부의 통원 환자의 비율은 $\frac{483}{569} \times 100 \fallingdotseq 84.8\%$이므로 전체본부에 비해 서울본부의 통원 환자의 비율이 높다.

⑤ [표1]에서 서울본부의 재가 환자 인원은 전 기간을 통틀어 0명이므로 서울본부에는 재가 환자가 한 명도 없다. 재가 환자가 5명 있는 것은 전체본부이다.

34 정답 ④

6층의 층간소음 측정 결과 최고소음도는 수인한도를 초과하지 않았으나, 등가소음도는 주간과 야간 모두 수인한도를 초과하였다. 7층의 소음으로 인한 피해기간이 7개월이며, 등가소음도가 주간과 야간에 모두 수인한도를 초과하므로 기준금액을 기준으로 30% 가산하여 합산하여야 한다. 또한 피해자의 수는 2인이다. 그러므로 이를 토대로 배상금액을 정하면

{750,000원+(750,000원×0.3)}×2=1,950,000(원)이 된다.

35 정답 ③

김 씨 가족의 경우 야간에 최고소음도와 등가소음도가 모두 수인 한도를 초과한 경우에 해당하므로 기준금액에서 30%를 가산하여 합산한다. 김 씨 가족의 피해기간은 1년 3개월이며, 피해자 수는 모두 5인이다. 그리고 가족 중 할머니는 환자이고 큰 아들은 수험생이므로, 두 사람에 대해서는 기준금액에 20%를 가산하여 합산하여야 한다. 그러므로 김 씨 가족에게 B가 배상해야 할 금액은 [{900,000원+(900,000×0.3)}×5]+(900,000×0.2)×2=6,210,000(원)이 된다.

36 정답 ⑤

A의 계약기간은 24개월이므로 기본이자율은 1.6%이다. 여기서 상품 계약 시 세운 목표를 성취하였고, 지인의 추천으로 해당 상품을 가입하였으므로 0.15%가 추가된다. 따라서 적용되는 금리는 모두 1.75%이다. A는 24개월을 가입하였고 이자는 단리식이 적용된다고 하였으므로, 이자는 '20,000,000×1.75%=350,000(원)'이다. 그런데 이는 세전 금리이므로, 지급되는 이자는 여기서 15%를 제외해야 한다. 그러므로 350,000×85%=297,500(원)이 된다.

37 정답 ③

ㄴ. 2023년 12월 인터넷 쇼핑 모바일 거래액은 35,707이고, 2022년 12월 인터넷 쇼핑 모바일 거래액은 27,347이므로 전년 동월 대비 $\frac{35,707-27,347}{27,347}\times100≒30.6\%$ 증가하였다.

ㄷ. 2024년 12월 인터넷 쇼핑 모바일 거래액은 47,698이고, 11월 인터넷 쇼핑 모바일 거래액은 47,595이므로 전월대비 $\frac{47,698-47,595}{47,595}\times100≒0.2\%$ 증가하였다.

오답해설

ㄱ. 2024년 12월 인터넷 쇼핑 총 거래액은 75,311이고, 2023년 12월 인터넷 쇼핑 총 거래액은 62,096이므로 전년 동월 대비 $\frac{75,311-62,096}{62,096}\times100≒21.3\%$ 증가하였다.

ㄹ. 2024년 12월 인터넷 쇼핑 총 거래액은 75,311이고, 2022년 12월 인터넷 쇼핑 총 거래액은 53,976이므로 2024년 12월 인터넷 쇼핑 총 거래액이 $\frac{75,311-53,976}{53,976}\times100≒39.5\%$ 더 증가하였다.

38 정답 ③

온라인 거래액 중 증가한 상품군의 증가율을 구해보면

- 컴퓨터 및 주변 기기 : $\frac{4,418-4,159}{4,159}\times100≒6.2\%$
- 서적 : $\frac{1,434-1,143}{1,143}\times100≒25.5\%$
- 사무 · 문구 : $\frac{576-519}{519}\times100≒11.0\%$
- 아동 · 유아용품 : $\frac{3,438-2,698}{2,698}\times100≒27.4\%$
- 음 · 식료품 : $\frac{9,701-9,098}{9,098}\times100≒6.6\%$

그러므로 온라인 거래액 중 가장 큰 폭으로 증가한 상품군은 아동 · 유아용품이다.

모바일 거래액 중 증가한 상품군의 증가율을 구해보면

- 컴퓨터 및 주변기기 : $\frac{1,522-1,480}{1,480}\times100≒2.8\%$
- 서적 : $\frac{540-421}{421}\times100≒28.3\%$
- 사무 · 문구 : $\frac{266-233}{233}\times100≒14.2\%$
- 아동 · 유아용품 : $\frac{2,618-2,064}{2,064}\times100≒26.8\%$
- 음 · 식료품 : $\frac{7,377-6,874}{6,874}\times100≒7.3\%$
- 여행 및 예약서비스 : $\frac{6,418-5,441}{5,441}\times100≒18.0\%$

그러므로 모바일 거래액 중 가장 큰 폭으로 증가한 상품군은 서적이다.

즉, 온라인과 모바일 거래액 중 가장 큰 폭으로 증가한 상품군은 각각 아동 · 유아용품과 서적이다.

복잡한 계산

모든 품목에 대한 증가율을 구하려면 시간이 부족하므로 모든 품목을 다 구할 필요 없이 선지에 나와 있는 품목만 증가율을 계산하여도 된다.

39 정답 ③

스낵 중 열량이 가장 큰 것이 감자튀김이고 음료 중 열량이 가장 큰 것이 콜라이므로 감자튀김과 콜라 조합의 열량이 가장 크다.

① 감자튀김의 중량 대비 열량 비율은 $\frac{352}{114}$≒3.09이고, 조각치킨의 중량 대비 열량 비율은 $\frac{165}{68}$≒2.43, 치즈스틱의 중량 대비 열량 비율은 $\frac{172}{47}$≒3.66이므로 중량 대비 열량의 비율이 가장 낮은 스낵 메뉴는 조각치킨이다.

② 조각치킨의 단백질 함량인 10의 40배는 400이므로 나트륨 함량이 단백질 함량의 40배가 되지 않는다.

④ 스낵 메뉴의 단위당 중량 합은 114+68+47=229g이므로 주스는 스낵 메뉴의 중량 합보다 작다.

⑤ 단백질 성분함량이 0인 것은 콜라, 커피, 주스이다. 커피는 당과 나트륨 함량이 유일하게 0인 음료 메뉴이다.

40 정답 ③

[표2]에서 중간부하 시간대의 총 시간은 6월 1일과 12월 1일 모두 8시간이다.

① 경부하일 때 전력량 요율은 여름이 가장 낮다.

② 월 100kWh를 충전했을 때 월 충전요금의 최댓값은 최대부하 시간대에 충전한 것으로 2,390+232.5×100=25,640원이다. 최솟값은 경부하 시간대에 충전한 것으로 2,390+57.6×100=8,150원이다. 따라서 차이값은 17,490원이다.

④ 22시 30분의 전력량 요율이 가장 높은 계절은 겨울이다.

⑤ 12월 중간부하 시간대에만 100kWh를 충전한 월 충전요금은 2,390+128.2×100=15,210원이고, 6월 경부하 시간대에만 100kWh를 충전한 월 충전요금은 2,390+57.6×100=8,150원이다. 따라서 차이는 2배 이하이다.